THOMAS KETTLER
VERLAG

ANJA & ANDY KLOTZ

SUP GUIDE

BAYERISCHES ALPENVORLAND

+ die schönsten BIER-GÄRTEN

IMPRESSUM

4. aktualisierte Auflage 2022

Von-Hutten-Str. 15
D-22761 Hamburg
Tel. +49 (0)40 39 10 99 10
www.thomas-kettler-verlag.de
www.sup-buch.de

Text: Anja Klotz
Fotos: Andy Klotz
Titelfoto: *Auf dem Eibsee,* **Andy Klotz**

Lektorat und Textergänzung: Thomas Kettler
Karten: StepMap, Heide Schwinn, Carola Hillmann
Layout, Konzept & Satz: Carola Hillmann
Illustrationen Paddeltechnik: Klaus Mumm
Layout Design: Nicole Laka
Druck & Gesamtherstellung: Drukarnia Beltrani Sp. J., Krakau

Weitere Bildnachweise (o. = oben, m. = mitte, u.= unten):
Seite 12 o.: **Luzern Tourismus (Christian Perret).** Seite 20, 21: **SUP Mobile (4SEASONS GmbH).** Seite 32: **Stephan Gölnitz.** Seite 34 o., 34 u., 42 u.: **gwt Starnberg GmbH.** Seite 40: **Camping Pilsensee / Dominik Haf, co-operation.** Seite 52: **Camping beim Fischer.** Seite 53, 74 o., 79, 95, 142 o., 142 u., 143 u.: **Björn Nehrhoff von Holderberg.** Seite 58 u., 59 o., 60 o.: **LIDO Beach & Burger / Gaby Pfluger (feinebande.de).** Seite 66 o., 68, 94, 98 u.: **Thomas Kettler.** Seite 76: **Strandcafé Bucherer / Helmut Schuster.** Seite 84: **Tourist-Info Grainau / W.Ehn.** Seite 85 u.: **Eibsee-Hotel.** Seite 92 o.: **Outdoorhotel Jäger von Fall.** Seite 99 o., 99 m.: **Alfons Zaunhuber.** Seite 100: **Dorfschänke Lenggries / Renate Meier.** Seite 106: **Steinbrecherhof / Klaus Fuchshuber.** Seite 107 u.: **Tegernseer Tal Tourismus GmbH / Manfred Manke.** Seite 110 u.: **Gut Kaltenbrunn.** Seite 116 o.: **Alpenregion Tegernsee Schliersee / Dietmar Denger.** Seite 117 o.: **Markus Wasmeier Museum / Thomas Kleinhans.** Seite 117 u.: **Matthias Paintner.** Seite 136: **Camping Stein / Christina Senega.**

Bildnachweise Wikimedia Commons: Seite 22: **Fanvonangelie**; Seite 24 o.: **Richard Huber;** Seite 24 u.: **I. Berger;** Seite 29: **Fünfrosen;** Seite 39: **Orsalia;** Seite 42 o.: **Starnberger Fünf-Seen-Land;** Seite 47: **Arnaud 25;** Seite 74 u.: **H.Helmlechner;** Seite 80 o.: **Softeis;** Seite 80 u.: **Lost nature;** Seite 90 o.: **Oliver Pitzke;** Seite 90 u.: **Bernie Kelz;** Seite 116 u.: **Mattes;** Seite 134: **Deryoman;** Seite 135 o.: **Sandor Bordas;** Seite 143 o.: **Bbb.**

Bibliografische Information der Deutschen Nationalbibliothek
Die Deutsche Nationalbibliothek verzeichnet diese Publikation in der Deutschen Nationalbibliografie; detaillierte bibliografische Daten sind im Internet über *http://dnb.d-nb.de* abrufbar.

ISBN 978-3-98513-104-4

INHALTSVERZEICHNIS

SUP-TOUREN IM ALPENVORLAND

(Paddel) = ANSPRUCH DER TOUREN (Krug) = EINKEHRMÖGLICHKEITEN
(Rundtour-Symbol) = RUNDTOUR (Pfeil) = ONE-WAY-TOUR (Doppelpfeil) = HIN & ZURÜCK-TOUR
WW I-II Schwierigkeit des Wildwassers bei einer Skala von I bis VI

VORWORT

Der bayerische Sommer, seine wärmende Sonne und die glasklaren Gewässer sind ein unschlagbares Trio, um einen entspannten Tag in der Natur zu genießen.

Vor den Toren Münchens hat sich das Stand-Up-Paddling als Freizeitsport etabliert und bietet Neueinsteigern wie auch ambitionierten Paddlern traumhafte Touren vor einem spektakulären Bergpanorama. während die mitgekommenen Nichtpaddler auf der Picknickdecke ein Buch lesen, im Schatten unterm Baum dösen oder in der Sonne brutzeln und sich zum Abkühlen ins erfrischende Nass stürzen.

Das Stehpaddeln ist schnell zu lernen und trainiert ganz nebenbei Gleichgewicht, Koordination und Muskulatur. Der Blick auf das türkisfarbene Wasser vor blau-weißem Himmel und malerischer Alpenkulisse sorgt für Spaß und Erholung pur.

Ein gut ausgebautes Netz an S-Bahnen und Regionalzügen verbindet München mit vielen der schönsten Seen im nördlichen Alpenvorland. Auch ohne eigenes Auto sind die meisten unserer Touren gut erreichbar - und die Boards vermieten die SUP-Stationen oft direkt am Ufer.

Bei unseren Tourenvorschlägen gleitet Ihr erst auf dem Wasser dahin und kehrt anschließend in einem leckeren Biergarten ein.

Wir freuen uns sehr, wenn unser SUP-Guide Euch aufs Wasser locken kann - habt Spaß dort draußen und passt auf Euch auf!

Anja & Andy Klotz

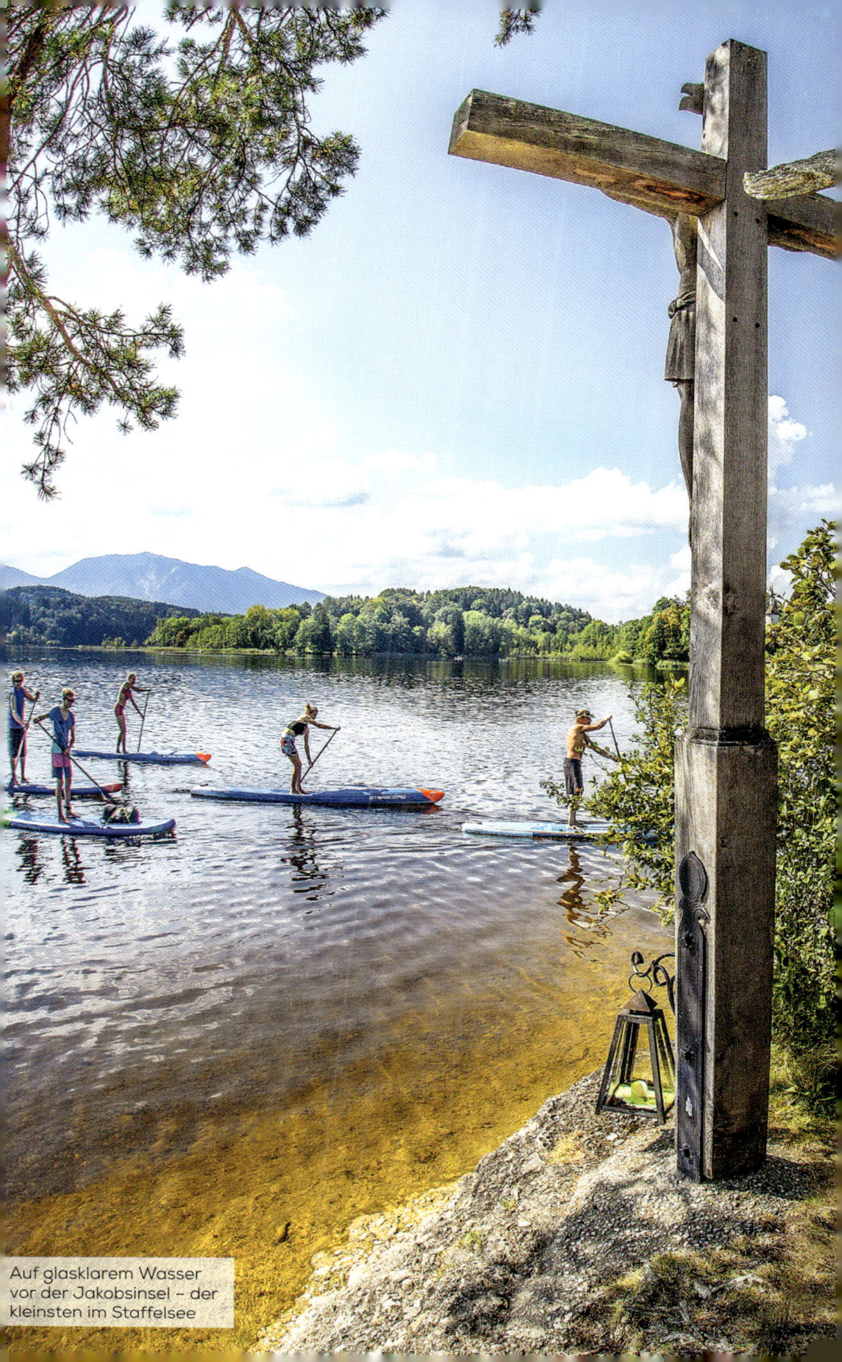

Auf glasklarem Wasser vor der Jakobsinsel – der kleinsten im Staffelsee

TOURENPLANUNG

Alle im Buch vorgestellten Touren sind von uns selbst abgefahren worden, um möglichst detaillierte und konkrete Beschreibungen anbieten zu können.

Fast alle SUP-Spots im Alpenvorland sind auch mit öffentlichen Verkehrsmitteln erreichbar. Wer sich ein Board direkt am Wasser mietet oder ein aufblasbares iSUP-Board mitbringt, ist mit Bahn und Bus oft gleich schnell wie der Autofahrer im Münchner Tagesausflugs-Stau. Die meisten der kompakten Boardtaschen sind mit belastbaren Tragegurten ausgestattet und auch ein dreiteiliges Paddel lässt sich noch gut in der Packtasche verstauen.

Zu jeder der vorgestellten Touren haben wir im Buch mindestens einen SUP-Board-Vermieter genannt, meist jedoch mehrere. Üblicherweise verlangen die Vermieter einen Personalausweis als Pfand.

Die im Buch angegebene Tourendauer bezieht sich auf Freizeit-Stehpaddler. Anfänger oder Gelegenheits-Stehpaddler sind auf dem SUP-Board mit rund drei Kilometern die Stunde unterwegs. Trainierte SUP'ler erreichen zügige vier bis sechs Stundenkilometer.

Aktuelle Befahrungsregelungen finden Sie auf der Webseite des DKV (Deutscher Kanu Verband) unter: www.kanu.de >Service >Downloads >Freizeitsport >Befahrungsregelungen Deutschland aktuell (PDF).

WICHTIGES FÜR DEN PADDLER

- Ohne Grundkenntnisse geht es nicht aufs Wasser. Dazu gehört auch, sich und seine konditionelle Verfassung richtig einschätzen zu können und den Wetterverhältnissen entsprechend auszurüsten. Auch auf dem Wasser ist alkoholisiertes Fahren verboten, die Promillegrenze beträgt aktuell 0,5 Promille.
- Damit Stand-Up-Paddler an allen Ufern gern gesehene Gäste sind und bleiben, bitten wir Euch, beim Parken keine Anwohner zu behindern und empfindliche Uferbereiche nicht als Ein- und Ausstiege zu benutzen. Startet Ihr Eure Tour mit dem eigenen Board vom privaten Gelände eines Vermieters, Gasthofs oder Campingplatzes, so fragt bitte vorher um Erlaubnis.
- Unsere oberbayerischen Seen sind wichtige Lebensräume für teilweise bedrohte Pflanzen und Tiere. Das Paddeln und Anlanden in Schilfgürteln, Uferabbrüchen mit Nisthöhlen, Altarmen, Sand- und Kiesbänken würde zu ihrem Aussterben beitragen, deshalb sind diese Bereiche auf den Seen in der Regel gekennzeichnet und für uns tabu. Aus dem gleichen Grund ist auch das Wildcampen nicht zu verantworten.

» Die herrlichen Seen bieten auch anderen Wassersportlern und Anglern Erholung, lasst uns die Natur bitte rücksichtsvoll mit allen teilen.

» Wichtig - Die Berufsschifffahrt hat immer Vorfahrt!

» Stand-Up-Paddlern ist die Benutzung von Schleusen auf Binnenschifffahrtsstraßen verboten! Sie müssen umtragen werden.

» Auf der Umschlagklappe vorne findet Ihr die wichtigsten Binnenschifffahrtszeichen und Schallsignale.

Wichtige INFOS

WIND UND WETTER

Wer spiegelglattes Wasser und den Blick in die Tiefe liebt, hat morgens die besten Chancen. Im Laufe des Tages kommt, wetterabhängig, über dem Wasser oft Wind auf, der den Paddler, geschickt eingeplant, auf dem Rückweg unterstützt - oder die Arme schwer werden lässt.

Eine Wind-App erleichtert die Planung. „Windy", „Windfinder Pro" und „Weather Pro" bieten aktuelle Infos. Es lohnt sich, die zwei bis vier Euro für die Pro-Version auszugeben. Abgesehen davon, dass die Apps dann auch werbefrei sind, haben sie in der Regel mehr Funktionen als die kostenlose Basisvariante.

Das Bayerische Alpenvorland zählt mit 30 bis 35 Gewittertagen pro Jahr zu den gewitterreichsten Gebieten der Bundesrepublik. Meist treten diese nachmittags oder am Abend auf, insbesondere bei Zusammenbruch eines Südföhns im Sommer. Solch schwere Wetterstürze bringen Sturmböen und Hagel mit sich. Wenn sich im Westen eine dunkle Wolkenwand abzeichnet, ist es Zeit, ans Ufer zu paddeln, um nicht als höchster Punkt auf dem Wasser zum Ziel von Blitzen zu werden. Auf größeren Seen können sich innerhalb von Minuten hohe Wellen auftürmen und den SUP'ler vom Board fegen.

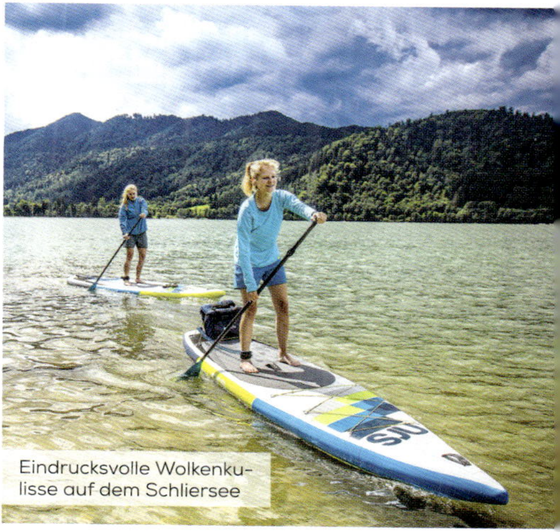

Eindrucksvolle Wolkenkulisse auf dem Schliersee

Ammersee, Wörthsee, Starnberger See, Staffelsee Walchensee, Tegernsee, Schliersee, Simssee und Chiemsee sind mit einem Sturmwarnsystem (Blinklichter auf Ufermasten) ausgestattet. Von Anfang April bis Ende Oktober warnt es täglich von 7-22 Uhr mit orangefarbenen Blinklichtern vor starkem Wind und daraus resultierender rascher Wellenbildung. Auch Gewitter, welche diese Windböen mitbringen, werden so angekündigt. Bei einer erwarteten Windstärke von 6 bis 8 Beaufort (25 bis 33 Knoten) blinken die Lichter 40 mal in der Minute (Starkwindwarnung); werden Windböen von 8 und mehr Beaufort (34 und mehr Knoten) vorhergesagt, blinken sie 90 mal in der Minute (Sturmwarnung).

Windstärke wird in Beaufort angegeben. Der Beauford grad reicht von **1 = leichter Windzug** bis **12 = Orkan.**

Wind- **STÄRKE**

DIE SUP-AUSRÜSTUNG

„Dress for water, not for air“. Zu jeder Jahreszeit gilt, eine der Wassertemperatur angepasste Kleidung zu tragen. Das reicht vom Bikini oder der Boardshort im Sommer bis zum Neoprenanzug beziehungsweise Trockenanzug im Winter. Auch im Frühling und Herbst, wenn zwar die Außentemperaturen schon mal nach Shorts schreien, können die Wassertemperaturen immer noch, oder schon wieder, recht frisch sein. Wer dann in leichter Badebekleidung ins Wasser fällt, kühlt innerhalb von Minuten aus und begibt sich in Lebensgefahr.

Eine Schwimmweste in fester oder kompakter Form (als selbstaufblasbare Auftriebshilfe als Hüftgurt getragen, die von ein paar Herstellern in verschiedener Art angeboten wird), sollte selbstverständlich sein, insbesondere bei Querung größerer Wasserflächen oder wenn nicht in unmittelbarer Nähe des Ufers gepaddelt wird.

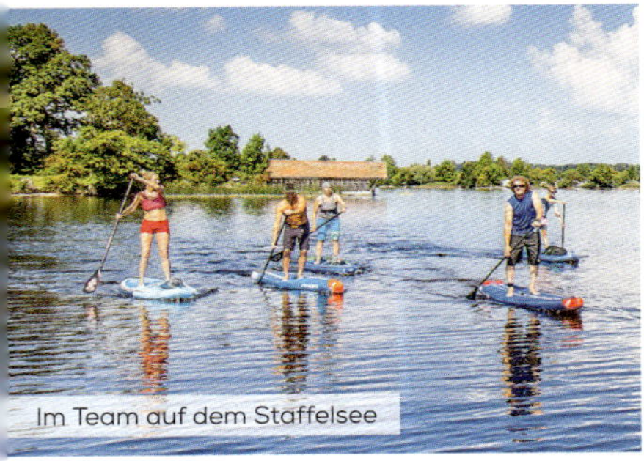
Im Team auf dem Staffelsee

Zur „Schönwetterausstattung“ gehören Badeschuhe, Neoprenschuhe oder alte Turnschuhe, ggf. Wechselkleidung, Handtuch, Sonnencreme, Sonnebrille / Brille mit Brillenband, Kopfbedeckung und bei längeren Touren ein Snack und ausreichend zu trinken. Die Gefahr der Auskühlung, aber auch die der intensiven Sonneneinstrahlung, darf keinesfalls unterschätzt werden.

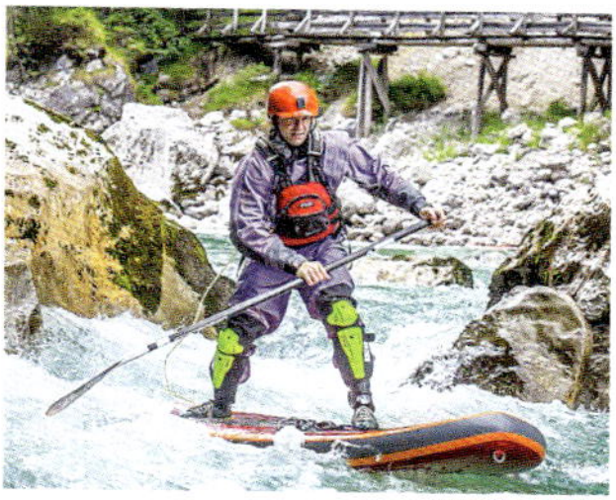

Auf Flüssen (Wildwasser) wie Isar (WW I-II) oder Tiroler Achen (WW II) sind Neoprenanzug mit Paddeljacke oder Trockenanzug, Schwimmweste, Helm und feste Schuhe notwendig. Wer zusätzlich Ellbogen- und Schienbeinschoner anzieht, schützt sich im Wasser optimal vor spitzen Felsen über und unter Wasser.

WW-SKALA

Die internationale Wildwasserskala bewertet die Schwierigkeit/Befahrbarkeit eines Flusses und reicht von **WW I = unschwierig** bis **WW VI = unfahrbar**.

Immer mehr SUP-Liebhaber gehen auch im Winter auf Tour. Unterwegs zu sein auf einem spiegelglatten See ohne Lärm und Bootsverkehr bietet Entspannung der besonderen Art. Kuschelige Wärme bringt dann ein Trockenanzug mit warmer Fleece-Unterwäsche und dicke Neopren-Schuhe. Diese dürfen ruhig ein bis zwei Nummern größer sein, damit die dicken Socken und eventuell die Latexsocke des Trockenanzugs drunter passen. Spezialanbieter produzieren wasserdichte Neopren-Socken mit eingewebter Wolle, die an Wärme und Funktionalität kaum zu toppen sind. Sinnvoll sind außerdem Neoprenhandschuhe und eine dicke Mütze.

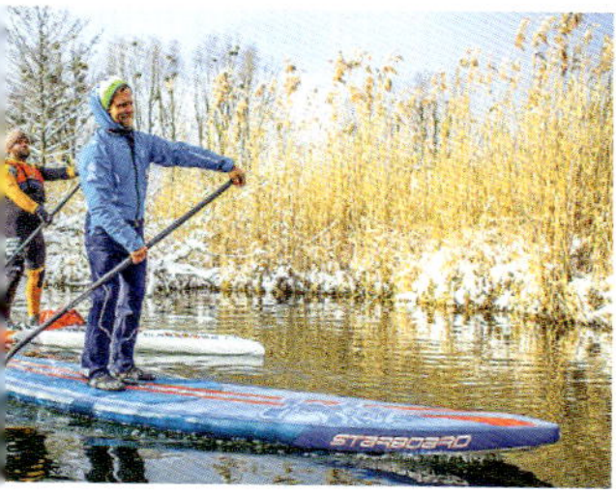

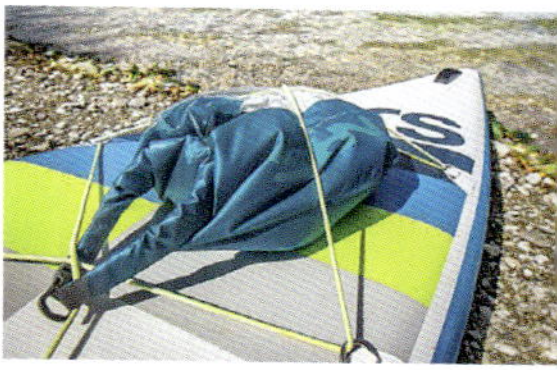

Für die Mitnahme von Ersatzkleidung und Kleinkram gibt es wasserdichte Transportsäcke in verschiedenen Größen, die sich einfach im Gepäcknetz des Boards festklippen lassen. Ein 2-Liter-Beutel reicht für Handy, Schlüssel und Geld, ein 15-Liter-Sack bietet ausreichend Platz für Pulli, Windjacke und Schuhe.

die AUSRÜSTUNG

Die Stehpaddel-Ausrüstung besteht neben der entsprechenden Kleidung aus **SUP-Board, Paddel** und **Leash**. Die Wahl des SUP-Boards hängt vom Einsatzbereich ab.

SUP-BOARDS

Der Markt für SUP-Boards ist groß und unübersichtlich. Grundsätzlich unterscheiden wir feste (laminierte) Hardboards und aufblasbare Boards (inflatable SUPs oder iSUPs). Der Vorteil der Hardboards liegt in der besseren Fahreigenschaft, dagegen sind iSUPs praktischer zu lagern und zu transportieren. Für sie benötigt man zusätzlich eine Pumpe, um ausreichend Luft ins Board zu drücken, die aber in der Regel bei jedem Board im Lieferumfang dabei ist. Je nach Hersteller sorgen 15-18 psi Druck für eine gute Stabilität (1 bar = 14,504 psi).

Die Stabilität (Steifigkeit) des Boards ist entscheidend. Wenn das Brett nicht fest genug aufgepumpt ist, hängt es mittig durch und reagiert nicht präzise genug auf Paddelschläge. Stattdessen haben wir eine weiche und schwabbelige Standfläche, die nur als Badeponton Spaß macht. Verlockend günstige Angebote lassen eine wenig stabile Bauweise des SUP's vermuten.

Für die Größe/Länge unseres Sportgeräts sind Maßangaben in Fuß und Zoll üblich. Die Länge wird in Fuß angegeben: 1 Fuß = 30,48 cm; die Breite und Dicke wird in Zoll berechnet: 1 Zoll = 2,54 cm. Je mehr Fläche auf dem Wasser aufliegt, desto kippsicherer ist das Board, ein Einsteigerboard ist daher größer und breiter als ein Raceboard. Vor dem Kauf ist es hilfreich, an einer SUP-Station mehrere Boards zu testen.

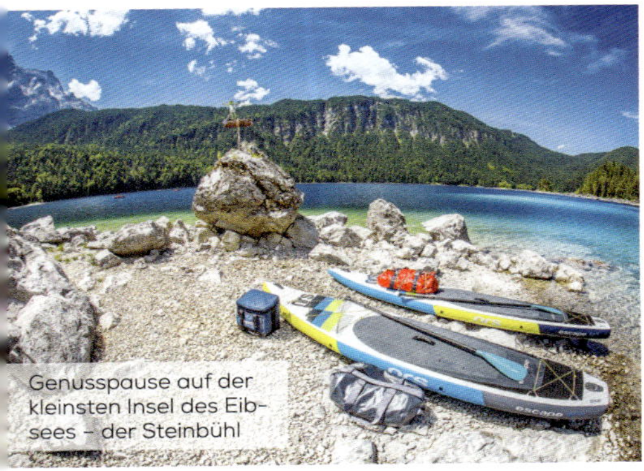

Genusspause auf der kleinsten Insel des Eibsees – der Steinbühl

TOURING-BOARDS

Geeignet für Einsteiger und Flachwasser-Enthusiasten. Je länger das Brett, desto schneller ist es und desto einfacher ist das Geradeausfahren. Für Tagestouren empfehlen wir eine Länge von etwa 12.6 Fuß. Für mehrtägige Gepäcktouren eignen sich Board-Längen zwischen 12.6 und 14 Fuß.

Entscheidend bei der Wahl des Boards ist aber auch das Volumen, welches in Litern angegeben wird. Hierbei bitte unbeding die Herstellerangaben beachten. Ein Board, konstruiert für eine Gewichtsklasse bis 90 kg, ist definitiv nichts mehr für einen 150-kg-Fahrer. In der Breite gilt es, die Gratwanderung zwischen

Schnelligkeit und Kippeligkeit an das eigene Können anzupassen, damit der Spaßfaktor stimmt. Gängig sind Breiten zwischen 30 und 33 Zoll.

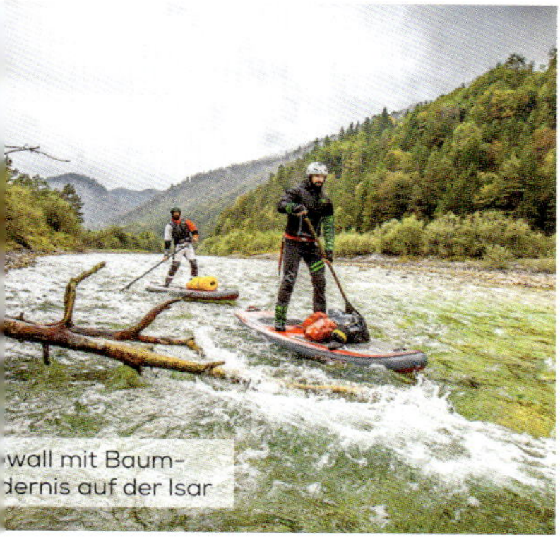
'wall mit Baum-
dernis auf der Isar

WILDWASSER-BOARDS

Bretter für den Fluss sind um die 9.6 Fuß kurz, dafür aber bis zu 34 Zoll breit. Sie haben robuste, kürzere und flexible Finnensysteme, die auch einen leichten Steinkontakt überstehen. Die Technik- und Safety-Anforderungen auf einem Wildfluss sind komplexer als auf stehenden Gewässern, ein Einsteigerkurs wird empfohlen und vermittelt hier kompaktes Basiswissen.

SUP-FINNEN – Die Finne sorgt für Spurtreue des Boards. Ohne Finne paddelt man im Kreis oder der Wind bläst einen einfach über den See. Je länger und größer die Finne, umso besser ist der Geradeauslauf. Passende Finnen sind bei den Boards dabei, sie werden im Heck auf der Unterseite befestigt.

SUP-PADDEL

Die Hersteller bieten feste und in der Länge verstellbare Paddel an. Moderne verstellbare Paddel sind gegen ein unabsichtliches Verdrehen der beiden Schaftteile extra gesichert.

Beim Paddel sind Stabilität und Gewicht entscheidend. Zwischen einem Schaft aus schwerem Aluminium oder leichtem Carbon liegen gefühlt Welten – in Gramm ausgedrückt sind es rund 300-400 g weniger, die ich bei jedem Paddelzug bewegen muss. Ein Paddel mit einem verstellbaren Schaft aus Glasfasermaterial und einem Blatt aus Kunststoff ist als Einsteigermodell preislich und qualitativ gut geeignet.

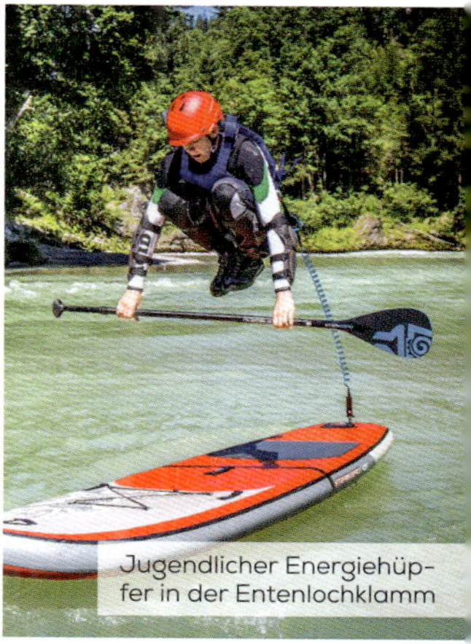
Jugendlicher Energiehüpfer in der Entenlochklamm

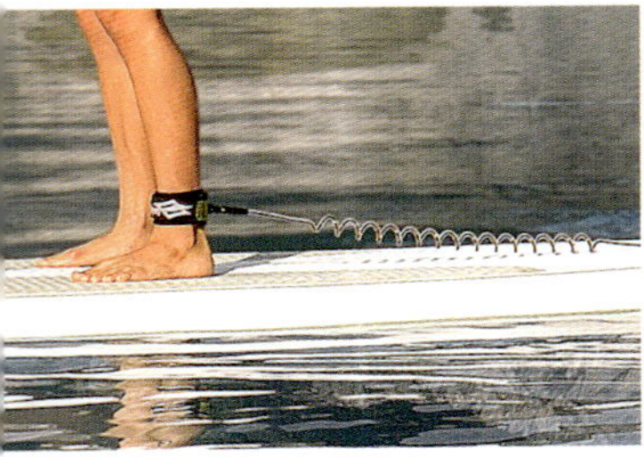

LEASH

Die sogenannte Leash ist eine Leine, die Paddler und Brett miteinander verbindet. Sie ist essentielles und wichtigstes Sicherheitsequipment beim SUP. Boardseitig wird sie fest fixiert, am Paddler ist sie am Knöchel durch einen leicht und schnell zu öffnenden Klettverschluss befestigt. Im Falle eines Sturzes ins Wasser treibt das Board nicht ab, sondern Mensch und Board bleiben in Verbindung. Ein Wiederaufsteigen ist somit problemlos möglich.

Auch beim Paddeln auf Flüssen hat dieses Sicherheitsequipment seine Berechtigung, denn das Board schwimmt in einem Wellenzug schneller als die Person im Wasser. Ohne Leash kann das Board z.B.in einem Kehrwasser hängenbleiben, während der Paddler abtreibt. Hierzu gibt es jedoch eine Pro und Kontra Diskussion unter den Experten. Jedenfalls sollte beim Tragen auf einem Strömungsgewässer die Leash in Verbindung mit einer Sicherheitsauslösung um die Hüfte getragen werden. Nur so ist das Lösen im Ernstfall (Board bleibt hängen, Schwimmer treibt weiter) mit der Hand möglich und eine lebensbedrohliche Situation vermeidbar. Auch hier kann ein Kurs relevantes Wissen in Theorie und Praxis vermitteln.

TRANSPORT & LAGERUNG

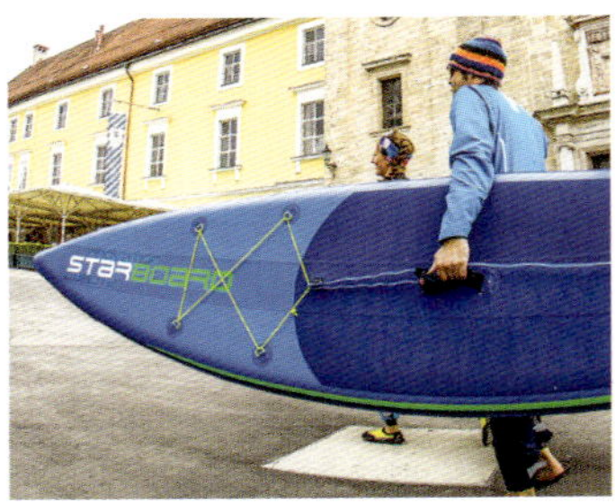

Die meisten Boards haben eine spezielle Mulde bzw. einen Griff, um es seitlich am Körper zu tragen. Mit einem Gewicht von 11-13 kg sind sie zwar recht handlich, für das Tragen über größere Strecken ist ein SUP-Tragegurt zu empfehlen oder ein SUP-Transportwagen.

Zum Transport mit dem Pkw können mehrere Hardboards übereinander auf dem Dachträger mit Spanngurten befestigt werden (Zwischenpolsterung und Polsterung des Dachträgers mit Heizungsrohrisolierung aus Schaumstoff). Wer nicht genug Platz auf dem Autodach hat, kann das SUP-Board in einem im Fachhandel erhältlichen speziellen Bügel hochkant transportieren.

SUP-PADDELTECHNIK

ERMITTLUNG DER RICHTIGEN PADDELLÄNGE

Stell das Paddel neben dich, strecke Arm und Hand (der Arm ist dabei fast durchgestreckt) entlang des Paddelschaftes nach oben und lege jetzt die Hand um den Griff. Je länger das Paddel, umso aufrechter die Standposition auf dem Board. Wenn ich sportlicher fahren möchte, wähle ich einen kürzeren Schaft.

PADDELHALTUNG

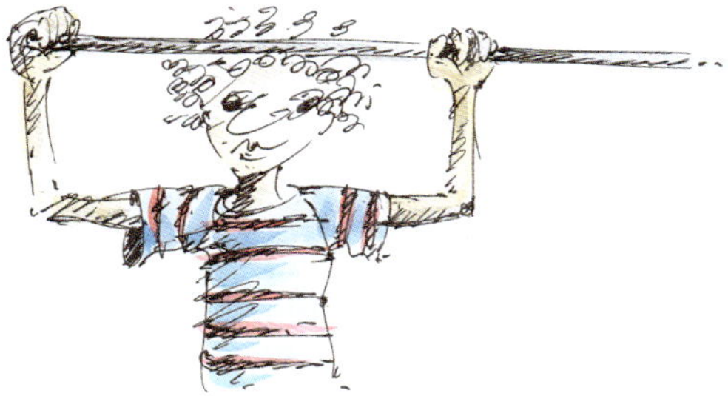

Die richtige Griffbreite ermitteln - Mit der einen Hand den Knauf umfassen, mit der anderen den Schaft. Paddel so auf den Kopf legen, daß die Unterarme im rechten Winkel nach oben zeigen.

Bei einem SUP-Paddel ist in der Regel das Blatt im Verhältnis zum Schaft abgewinkelt. Das Paddel wird korrekterweise so gehalten, daß beim Eintauchen das abgewinkelte Blatt - vom Paddler aus gesehen - nach vorne zeigt.

ERSTE VERSUCHE

Wer seine ersten Versuche auf einem SUP-Board bestreitet, kann erstmal kniend starten, um ein Gefühl für sich und das Board zu bekommen. Hierzu etwa in die Mitte des Boards mit Blick nach vorne hinknien. In aufrechter Haltung mit beiden Händen am Paddelschaft vorwärts paddeln. Nach der Eingewöhnung aufstehen und mit der oberen Hand den Knauf greifen.

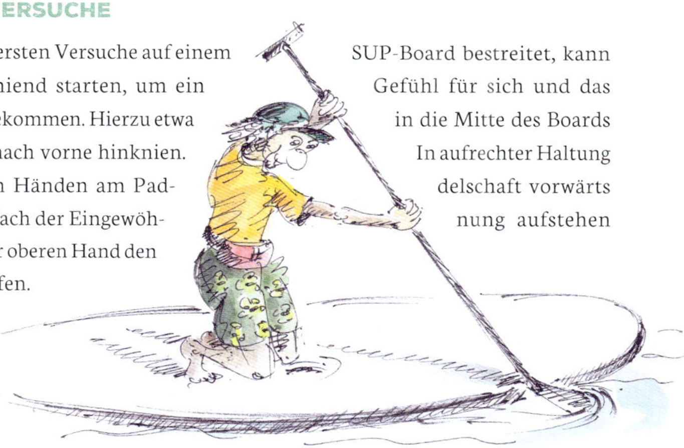

VORWÄRTSSCHLAG

Mit Blick nach vorne (Richtung Bug) stehen wir mit paralleler Beinstellung etwa in der Mitte des Boards. Die Trageschlaufe dient hier als Anhaltspunkt. Das Paddel wird weit vorne und nahe neben dem Board eingetaucht. Dabei ist der untere Arm (Hand am Schaft) nahezu gestreckt und der obere Arm (Hand auf dem Griff) leicht angewinkelt. Erst wenn das Paddel komplett im Wasser ist, wird der eigentliche Paddelzug eingeleitet.

Jetzt wird das Paddel in gerader Linie neben dem Board bis zum Körper (Füße) durchgezogen, wobei der Paddelschaft immer in einem sehr steilen Winkel (von vorne oder hinten gesehen) zum Wasser bleiben sollte. Dabei wird der obere Arm gestreckt und der untere Arm leicht angewinkelt.

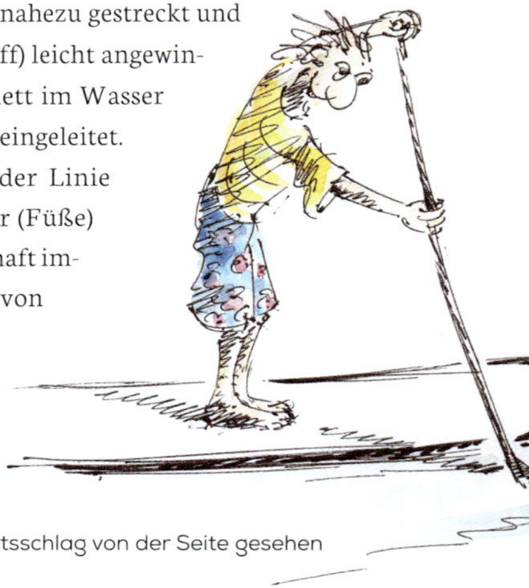

Vorwärtsschlag von der Seite gesehen

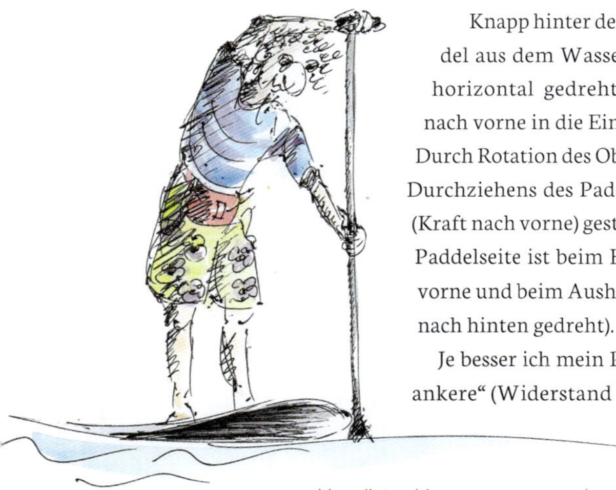

Vorwärtsschlag von vorne gesehen

Knapp hinter dem Körper wird das Paddel aus dem Wasser genommen und mit horizontal gedrehter Blattfläche wieder nach vorne in die Eintauchposition geführt. Durch Rotation des Oberkörpers während des Durchziehens des Paddels wird die Wirkung (Kraft nach vorne) gesteigert (Schulter auf der Paddelseite ist beim Eintauchen leicht nach vorne und beim Ausheben des Paddels leicht nach hinten gedreht).

Je besser ich mein Paddel im Wasser „verankere“ (Widerstand des Wassers nutzen), desto effizienter ist die Bewegung des Boards nach vorne.

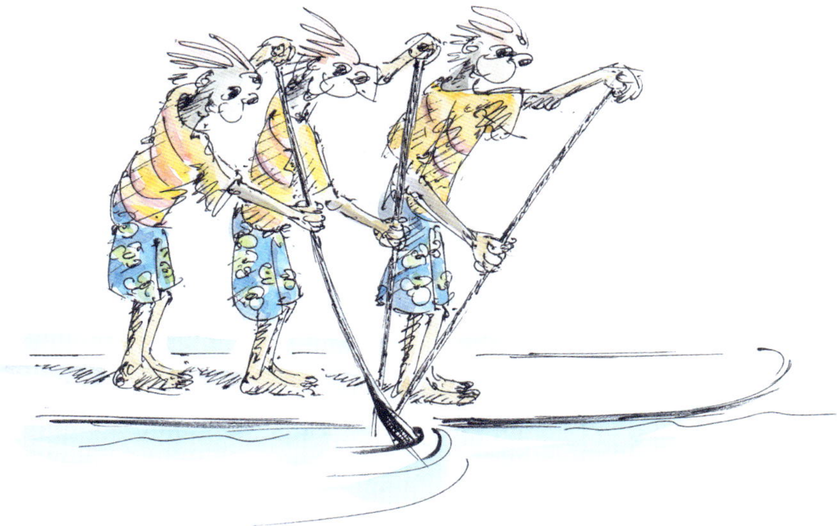

Bewegungsablauf Vorwärtsschlag

VORWÄRTS FAHREN

Um „Kurs zu halten“ und ungewollte Kurvenfahrt zu vermeiden ist es hilfreich, auf ein anvisiertes Ziel in der Ferne zuzuhalten und nach mehreren Schlägen immer mal wieder die Seite zu wechseln.

KURVEN FAHREN

Hier kann als leicht zu lernende Technik der Bogenschlag angewendet werden. Das Paddelblatt wird möglichst weit vorne direkt am Bord eingesetzt und dann in einem weiten Bogen am Körper vorbei bis nach hinten ans Heck durchgezogen. Je weiter ich bei diesem Manöver hinten auf dem Board stehe, umso effizienter wird der Bogenschlag.

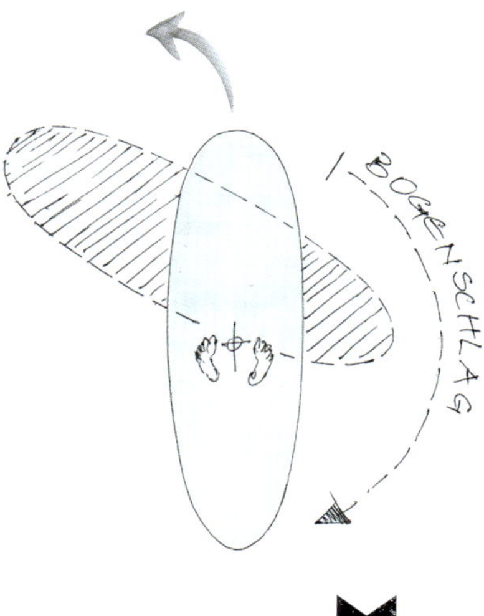

Als fortgeschrittene Technik kann auch der sogenannte Crossbow-Turn eingesetzt werden. Hier wird das Paddel aus der Fahrt

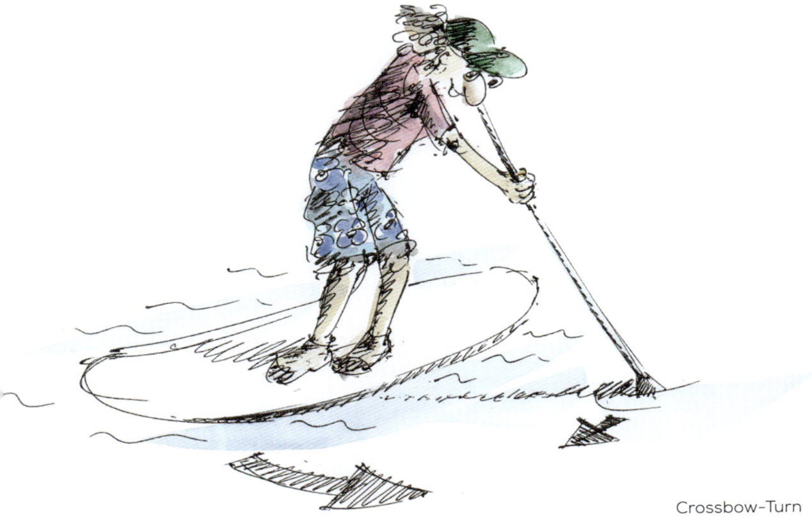

Crossbow-Turn

heraus auf der Gegenseite des Boards – unter Beibehaltung der ursprünglichen Paddelhaltung – möglichst weit außen in einem Winkel von rund 45 Grad zum Board eingesetzt und dann in einem Bogen vorne über den Bug wieder auf die ursprüngliche Paddelseite geführt. Mit dieser Übergriff-Technik kann das Board mit einem Schlag um 180° gedreht werden.

PADDELN BEI GEGENWIND

Wer gegen den Wind ankommen möchte, macht sich klein – bis hin zum Paddeln im Knien. Auf diese Weise reduziere ich den Luftwiderstand. Die Griffhand greift dabei weiter unten am Schaft.

DOWNWIND-PADDELN

Das SUP-Paddeln mit ordentlich Wind im Rücken gilt als die Königsdisziplin auf dem See und bleibt erstmal dem wirklich Erfahrenen vorbehalten. Es erfordert eine an Wind und Wellen angepasste Fußstellung. Um ein Bohren des Bugs zu verhindern, versetzt man einen Fuß nach weiter hinten. Je mehr Wind, desto weiter hinten steht man. Mit dem Paddel im Wasser kann das Board in den Wellen stabilisiert werden.

ZU GUTER LETZT

- Schwach motorisierte Wasserfahrzeuge „schleichen sich“ gerne mal unbemerkt von hinten an, so dass es sinnvoll ist, sich immer mal wieder umzuschauen.
- Im Falle eines Sturzes ins Wasser zuerst zum Board schwimmen, bevor der Wind dieses abtreibt (eine Leash verhindert das!), dann das Paddel bergen.
- Nie das Board verlassen um zum Ufer zu schwimmen, denn es ist auch Deine „Rettungsinsel“!
- Führe ein wasserdicht verpacktes Handy mit, um im Notfall Hilfe rufen zu können.

Literatur-TIPPS

ZEITSCHRIFTEN

SUP BOARD MAGAZIN, MSV Medien Baden-Baden, WWW.SUPBOARD-MAGAZIN.DE

SUP, Delius Klasing, WWW.SUP-MAG.DE

STAND UP MAGAZIN, Mike Jucker, WWW.STANDUPMAGAZIN.COM

BUCH-EMPFEHLUNGEN

SUP – STAND UP PADDLING: MATERIAL – TECHNIK – SPOTS, Delius Klasing

KANU KOMPASS NÖRDLICHE ALPENSEEN +SUP-INFOS, Th. Kettler Verlag

KANU KOMPASS BAYERN, Thomas Kettler Verlag

TAKE ME TO THE LAKES – MÜNCHEN EDITION, The Gentle Temper

LINK-TIPPS

SUPSCOUT.DE – PLATTFORM FÜR SUP-SPOTS UND -TOUREN

PAGAJA.DE – BUCHUNGSPORTAL RUND UMS PADDELN

CLEANRIVERPROJECT.DE – PADDELN FÜR SAUBERE FLÜSSE UND MEERE

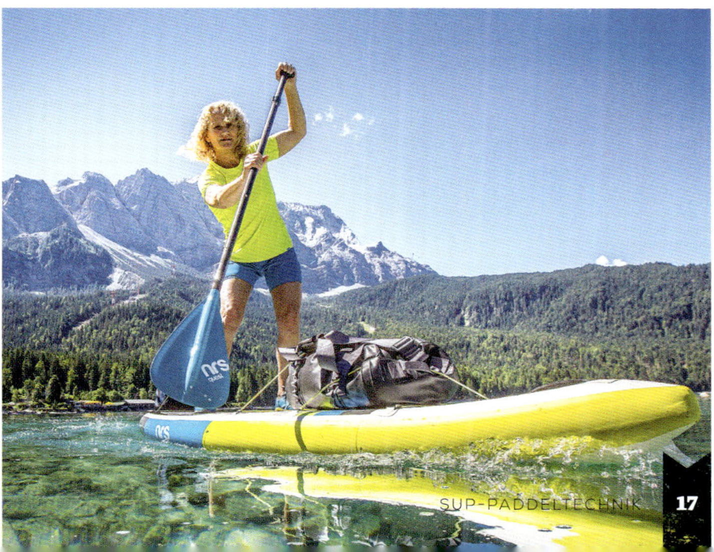

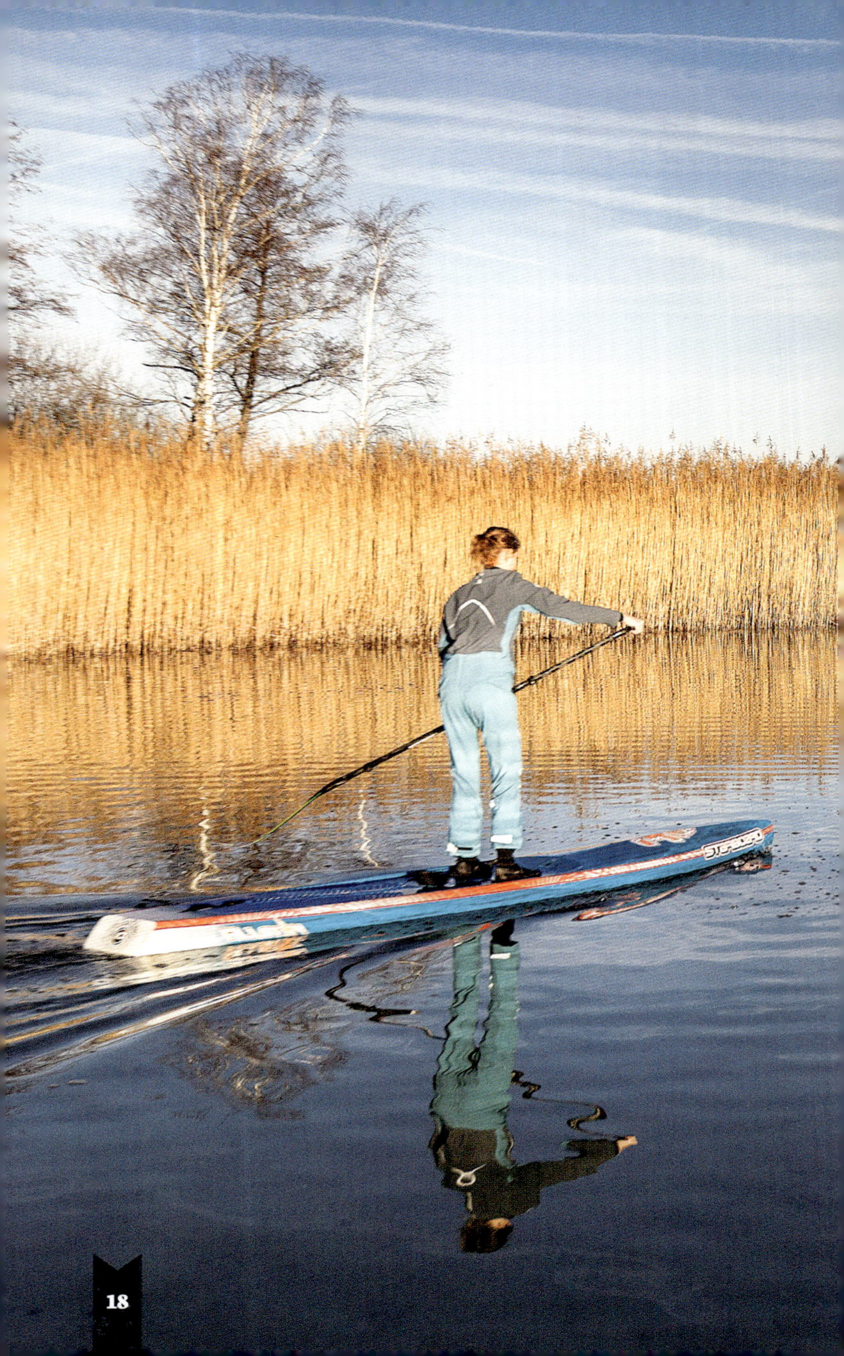

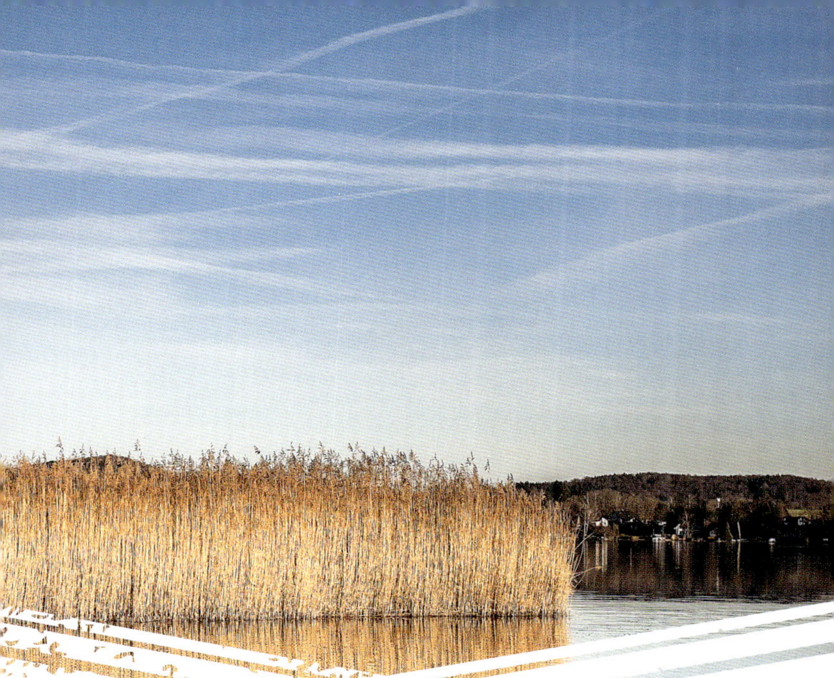

WÖRTHSEE

ANSPRUCH

EINKEHR

Von den Münchnern schon vor hundert Jahren als Bade- und Freizeitparadies entdeckt, bietet der im bayerischen Alpenvorland zwischen Ammersee und Starnberger See gelegene, türkisfarbene Freizeitsee vor allem im Sommer pures Vergnügen für alle Wassersportfans. Hinzu kommen die zahlreichen Biergärten in denen man besonders schön sitzt, wenn die Sonne über dem See untergeht.

WIND & WETTER

Der Wind weht meist aus Südwest.

BEFAHRUNGSREGELN

» Die Durchfahrt zwischen Mausinsel und Festland ist ganzjährig verboten. Die Bucht darf befahren werden.

» Mausinsel darf nicht betreten werden.

» Im Hafen von Bachern sind die Uferbereiche mit den Bootsanlegern in Privatbesitz und dürfen nicht betreten werden.

ANFAHRT MIT DEM PKW

Über die A 96 bis Ausfahrt Wörthsee, dann links in Richtung Ort Wörthsee, geradeaus durch den Kreisverkehr und die erste Straße links abbiegen. An der T-Kreuzung rechts und gleich wieder links, nach ca. 200 m wieder links in die Vordere Seestraße bis zum Parkplatz (Höhenbegrenzung 2,1 m) am Westufer (Kiosk Rossschwemme).

PARKEN

PKW-Parkplatz Rossschwemme, Vordere Seestr. 59, 82237 Wörthsee. 2 Std. 2 €, 4 Std. 4 €, Tageskarte 8 € (Stand: 2021).

ANFAHRT MIT ÖPNV

Von München mit der S-Bahn S 8 Richtung Herrsching bis zur Haltestelle Steinebach (ab München Hbf ca. 0:40 h). Dann 15 Min. zu Fuß zur Seepromenade am Ostufer (Einstieg für Bahnfahrer).

BADEN

Einer der saubersten bayerischen Badeseen, dessen Wasser sich im Sommer leicht auf 25 Grad erwärmt.

» Beim **AUGUSTINER AM WÖRTHSEE** kostenfreie Liegewiese am **STRANDBAD FLEISCHMANN.**

» **ERHOLUNGSGEBIET OBERNDORF** am Südwestufer, schöne Liegewiese.

» **BADESTEGE** zum Schutz der Ufervegetation **RUND UM DEN SEE.**

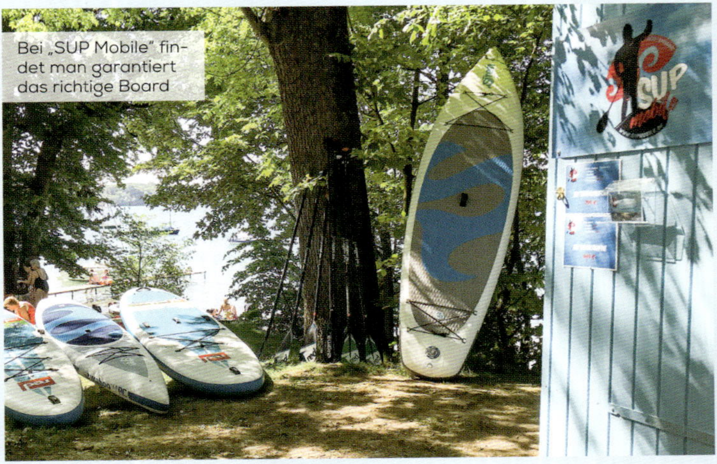

Bei „SUP Mobile" findet man garantiert das richtige Board

EXTRA-TIPPS

- **Naturlehrpfad Wörthsee** - lernwandern" auf dem Rundweg um Steinebach am Wörthsee (Start in Steinebach, grün-weiße Markierung, 12 km, ca. 4 Stunden).
- **Rundwanderung um** den malerischen **Wörthsee** vorbei an Moor, Wald und Badewiesen mit vielen Einkehrmöglichkeiten (11 km, ca. 4 Stunden).

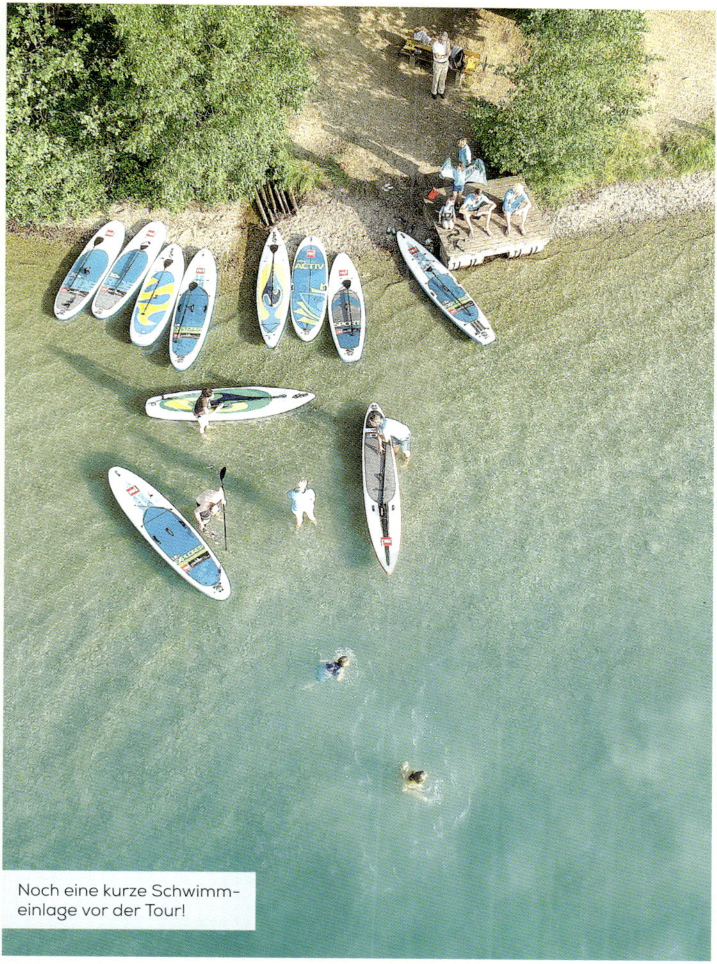

Noch eine kurze Schwimmeinlage vor der Tour!

TOUREN

1 SEEUMRUNDUNG MIT MAUSINSELBUCHT

Leichte Tour – bei auffrischendem Wind mittelschwer

| **LÄNGE** 10 km | **DAUER** 2-3 h

EIN- & AUSSTIEG FÜR AUTOFAHRER

Am Nordwestufer in Wörthsee, beim Badeplatz und Seekiosk "Rossschwemme" (Vordere Seestraße 61)

EIN- & AUSSTIEG FÜR BAHNFAHRER

Am Ostufer beim "Il Kiosko" in Steinebach, Seepromenade 19 (Ecke Birkenweg, 82237 Wörthsee)

SUP-VERMIETUNG

1 SUP MOBILE (Station am Campingplatz am Wörthsee)
Wörthseestr. 25, 82229 Seefeld
Tel. 0176-914 564 41
www.supmobile.de

2 SPORTSCHIFFFAHRTSCHULE – SEGELSCHULE WÖRTHSEE
Seestr. 63, 82237 Wörthsee
Tel. (08153) 76 50
www.segelschule-woerthsee.de

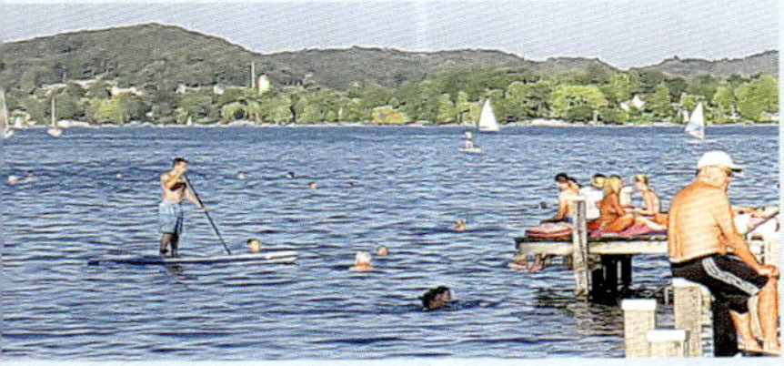

EINKEHR

1 AUGUSTINER AM WÖRTHSEE
Seepromenade 1 in Steinebach
Tel. (08153) 987 90 91
www.augustineramwoerthsee.de
Ganzjährig täglich ab 9.30 Uhr

KLASSIKER Zwiebelrostbraten mit Kartoffelgratin und das leckere "Gustl"-Bier

2 IL KIOSKO
Seepromenade 19 in Steinebach
Tel. (08153) 901 50 33, 0171-341 09 55
www.il-kiosko.de
chilliger See-Kiosk mit Liegestühlen am Wasser, geöffnet bei gutem Wetter

KLASSIKER Pizza, Fisch vom Grill, Eis – südländische Lebensfreude

3 PARADIESWINKEL GASTHOF WOERL
Wörthseestr. 25 am Südostufer
Tel. (08152) 764 45
www.paradieswinkel.de
Ganzjährig täglich geöffnet

KLASSIKER Frischer Wörthsee-Fisch

ÜBERNACHTUNG

1 CAMPINGPLATZ AM WÖRTHSEE
am Südostufer, Tel. (08152) 396 25 86
www.campingplatz-am-woerthsee.de

2 GASTHOF WOERL (Zelt + Zimmer)
am Südostufer, Tel. (08152) 764 45
www.paradieswinkel.de

3 ADRIA GRILL (Essen + Camping)
am Südufer, Tel. (08152) 703 60

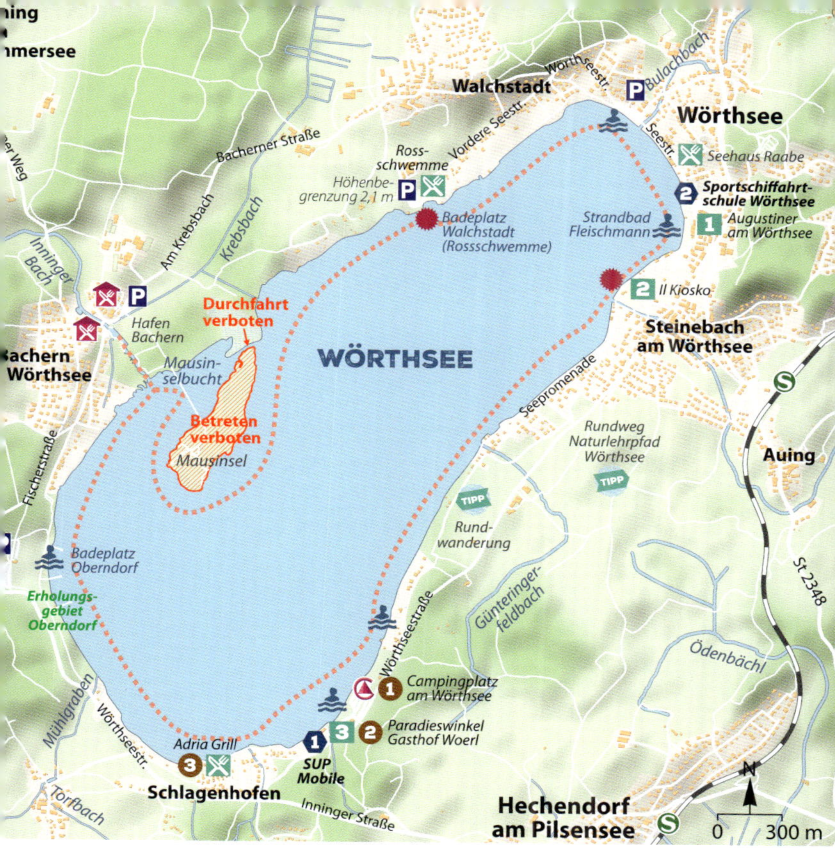

1 KLEIN UND FEIN – PADDELN AUF „HOHEM NIVEAU“

Der **WÖRTHSEE** ist ein von München aus schnell zu erreichender See im **STARNBERGER FÜNFSEENLAND**. Die Geologen vermuten, dass er im Gegensatz zum Pilsensee kein ehemaliger Seitenarm des Ammersees ist, denn sein Wasserspiegel liegt etwa 27 Meter höher. Die eiszeitlichen Gletscher haben dem Wörthsee wohl von Anfang an ein eigenes Becken geformt.

Der knapp zwei mal vier Kilometer kleine, dunkel-türkisfarbene See erwärmt sich schnell – auf bis zu 25 Grad im August – und ist daher schon im Frühsommer als Badesee beliebt. Typisch sind die Badestege, die rund um den See zum Schutz des Schilfufers für Badegäste angelegt wurden.

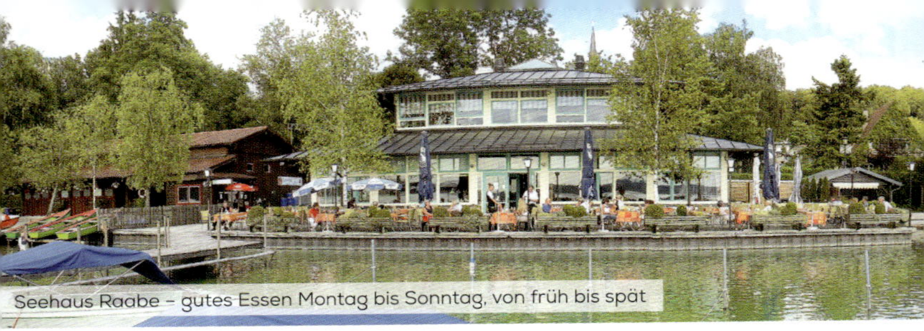

Seehaus Raabe – gutes Essen Montag bis Sonntag, von früh bis spät

Wir pumpen unsere Boards auf der schattigen Liegewiese beim **SEEKIOSK ROSSSCHWEMME** auf und freuen uns, dass der flache, grasbedeckte Uferbereich unserer nicht paddelnden Begleitung einen angenehmen Platz zum Chillen und Baden bietet. Die Runde um den See können wir mit oder gegen den Uhrzeigersinn fahren – abhängig von der Windrichtung.

Ein Highlight der Tour ist die sagenumwobene **MAUSINSEL**, vermutlich Namensgeberin des Sees, da das mittelhochdeutsche Wort für Insel „Werth" oder „Wörth" gewesen ist. Auf ihr ließ der Münchner Patrizier Martin Kazmair ein kleines Schloss errichten. Die Insel ging 1576 in den Besitz der Adelsfamilie Törring aus Seefeld über, wo sie sich bis heute befindet. Leider darf sie, wie auch der größte Teil des Seeufers, nicht betreten werden und das Durchfahren des schmalen Verbindungsarms, um in die Bucht hinter der Insel abzukürzen, ist ebenso verboten. Wir umfahren die Insel und finden in der Bucht dahinter die gut verborgene, enge und malerische Einfahrt in den **INNINGER BACH**, an dessen Ende der kleine Sportboothafen der Gemeinde **BACHERN** liegt und statten ihm einen Besuch ab.

Wieder hinaus auf den See paddeln wir gen Süden, vorbei an **SCHLAGENHOFEN** und dem kleinen Campingplatz vom **ADRIA GRILL** 2 und legen später am Südostufer eine Mittagspause im **BIERGARTEN PARADIESWINKEL** 3 des rustikalen **GASTHOFS DER FAMILIE WOERL** 2 ein. Die Boards lassen wir am Badestrand liegen und genießen die Spezialität des Hauses – fangfrischen Fisch aus dem See.

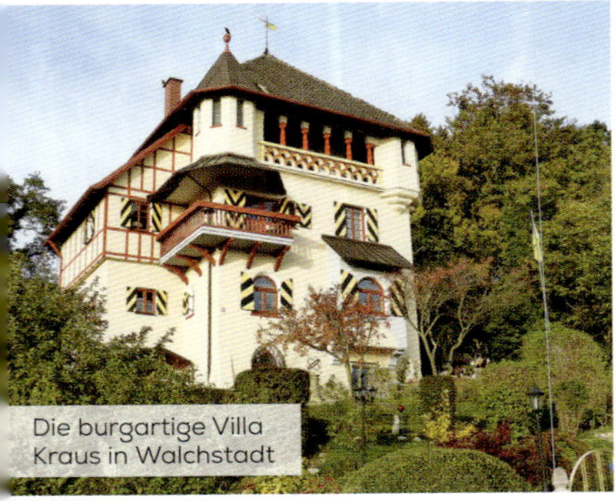

Die burgartige Villa Kraus in Walchstadt

Mit Blick auf die Insel vor uns, erinnern wir uns an die alte Sage um den hartherzigen Grafen, der angeblich bei lebendigem Leib von Mäusen und Ratten aufgefressen wurde. Vor vielen hundert Jahren soll auf dem Schloss bei Seefeld am Pilsensee ein unermesslich reicher Graf gelebt haben, der die verarmten Bauern bis aufs letzte Hemd ausbeutete. Eine große Hungersnot ließ den Grafen kalt, sollte sein Volk doch auf den Straßen verhungern! Im Gegenteil – er richtete ein verschwenderisches Fest aus. Am Festabend fanden sich viele Arme vor dem Schloss ein, um ihn um Hilfe zu bitten. Der jähzornige Graf geriet darüber in Wut und ließ die Bettelnden in eine Scheune treiben und bei lebendigem Leib verbrennen. Bald wurde sein Schloss von einer schrecklichen Maus- und Rattenplage heimgesucht, vor der der Graf auf die kleine Insel im Wörthsee flüchtete. Doch auch hier war er nicht sicher vor den Tieren. Sie rächten die Bauern, töteten den Grafen und verschwanden danach wieder von der Insel. Seit dieser Zeit heißt sie im Volksmund "Mausinsel".

Zum Glück haben wir nur mit unserem inneren Schweinehund zu kämpfen, bevor wir uns wieder an Schilfufer und Bootshäusern entlang nach Norden bewegen. In **STEINEBACH** hätten wir gleich zwei Einkehrmöglichkeiten – bei schönem Wetter bei **IL KIOSKO** 2 chillen oder beim **AUGUSTINER AM WÖRTHSEE** 1 im berühmten **STRANDBAD FLEISCHMANN** „Gustl"- Bier schmecken lassen. Hier entstand vor fast 100 Jahren das erste Freibad mit einem riesigen Sprungturm und einer acht Meter langen Wasserrutsche, die eigens aus den USA importiert wurde.

Wir ziehen nun ordentlich am Blatt, umrunden das Nordufer des Sees und erreichen nach einer schönen SUP-Tour wieder unsere **EINSTIEGSSTELLE**, an der wir genussvoll ins Wasser springen und es uns gut gehen lassen.

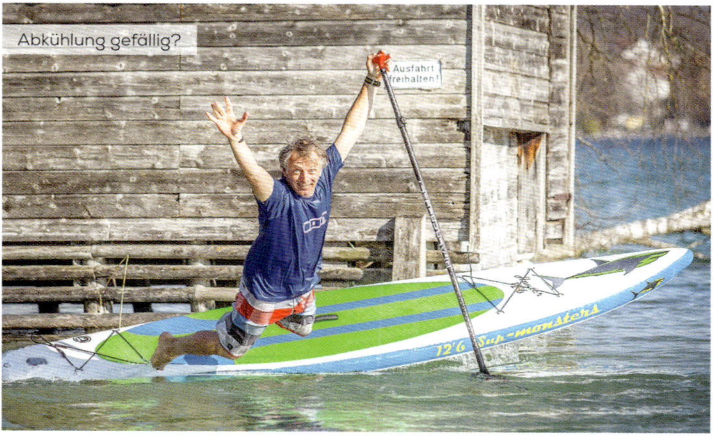

Abkühlung gefällig?

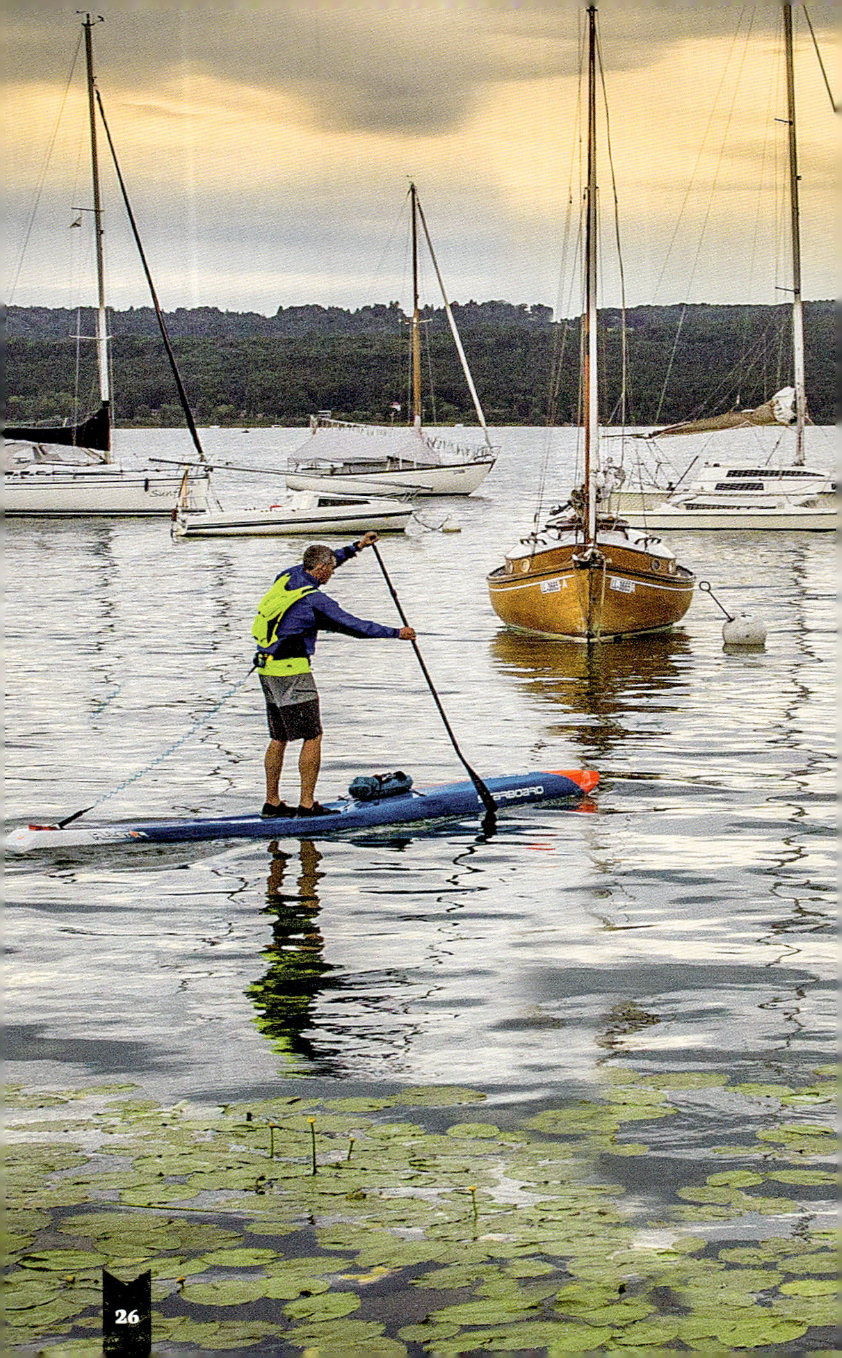

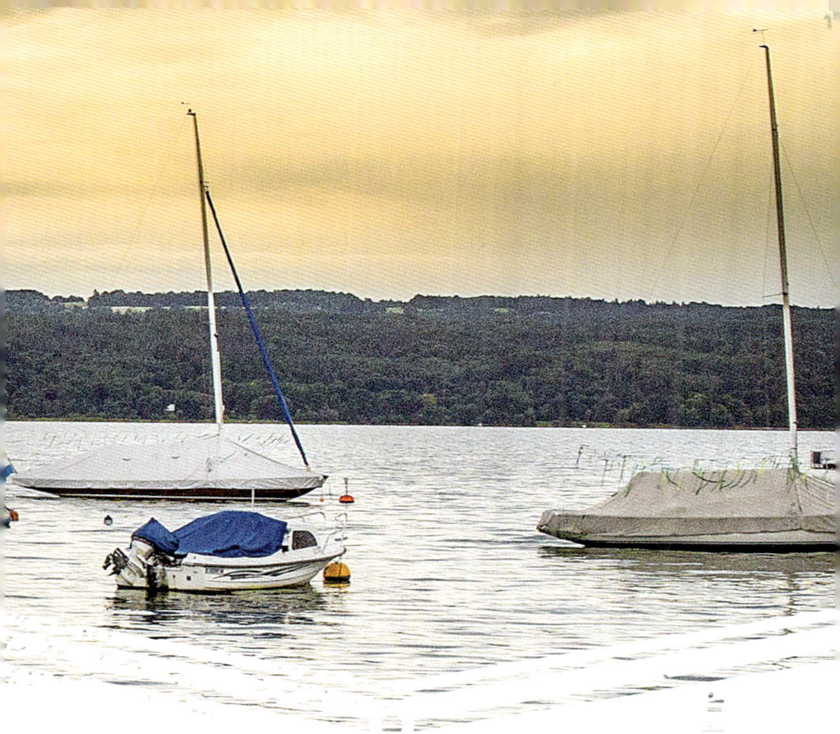

AMMERSEE

ANSPRUCH

EINKEHR

Der große Voralpensee vor malerischem Alpenpanorama liegt, wie auch der Starnberger See, nur einen Steinwurf von München entfernt. Nah genug für ein Workout am Spätnachmittag, einen Sundowner am Abend oder besser gleich für ein erholsames Wochenende. Mit seinen sanft bfallenden und an vielen Stellen zum Baden einladenden Ufern bietet der mmersee für jeden das passende Fleckchen. Die Gastronomie wird durch die leckeren klösterlichen Biersorten geprägt.

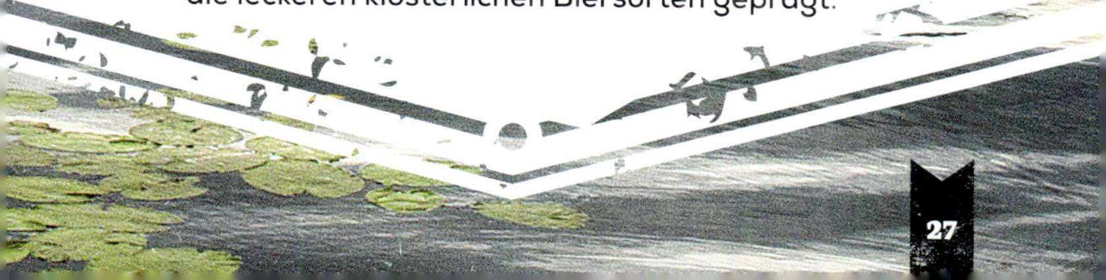

WIND & WETTER

Der Wind kommt oft unverhofft aus Westen und macht als Seitenwind das Vorankommen anstrengend. Vor allem bei der Überfahrt nach Herrsching kann die Rückfahrt im Gegenwind unmöglich werden, deshalb vorher Wind checken.

BEFAHRUNGSREGELN

- » Das Südufer des Ammersees zwischen Dießen und Aidenried ist Naturschutzgebiet und ganzjährig gesperrt.
- » Das gilt auch für die im Naturschutzgebiet befindliche Schwedeninsel.
- » Berufsschifffahrt hat Vorfahrt.

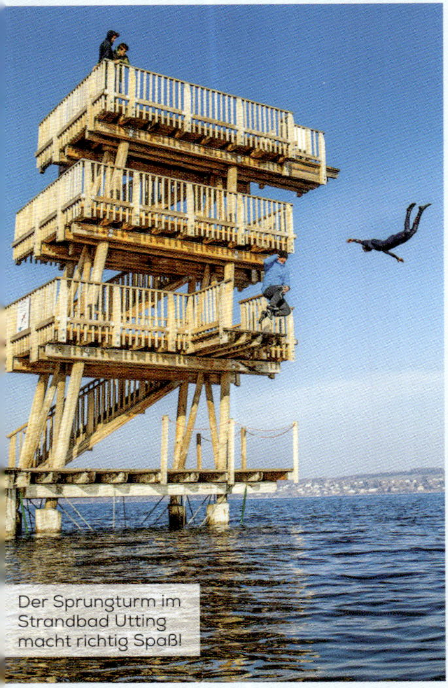

Der Sprungturm im Strandbad Utting macht richtig Spaß!

ANFAHRT MIT DEM PKW

Auf der A 96 bis zur Ausfahrt Greifenberg, von dort auf der Landstraße bis in die Seestraße in Utting (Fahrzeit ab München ca. 0:45 h).

PARKEN IN UTTING

Für Boardmieter bei der Steinlechner Bootswerft, Seestr. 8
Parkplatz Bahnhof Dampfersteg (gebührenfrei) 400 Meter zum See.

ANFAHRT MIT ÖPNV

Mit der S-Bahn und RB nach Geltendorf, dort umsteigen in die Bayerische Regiobahn bis zur Station Utting (Fahrtzeit ab München Hbf ca. 1 h). Von hier zu Fuß zwei Minuten (400 m) zum Einstieg.

BADEN

Zahlreiche große und kleine Badeplätze. Wegen flacher Strände ideal für Kinder. Eine Auswahl:

- » **HERRSCHINGER BUCHT** – in Buchtmitte relativ schöner Strand.
- » **RIEDER WALD** am Nordostufer (nur zu Fuß erreichbar).
- » **STEGEN** am Nordende, schön flach, weicher Untergrund.
- » **ECHING** am Nordufer, Naherholungsgebiet, viele Freizeiteinrichtungen.
- » **SCHONDORF** große Badewiese (kostenpfl.), 80 Meter langer Badesteg.
- » **UTTING** kostenpflichtiges Strandbad, 10-Meter-Sprungturm, Gastronomie.
- » **HOLZHAUSEN** große Badewiese, Steg.
- » **RIEDERAU** bei Dießen, kostenpflichtiges Strandbad mit Gastronomie.
- » **DIESSEN / SANKT ALBAN**,weitläufige Liegewiese mit großen alten Bäumen.

EXTRA-TIPPS

» **Künstlerhaus Gasteiger** in Holzhausen am Ammersee mit Wohnhaus (Museum) und umgebendem idyllischen Bauerngarten (Eintritt frei).

» **Carl Orff Museum** in Dießen am Ammersee (www.orff.de).

» **Klassik- und Artfestival AMMERSEErenade** Aug/Sep, www.ammerseerenade.de

» **Spaziergang** von Herrsching durchs schöne **Kienbachtal** zum Wallfahrtsort **Kloster Andechs** (Braustüberl, Klostergasthof, eigenes Bier, Hofladen, www.andechs.de

» **Vogelbeobachtung** vom **Naturbeobachtungsturm** der Vogelfreistätte am Südufer.

» Rund um Christi Himmelfahrt **Dießener Töpfermarkt,** einer der größten seiner Art in Europa (Info unter www.diessen.de).

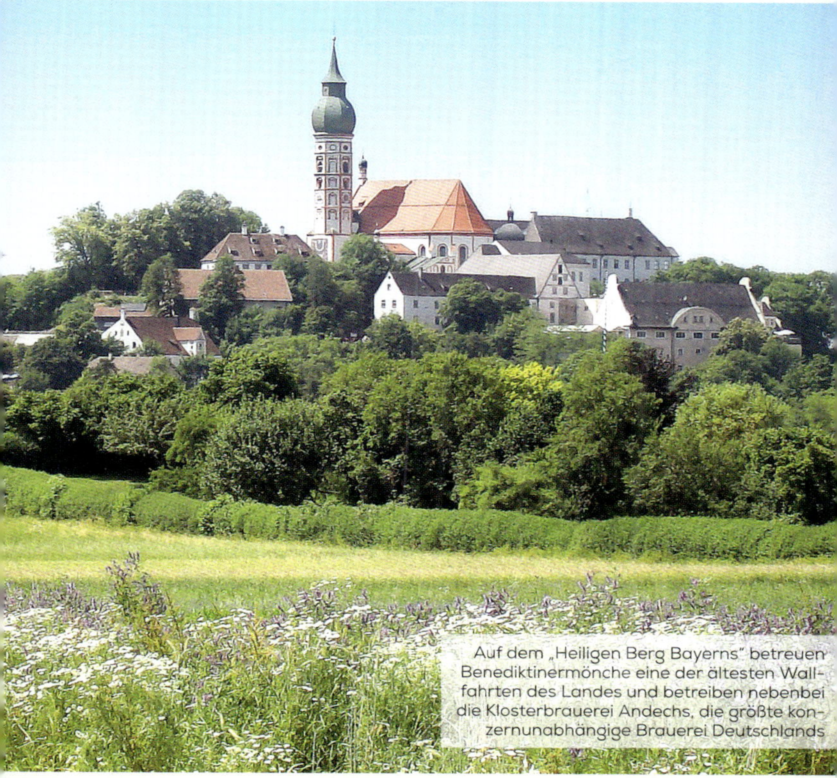

Auf dem „Heiligen Berg Bayerns" betreuen Benediktinermönche eine der ältesten Wallfahrten des Landes und betreiben nebenbei die Klosterbrauerei Andechs, die größte konzernunabhängige Brauerei Deutschlands

TOUREN

1 SEEUMRUNDUNG
Große Runde von Utting aus. Schwer, nur mit guter Kondition bei moderaten Wind- & Wetterverhältnissen
| LÄNGE 38 km | DAUER 8–12 h

2 NÖRDLICHER AMMERSEE
Ab Utting zum Ausfluss der Amper und zurück. Mittelschwer, Seitenwind aus westlicher Richtung möglich
| LÄNGE 14 km | DAUER 3–4 h

3 SEEQUERUNG
Von Utting in die Herrschinger Bucht und zurück. Mittel bis schwer, je nach aufkommendem Wind
| LÄNGE 12 km | DAUER 3–4 h

EIN- UND AUSSTIEG

In Utting an der Seestraße 10 zwischen Strandbad und Lenas am See

SUP-VERMIETUNG

1 SUP BASIS AMMERSEE
(SUP-Vermietung, -Kurse, -Touren)
Seestraße 6, 86938 Schondorf
Tel. 0174-322 59 59
www.sup-ammersee.de

2 SUP-CENTER AMMERSEE - STEINLECHNER BOOTSWERFT
(Vermietung nur mit 1,5 h Grundkurs, Kurse, Touren, Board-Verkauf im Shop)
Seestraße 8, 86919 Utting
Tel. (08806) 76 21
www.steinlechnerbootswerft.de

3 SUP & SURFSCHULE MÜLLER
Kaagangerstraße, 82279 Eching
Tel. 0179-788 92 85
www.skischulemueller.de

4 WIKIWAKIWU in Herrsching
Keramikstr. 13, Tel. 01575-771 55 98
www.wikiwakiwu.com

5 KAJAK-HÜTTE (21 km südlich)
in Peißenberg, Zur Alten Bergehalde 3,
Tel. (08803) 46 70, www.kajak-huette.de

EINKEHR

1 LENAS AM SEE

Seestr. 10 in Utting
Tel. (08806) 957 09 57
www.lenasamsee.de
Ganzjährig 11.30–23 Uhr, Mo Ruhetag

KLASSIKER Gegrillte Ammerseerenke

2 ALTE VILLA

Seestraße 32 in Utting
Tel. (08806) 617
www.alte-villa-utting.de
Ganzjährig 11.30–24 Uhr, Di Ruhetag

KLASSIKER Wildschweinbraten toskanischer Art mit römischen Nockerln

3 MATOS FISCHLADEN

Summerstr. 22 in Herrsching
Tel. (08152) 13 75
www.matofisch.de
Di-Sa 9–18, So 12–18 Uhr

KLASSIKER Fisch, Fisch, …

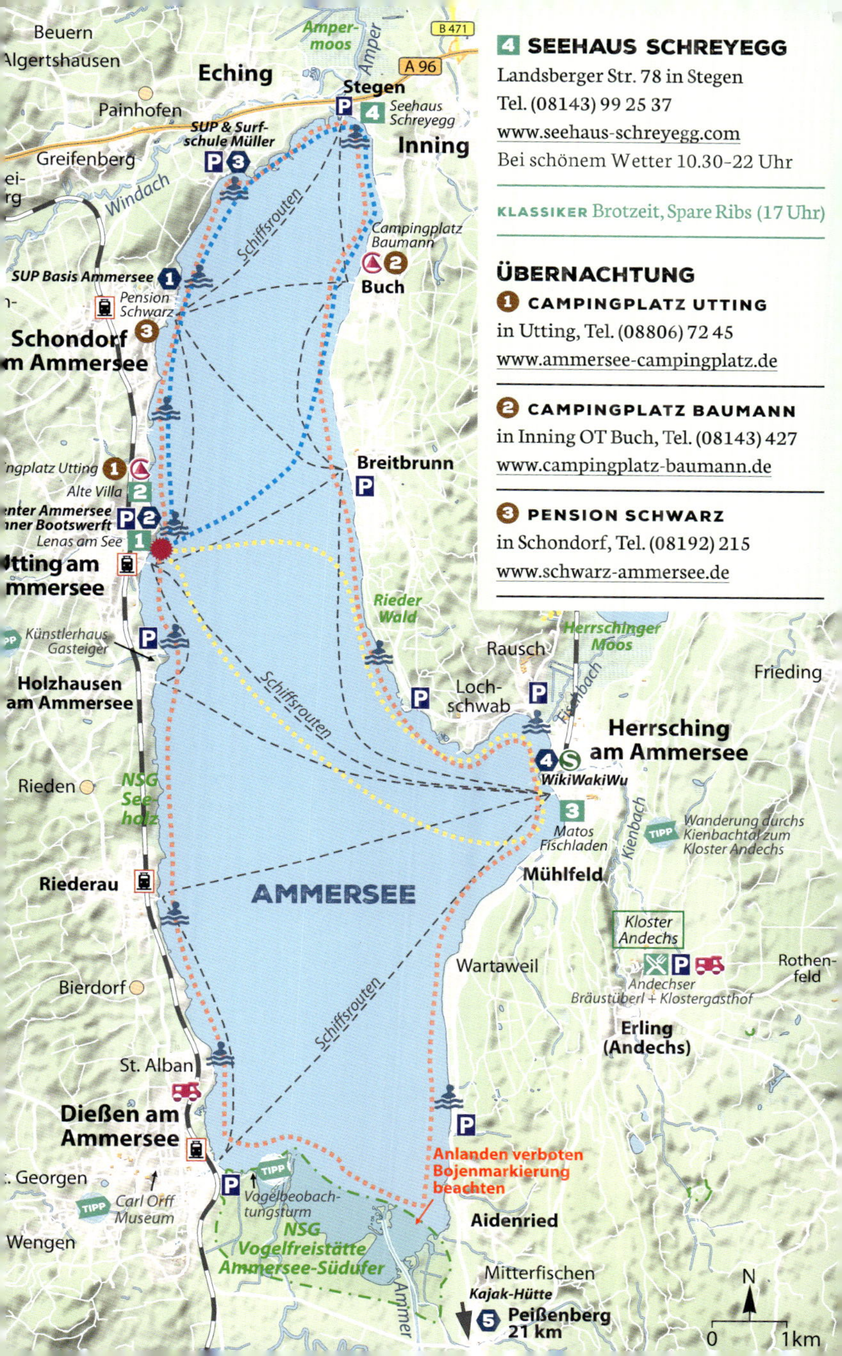

4 SEEHAUS SCHREYEGG

Landsberger Str. 78 in Stegen
Tel. (08143) 99 25 37
www.seehaus-schreyegg.com
Bei schönem Wetter 10.30–22 Uhr

KLASSIKER Brotzeit, Spare Ribs (17 Uhr)

ÜBERNACHTUNG

1 CAMPINGPLATZ UTTING

in Utting, Tel. (08806) 72 45
www.ammersee-campingplatz.de

2 CAMPINGPLATZ BAUMANN

in Inning OT Buch, Tel. (08143) 427
www.campingplatz-baumann.de

3 PENSION SCHWARZ

in Schondorf, Tel. (08192) 215
www.schwarz-ammersee.de

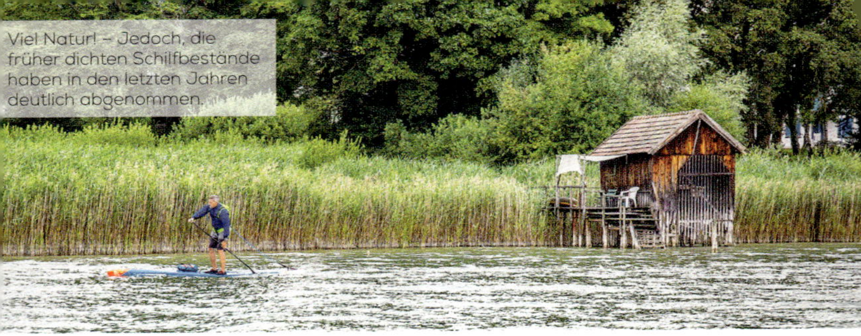

Viel Natur! – Jedoch, die früher dichten Schilfbestände haben in den letzten Jahren deutlich abgenommen.

1 SEE DER BAUERN UND FISCHER

Der **AMMERSEE** ist der westlichste See des **FÜNFSEENLANDES**, entstanden durch Ablagerungen der Gletscher der letzten Eiszeit. Die Region verfügt über Naturschutzgebiete, Moorlandschaften und Weideland; seltene, geschützte Vogelarten finden hier eine Heimat und viele Zugvögel ihr Winterquartier. Mit einer Fläche von rund 47 Quadratkilometern gehört der Ammersee zu den größten Seen Bayerns. Während sein ebenbürtiger Nachbar, der Starnberger See, stets den Adel beherbergte, blieb der Ammersee lange Zeit, vom fürstlichen Trubel unberührt, den Fischern und Bauern vorbehalten. Stattdessen war die Region schon immer ein frommes Land, mehrere Klöster in Dießen und Andechs prägten die Kultur am See.

Die berühmten Benediktinermönche in **ANDECHS** TIPP betreuen auch heute noch eine der ältesten Wallfahrten zum "Heiligen Berg" in Bayern. Ganz nebenbei finanziert die **KLOSTERBRAUERE**i den Fortbestand der Abtei.

Vom Naturschutzgebiet im Süden bis zu den Badestränden am Nordufer ist der See 15 km lang, die Distanz zwischen Ost- und Westufer beträgt knapp 5 Kilometer. Im Süden mündet die Ammer in den See, im Norden fließt die Amper ab.

Segler und Surfer lieben die guten Windverhältnisse und auch für SUP-Paddler bietet der Ammersee eine Vielzahl an Touren von der einfachen Seeüberquerung bis zur kompletten Umrundung an.

Heute wollen wir es wissen – wir wollen den Ammersee komplett umrunden. Immer am Ufer entlang, erwarten uns knapp 40 Kilometer und ein sehr langer Tag auf dem Wasser, eine echte konditionelle Herausforderung, die man natürlich gut und gerne auf 2-3 Tage ausdehnen könnte. Um sechs Uhr morgens haben wir Wind und Wetter bereits gecheckt und ziehen uns in **UTTING** unsere Trockenanzüge an. Früh am Morgen wollten wir bei Windstille sanft über den noch spiegelglatten See gleiten. Nur war die Windvorhersage leider nicht sehr zuverlässig und nun wird unser Start doch eine recht schaukelige Angelegenheit auf den schmalen Raceboards, die wir heute nehmen, um auf der langen Strecke zügig voranzukommen. Ich habe auf mein Board eine zusätzliche Gepäckbefestigung aufgeklebt, so kann ich einen kleinen Packsack mit Proviant und trockenen Anziehsachen verstauen.

Erst als wir nach einer guten Stunde in **DIESSEN** ankommen, legt sich der Wind. Wer hier Mitte August unterwegs ist, kann sich beim Dießener Fischerstechen amüsieren, wenn die Fischer versuchen, die Mitglieder des Gemeinderates mitsamt Bürgermeister "ins Wasser zu stechen".

Unsere Boards gleiten durch das inzwischen ruhige Wasser und wir halten am Südende des Sees, vor dem rund 500 Hektar großen **NATURSCHUTZGEBIET „VOGELFREISTÄTTE AMMERSEE-SÜDUFER"** TIPP, Ausschau nach Vögeln. Vor uns im Moor brüten und überwintern Haubentaucher, Kormorane, Blässhühner, Lachmöwen, Höckerschwäne, Graugänse, Schwarzmilane, Schwarzkehlen, Bekassinen, Wachteln, Wiesenpieper und andere Vogelarten. Der hier mündende Fluss **AMMER** versorgt den See und die Vögel mit Frischwasser. Zu ihrem Schutz ist das

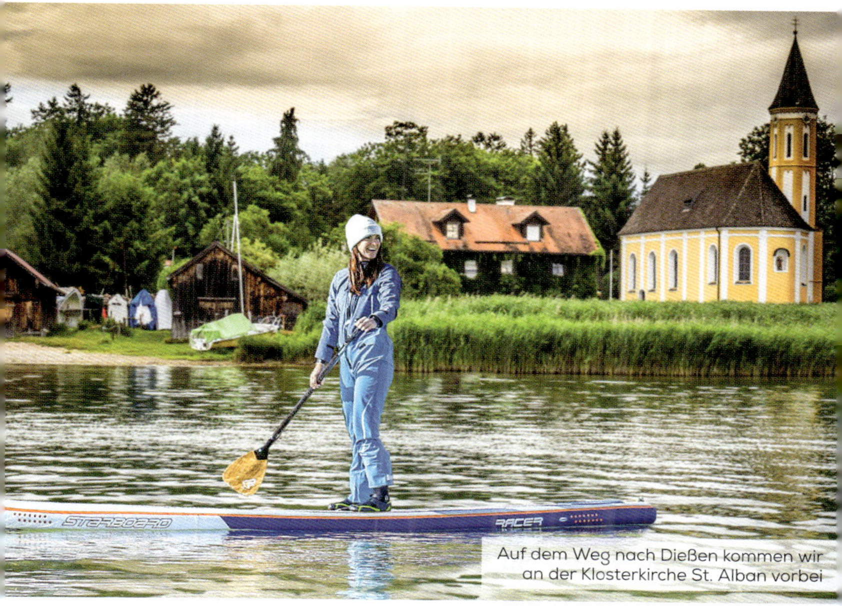

Auf dem Weg nach Dießen kommen wir an der Klosterkirche St. Alban vorbei

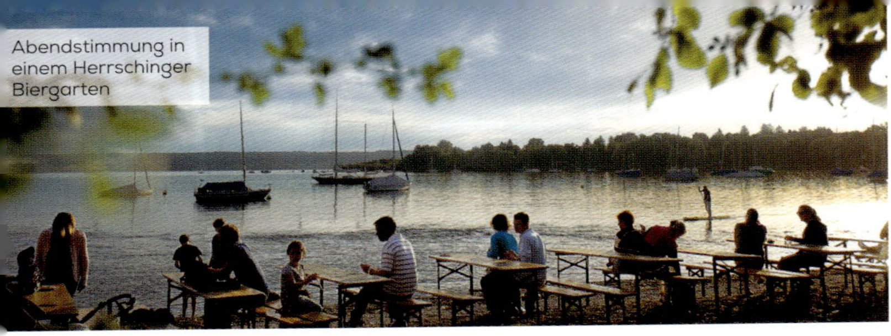
Abendstimmung in einem Herrschinger Biergarten

Naturschutzgebiet nur auf Wegen begehbar. Wir dürfen weder am Ufer noch an der mit Schilf bewachsenen **SCHWEDENINSEL** anlanden und halten ausreichend Abstand. Die Insel erhielt ihren Namen während des Dreißigjährigen Krieges, als sich die Bewohner Dießens vor plündernden schwedischen Soldaten mit ihren Booten auf die Insel in Sicherheit brachten.

Weiter geht es am Ostufer entlang über den mittlerweile spiegelglatten See bis hinauf in die **HERRSCHINGER BUCHT**, wo wir eine ausgiebige Frühstückspause einlegen. Direkt an der Uferpromenade hinter der Fischerei von Toni Stumbaum gibt es eine Location, die über die Grenzen des Ammersees hinaus bekannt ist – **MATO'S FISCHLADEN** 3. Probiert die berühmte Fischsemmel oder den sagenhaften Fischteller! Bei Sonnenschein ist die kleine Terrasse voll mit Stühlen und Menschen. Selbst eine Auszeichnung im „Der Feinschmecker" hat Mato schon eingeheimst.

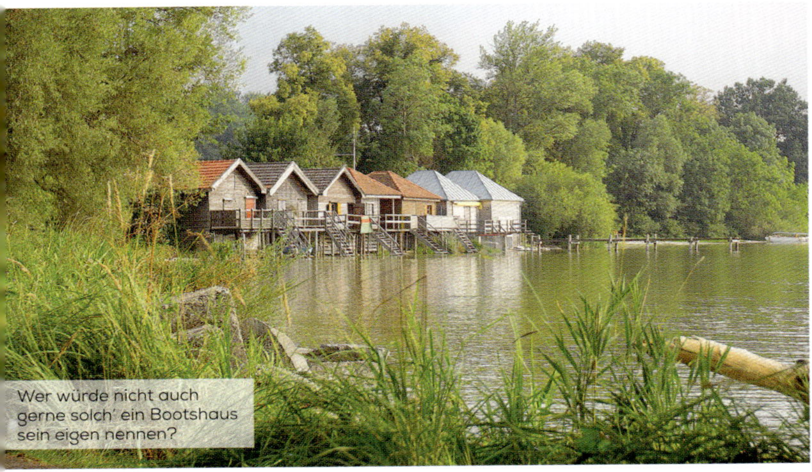
Wer würde nicht auch gerne solch' ein Bootshaus sein eigen nennen?

Fast die Hälfte unseres Tagesplans ist geschafft und wir spüren unsere Arme. Schon über drei Stunden sind wir am Paddeln und die Rast tut uns gut. Langsam frischt auch der Wind wieder auf, dieses Mal von Westen. Die aufkommenden Seitenwellen machen uns auf den folgenden acht Kilometern zu schaffen. Endlich sind wir am nördlichsten Punkt, dem **AUSFLUSS DES AMMERSEES** angelangt. Von hier bis zur Mündung in die Isar nennt sich der Fluss noch **AMPER**, so wie er früher von seiner Quelle bis zur Isar hieß.

Vorbei an zwei kleinen Inseln gleiten wir im Windschatten des Westufers wieder etwas zügiger voran. Schon am frühen Nachmittag kommen wir zurück zum Ausgangspunkt der Tour am Strand von **UTTING** ●. Stolz und mit müden Muskeln verfrachten wir unsere Boards aufs Auto und kehren auf eine zünftige Brotzeit und eine Radlermaß im Biergarten **ALTE VILLA** 2 in Utting ein.

DOWNWINDER FÜR ERFAHRENE PADDLER

Tipp für erfahrene PADDLER

Wenn der Wind ordentlich aus Westen bläst, bietet ein „Downwinder“ über den Ammersee eine sportliche Herausforderung für bereits virtuose SUP-Paddler.

Um uns auf das Downwind-Abenteuer einzulassen, starten wir in **DIESSEN** beim Strandhotel und fahren uns zunächst am windgeschützten Westufer gen Norden warm, bis wir etwa gegenüber der **HERRSCHINGER BUCHT** nach Osten über den See eindrehen. Von da aus treibt uns der von Westen kommende Wind quer über den See. Die Wellen nehmen zu und wir balancieren auf unseren Boards, um die Wellen abzureiten. Zweimal „gehe ich baden“, doch die Leash hält mein Brett und mich zuverlässig beieinander und schnell klettere ich wieder hinauf. Die Technik habe ich vorher geübt, Bauchmuskeln und das richtige Timing zählen bei Wellengang, denn das Ufer ist weit weg.

In der Herrschinger Bucht begegnen uns einige zufriedene Kitesurfer, die ebenfalls den aufkommenden Wind ausnutzen, um ihre rasanten Runden über den See zu drehen. Die Rückfahrt gegen den Wind auf einem SUP-Board ist keine gute Idee. Wir landen stattdessen in **HERRSCHING** an und fahren mit dem vorher hier abgestellten Auto zurück nach Dießen.

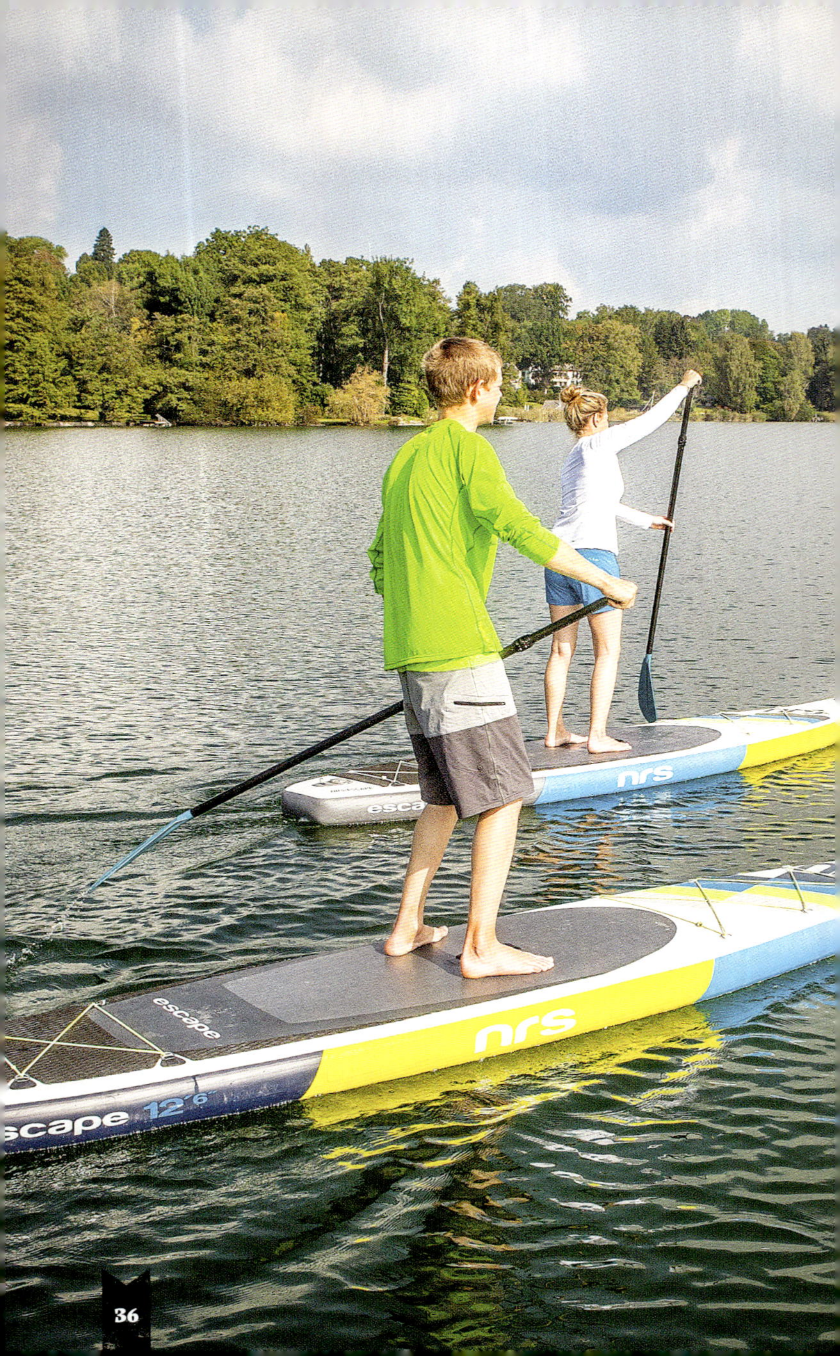
nrs
escape
nrs
scape 12'6"

PILSENSEE

ANSPRUCH

EINKEHR

ANFÄNGER-TIPP!

Der knapp zwei Quadratkilometer messende Winzling mit dem südlichen Charme ist im Sommer ein beliebtes Ausflugsziel vieler Münchner. In Sachen Optik ist der Kleine schon ganz groß: die so typischen Bootshäuser, idyllische Abgeschiedenheit, romantische Natur, Fischreichtum und seltene Vögel prägen das Erlebnis.

WIND & WETTER

Der Wind weht meist von Süden.

BEFAHRUNGSREGELN

Das Herrschinger Moos am südlichen Ufer des Sees ist Naturschutzgebiet und darf ganzjährig nicht befahren werden. Beschilderungsbojen beachten.

ANFAHRT MIT DEM PKW

Auf der A96 bis zur Ausfahrt Oberpfaffenhofen, dann links über Weßling bis zum Campingplatz Pilsensee in Seefeld.

PARKEN

Strandbad Campingplatz Pilsensee: PKW 2 € / Tag, Am Pilsensee 1, 82229 Seefeld.

GEBÜHR FÜRS EINSETZEN

Erw. 2 €, Kind 1 €, SUP-Board 1 €, Am Pilsensee 1, 82229 Seefeld.

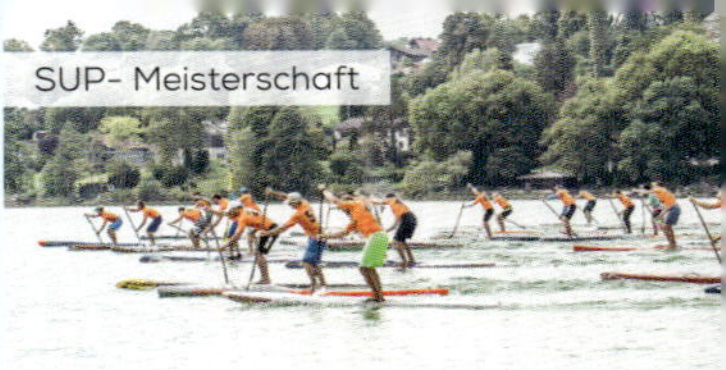

SUP- Meisterschaft

ANFAHRT MIT ÖPNV

Mit der S 8 von München in Richtung Herrsching bis zur Haltestelle Seefeld-Hechendorf (Fahrtzeit ab München Hbf 0:45 h), von dort zwei Kilometer zu Fuß zur Einsetzstelle (ca. 25 Minuten).

BADEN

Wegen des dichten Uferbewuchses und vieler Privatgrundstücke sind die Badeplätze rar gesät:

» **STRANDBAD PILSENSEE** im Westen.

» **CAMPING AM PILSENSEE** - Badestelle mit großer Liegewiese und flach abfallendem Kiesstrand.

» **STRANDBAD PILSENSEE OST.**

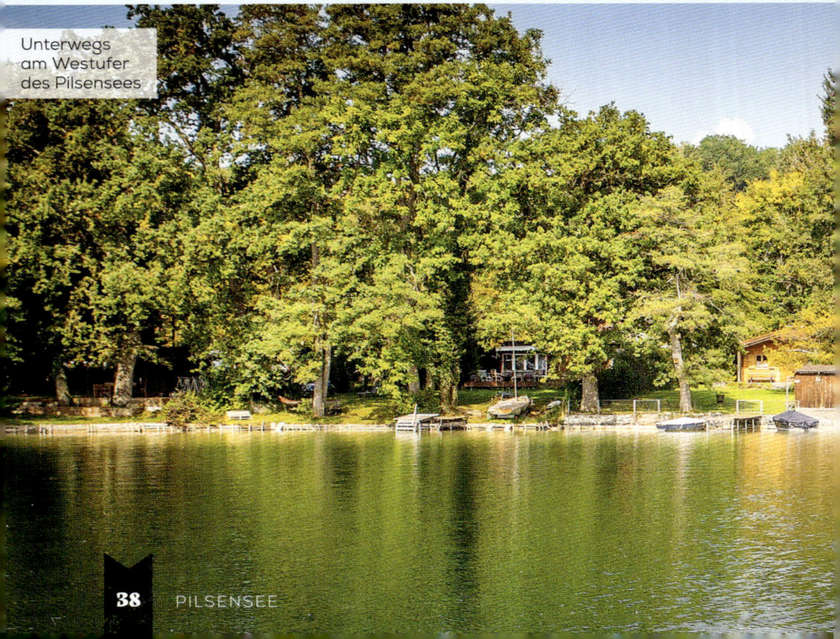

Unterwegs am Westufer des Pilsensees

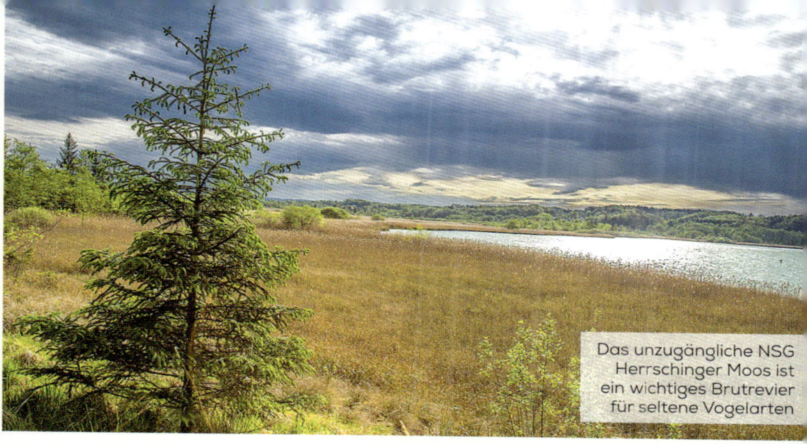

Das unzugängliche NSG Herrschinger Moos ist ein wichtiges Brutrevier für seltene Vogelarten

TIPP EXTRA-TIPPS

» Wanderung auf dem 11 km langen **Rundweg um den See.**

» Beliebtes **Bräustüberl** in den jahrhundertealten historischen Räumlichkeiten von **Schloss Seefeld** (www.schloss-seefeld.com & www.braeustueberl-seefeld.de).

» **Veranstaltungen im Alten Sudhaus** des „Bräustüberl“ - Kabarett, Musik, Lesungen, Ausstellungen, Kindertheater, Kino, Kunsthandwerk (www.kultur-schloss-seefeld.de).

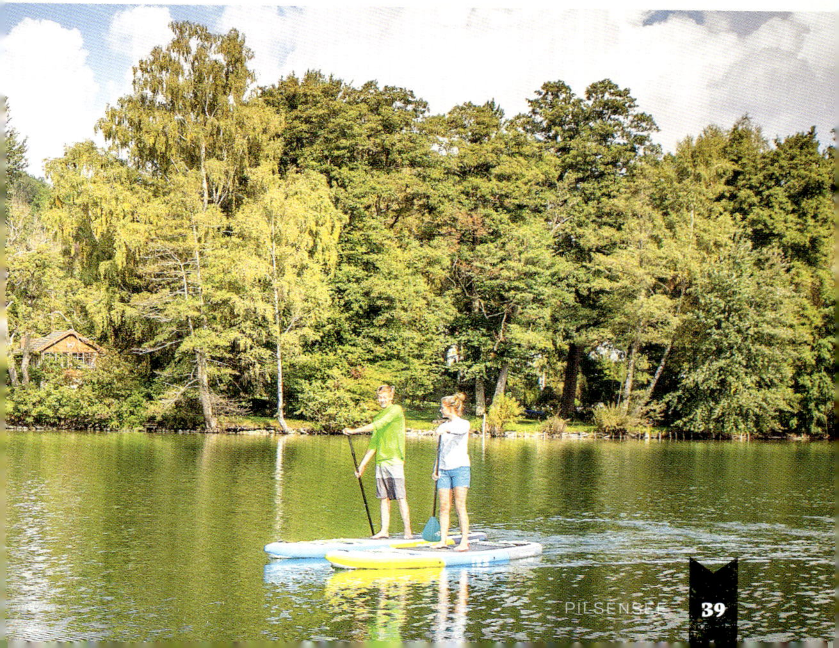

TOUREN

1 SEEUMRUNDUNG
Ab und bis Seefeld.
Leicht, gute Anfängertour
| **LÄNGE** 6,5 km | **DAUER** 1,5–2 h

EIN- & AUSSTIEG
Campingplatz am Pilsensee (Gebühr)
Am Pilsensee 2, 82229 Seefeld

SUP-VERMIETUNG

1 BAVARIANWATERS – SUP STATION AM PILSENSEE (CAMPING)
(SUP- Vermietung, -Kurse, -Touren - auch Fließwasser)
Am Pilsensee 2, 82229 Seefeld
Tel. 01575-260 40 64
www.bavarianwaters.com

2 KAJAK-HÜTTE (32 km südlich)
Zur Alten Bergehalde 3
82380 Peißenberg
Tel. (08803) 46 70
www.kajak-huette.de

EINKEHR

1 SEEHAUS PILSENSEE
Am Pilsensee 4 in Seefeld
Tel. (08152) 98 98 76
www.seehaus-pilsensee.de
ab April Mi–So + Fei von 11–23 Uhr

KLASSIKER Herzhaftes Wildragout mit Breznknödel

2 STRANDBAD PILSENSEE
Seestr. 68 in Hechendorf
Tel. 0171-174 64 74
www.strandbad-pilsensee.de
bei Sonne ab 10 Uhr

KLASSIKER Flammkuchen in 10 verschiedenen Variationen

ÜBERNACHTUNG

1 CAMPING AM PILSENSEE
(Zelt, Schlaffass, Bungalows)
in Seefeld, Tel. (08152) 99 97 41
www.camping-pilsensee.de

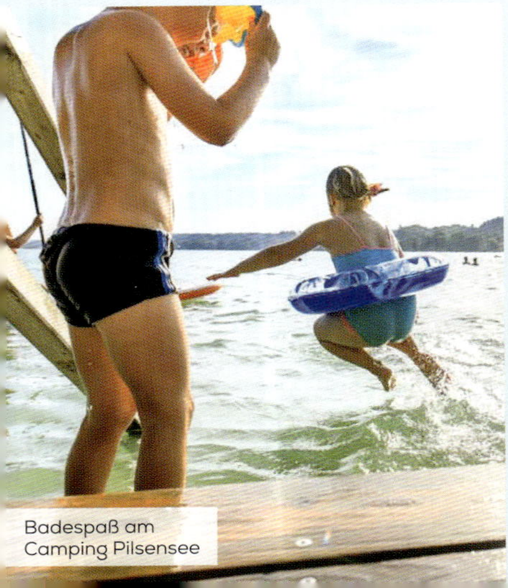

Badespaß am Camping Pilsensee

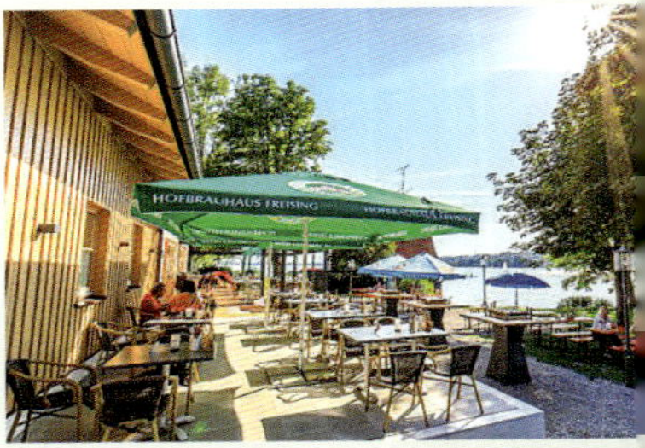

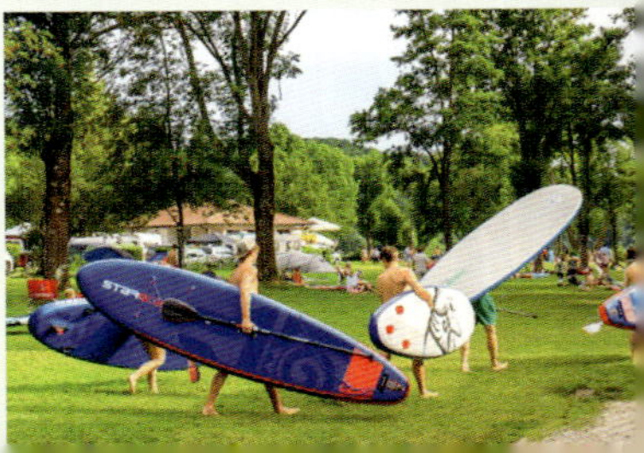

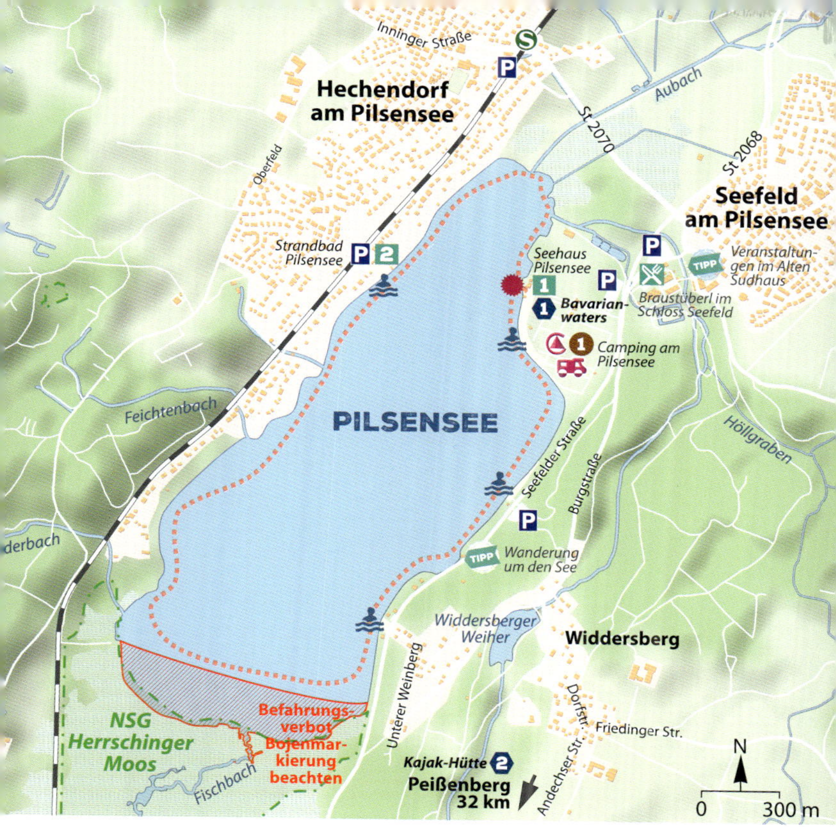

1 DER KLEINE BRUDER DES AMMERSEES

Kurz nach Ende der Würm-Eiszeit war der **PILSENSEE** eine östliche Ausbuchtung des Ammersees. In den folgenden wärmeren Jahrhunderten führte der zufließende Kienbach jedoch so viel Geröll und Schotter mit sich, dass der Bereich zwischen Ammersee und heutigem Pilsensee verlandete, bis das **HERRSCHINGER MOOS** entstand. Dieses steht inzwischen unter Naturschutz und ist seit 2001 auch Vogelschutzgebiet, da es im Frühjahr und Herbst eine wichtige Raststation für Zugvögel bietet.

Nur ein schmales Rinnsal verbindet die beiden Seen heute – der **FISCHBACH** fließt aus dem Pilsensee durch das Herrschinger Moos in den Ammersee ab. Mitte

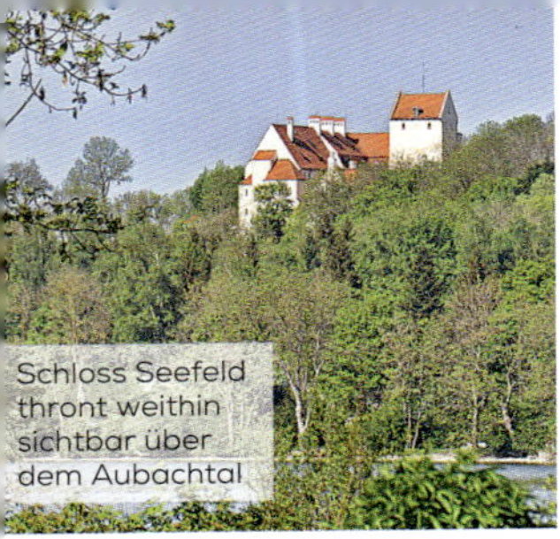

Schloss Seefeld thront weithin sichtbar über dem Aubachtal

der 1970er Jahre schwammen kaum noch Fische in Wörth- und Pilsensee. Daher reicherte man die Fischpopulation an und die Wasserqualität und Artenvielfalt verbesserten sich merklich. Am nördlichen Ufer hat sich inzwischen der einst heimische Biber sein Revier zurückerobert. Heute ist der kleine Bruder des Ammersees im Privatbesitz einer oberbayerischen Adelsfamilie. Dem Grafen zu Törring-Jettenbach gehören ganz nebenbei noch der Wörthsee und der mittelalterliche Familienstammsitz, das romantische **SCHLOSS SEEFELD** TIPP, das weithin sichtbar über dem Aubachtal thront.

Ein optimaler Ausgangspunkt für unsere Tour ist der **CAMPING AM PILSENSEE** 1 in **SEEFELD**. Die **BAVARIANWATERS SUP-STATION** 1 direkt am Platz vermietet Boards und die komplette Umrundung ist mit sechseinhalb Kilometern auch für Anfänger und Kinder gut zu machen.

Wir paddeln entspannt in Nähe des Ufers, das wir stets auf der rechten Seite lassen. Kurz vor **HECHENDORF** mündet der sieben Kilometer lange Wiesenbach **AUBACH** in den Pilsensee. Hier schwenken wir Richtung Südwesten und sehen voraus schon das gemütliche **STRANDBAD PILSENSEE** 2, auf dessen Liegewiese sich die Sonnenanbeter tummeln.

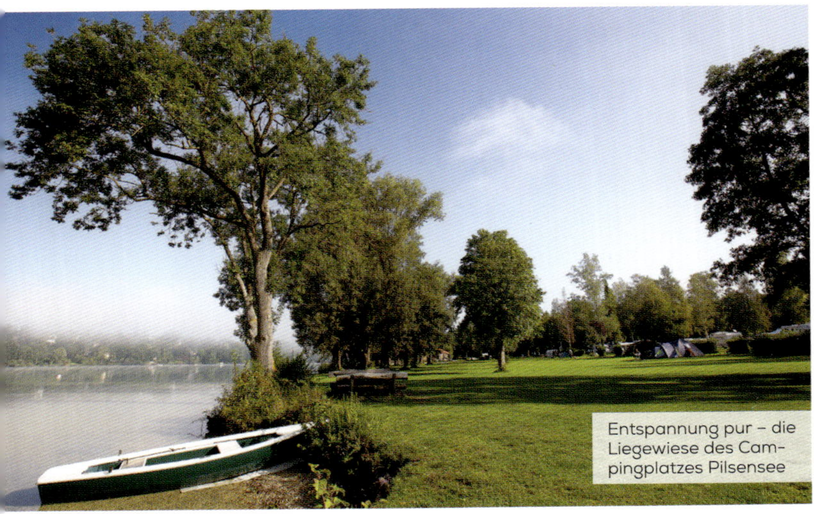

Entspannung pur – die Liegewiese des Campingplatzes Pilsensee

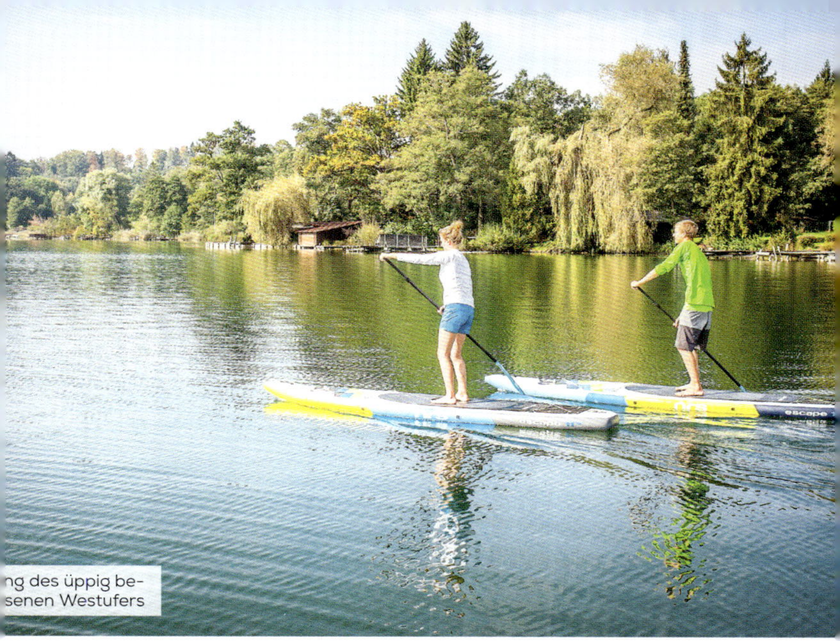

Bojen am südlichen Ende des Sees machen uns dann auf das **NATURSCHUTZGEBIET HERRSCHINGER MOOS** aufmerksam, wo der Fischbach den Pilsensee verlässt. Das Schutzgebiet darf nicht befahren werden. Wir drehen also nach links ab, um den Rückweg anzutreten.

Mitten auf dem Wasser machen wir es uns auf den Boards gemütlich, genießen die wärmende Sonne und schneiden die mitgebrachte Melone auf. Die Kids üben Handstandüberschläge vom Board aus ins Wasser und arbeiten auch sonst eifrig an ihrem Turn-Style.

Hungrig klettern wir in **SEEFELD** am **CAMPINGPLATZ** 1 auf den Holzsteg und kehren im **BIERGARTEN SEEHAUS** 1 zum Essen ein. Noch während wir über den idyllischen See schauen überlegen wir schon, wann wir wiederkommen…

Dann geht's vielleicht zum **KIOSK DES STRANDBADS PILSENSEE** 2 am gegenüberliegenden Seeufer. Dort verwöhnt nämlich Saskia Römer ihr Gäste. Es gibt nicht nur hausgebackenen Kuchen und Torten, sondern auch Herzhaftes – immer regional und bio, selbst viele vegetarische und sogar vegane Gerichte. Lecker die Currywurst vom Murnauer Wildfleisch und die Süßkartoffel-Pommes mit hausgemachtem Avocado-Dip.

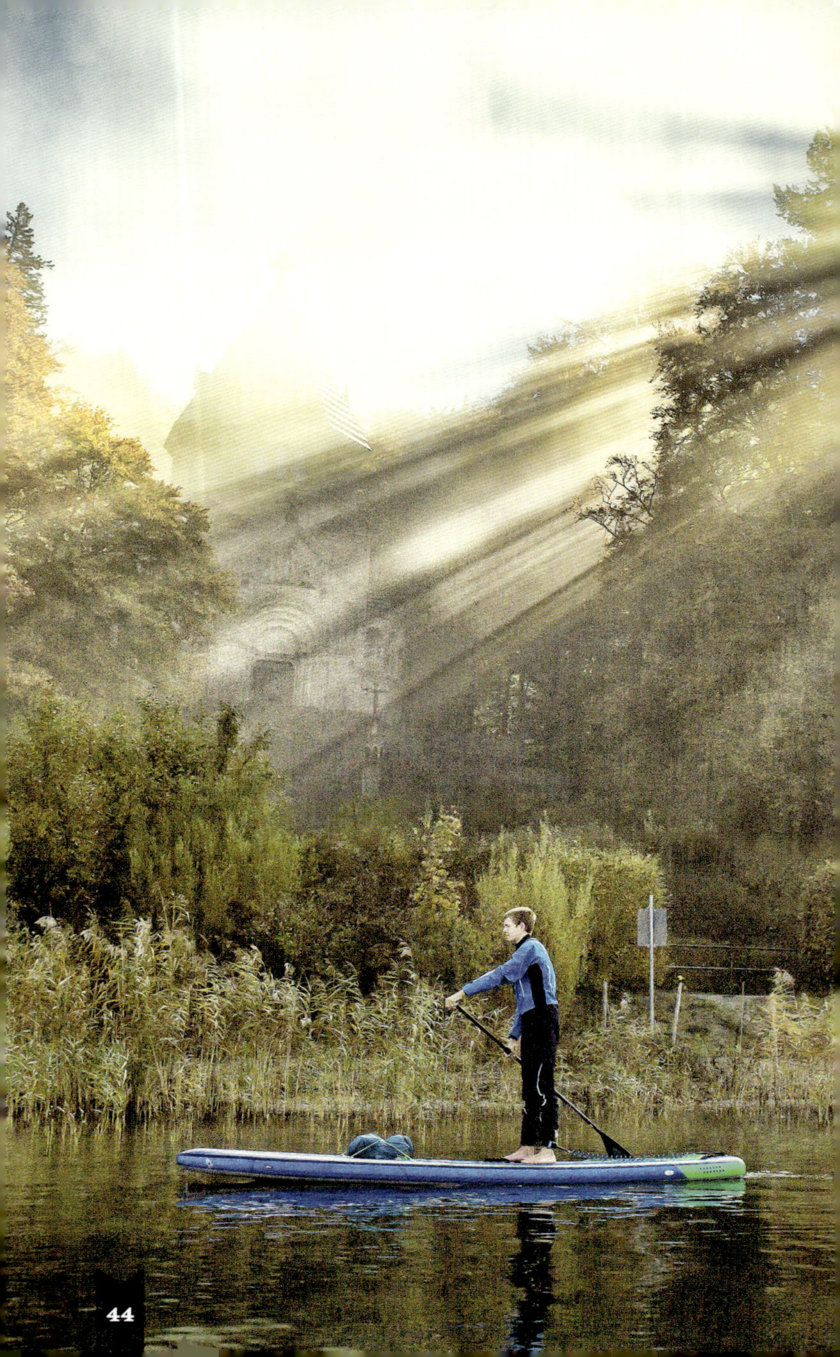

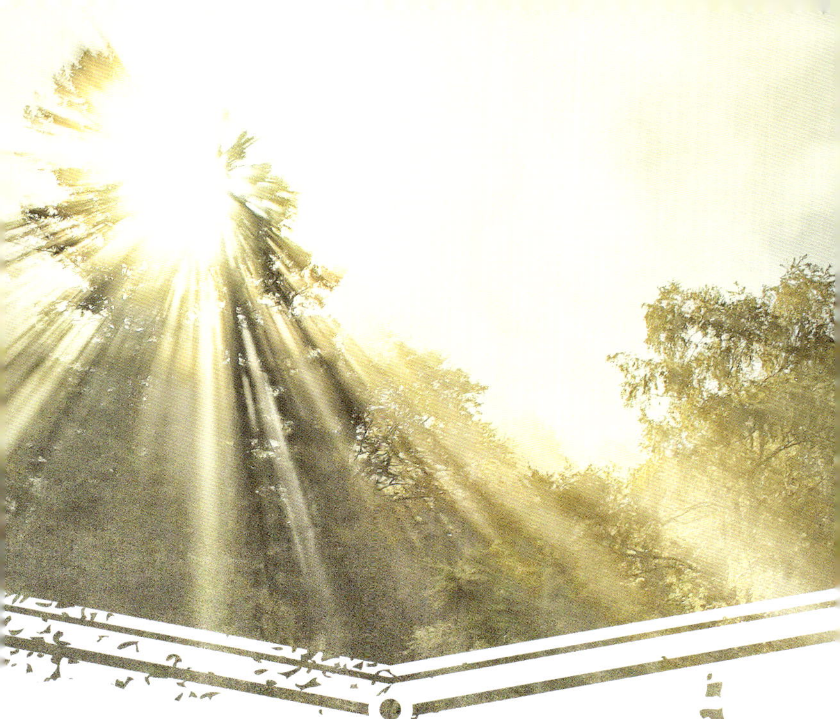

STARNBERGER SEE

ANSPRUCH | EINKEHR

Zwar ist der Starnberger See der größte See im FünfSeenLand und auch der touristischste, aber – wo hat man sowas schon – bei Föhn bietet sich eine herrliche Aussicht auf die nahen Berge bis zur schneebedeckten Zugspitze, während man im warmen Wasser seine Runden auf dem Board dreht. Die Aufenthalte der beliebten Kaiserin Sissi zur „Sommerfrische" sowie der mysteriöse Tod des Märchenkönigs Ludwig sorgten sicherlich für seine historische Bekanntheit.

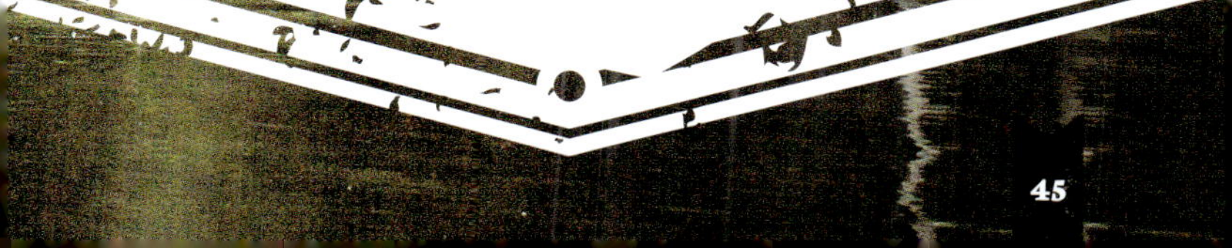

WIND & WETTER

Normalerweise windarm. Bei Wind im nördlichen Teil meist aus Westen, im südlichen Teil meist aus Nordwest.

BEFAHRUNGSREGELN

» Schiffsverkehr der Berufsschifffahrt hat Vorfahrt.

» Die Roseninsel ist UNESCO-Weltkulturerbe, hier gilt ganzjährig in Ufernähe Befahrungs- & Badeverbot.

» An durch Bojen gekennzeichneten Uferabschnitten des Sees gilt ganzjährig Badeverbot und Uferbetretungsverbot in Schilfzonen.

» Freiwilliger Befahrungs-Verzicht des Sees vom 01.11.-31.03.

SCHUTZZONEN

Der Starnberger See ist als RAMSAR-Gebiet (geschütztes Feuchtgebiet von internationaler Bedeutung) ausgewiesen. Um diesen Lebensraum für Wat- und Wasservögel zu erhalten, ist für den gesamten See ein freiwilliger Befahrungs-Verzicht vom 01.11.-31.03. vereinbart.

Im Winterhalbjahr brauchen die weit gereisten Zugvögel Ruhe, um ihren Energiebedarf zu decken und gleichzeitig Fettreserven für die Überwinterung und den Rückflug in die Brutgebiete aufzubauen. Bei der Futtersuche sind sie auf die ufernahen Flachwasserzonen angewiesen, in denen sie ihre Nahrung erreichen können (v. a. Muscheln und Wasserpflanzen). Auch private Wassersportler sind daher angehalten, zum Schutz der Wasservögel auf winterliche Befahrungen am Starnberger See zu verzichten. Meiden Sie in jedem Fall konsequent die Winterruhezonen und halten Sie größtmöglichen Abstand (mehr als 300 m) zu Vogelansammlungen.

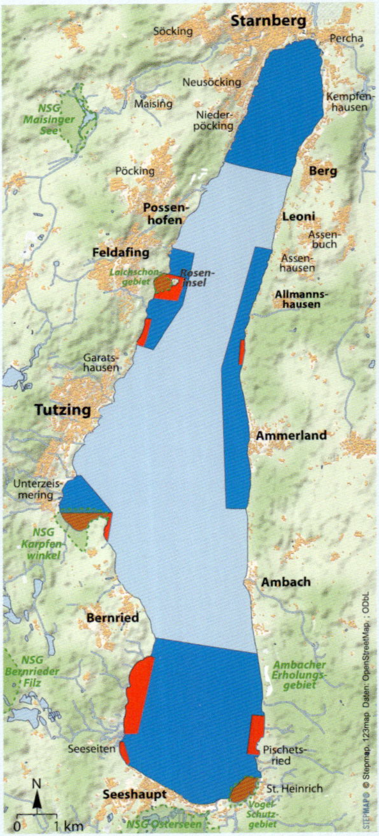

WINTERRUHEZONEN 1 NOVEMBER BIS 31. MÄRZ

GANZJÄHRIGER SCHUTZBEREICH FÜR FISCHE UND VÖGEL

NÖRDLICHER SEETEIL

ANFAHRT MIT DEM PKW
Auf der A 95 zum Dreieck Starnberg, dann auf die A 952 Richtung Starnberg bis zur Ausfahrt Percha (Fahrtzeit ab München rund 0:30 h).

PARKEN ROUTE 1
Am Ende des Buzentaurweg, Starnberg-Percha (200 m zum Ufer), Tagesticket 4 €.

ANFAHRT MIT ÖPNV
Mit RB bis Starnberg, von dort in 10 Minuten zu Fuß zum SUP Club Starnberg (Fahrtzeit ab München Hbf 0:30 h).

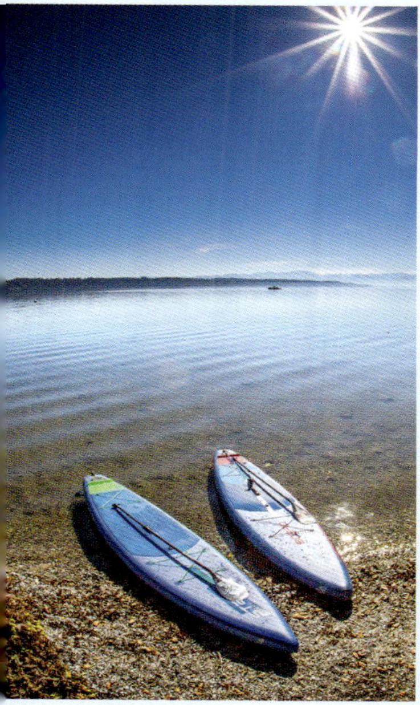

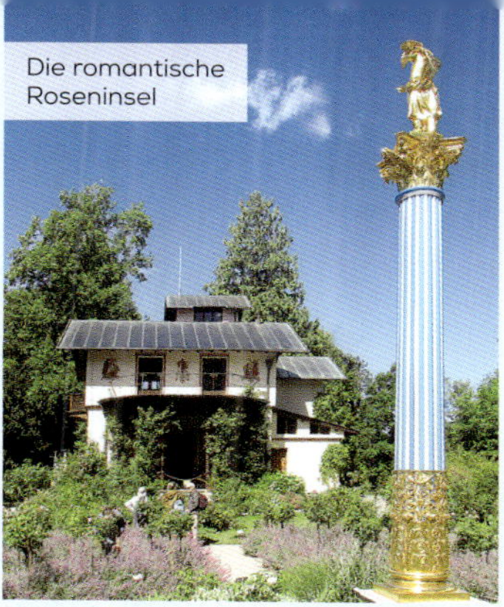

Die romantische Roseninsel

SÜDLICHER SEETEIL

ANFAHRT MIT DEM PKW
Auf der A 95 bis zur Ausfahrt Seeshaupt, dann auf der St 2064 nach St. Heinrich (OT von 82541 Münsing).

PARKEN ROUTE 2
Buchscharnstraße 10, St. Heinrich (100 m zum Ufer), Tagesticket 3 €.

ANFAHRT MIT ÖPNV
Mit der RB oder S-Bahn nach Wolfratshausen oder Seeshaupt. Dort jeweils weiter mit dem Bus 373 nach St. Heinrich-Münsing, zu Fuß fünf Minuten zum See. (Fahrtzeit ab München Hbf 1:00–1:30 h).

BADEN
Aufgrund der Größe dauert es im Sommer einige Zeit, bis das Wasser Badetemperaturen bekommt. Schöne Badeplätze: **PERCHA BEACH**, **AMBACHER ERHOLUNGSGEBIET**, Strandbad **ST. HEINRICH**, Badestrand vor **SEESHAUPT**, **BERNRIEDER PARK**, Strandbad Süd in **TUTZING**, Badeplatz bei **POSSENHOFEN**, Strandbad **STARNBERG**.

SEHENSWERT

- » **Starnberg:** Heimatmuseum, Rokokokirche St. Josef mit Hochaltar von Ignaz Günther.
- » **Berg:** König Ludwig II.-Votivkapelle, Schloss Berg, Bismarckturm, Christian-Jutz-Volkssternwarte.
- » **Münsing:** Schlösser Seeburg und Ammerland, Ungarisches Tor.
- » **Seeshaupt:** Pfarrkirche St. Michael, Anna Kapelle, Seegerichtssäule.
- » **Bernried:** Ehemaliges Schloss Bernried, heute Kloster Bernried mit Kirche Sankt Martin und Klosterhof; Hofmarkskirche; Historische Häuser: Hofgut, Haus des Klosterrichters, Sommerkeller, Stupperhaus, Haus Willroider; Bernrieder Park mit seltenem Baumbestand; Schloss Höhenried mit Buchheim-Museum der Phantasie.
- » **Feldafing:** Roseninsel, Villenkolonie (19. Jh.) mit Villa Carl und Villa Waldberta (internationales Künstlerhaus Münchens).
- » **Pöcking:** Denkmalgeschützter Bahnhof Possenhofen mit Kaiserin Elisabeth (Sissi) Museum, Schloss Possenhofen, Villa Riccius, Kirche St. Ulrich.

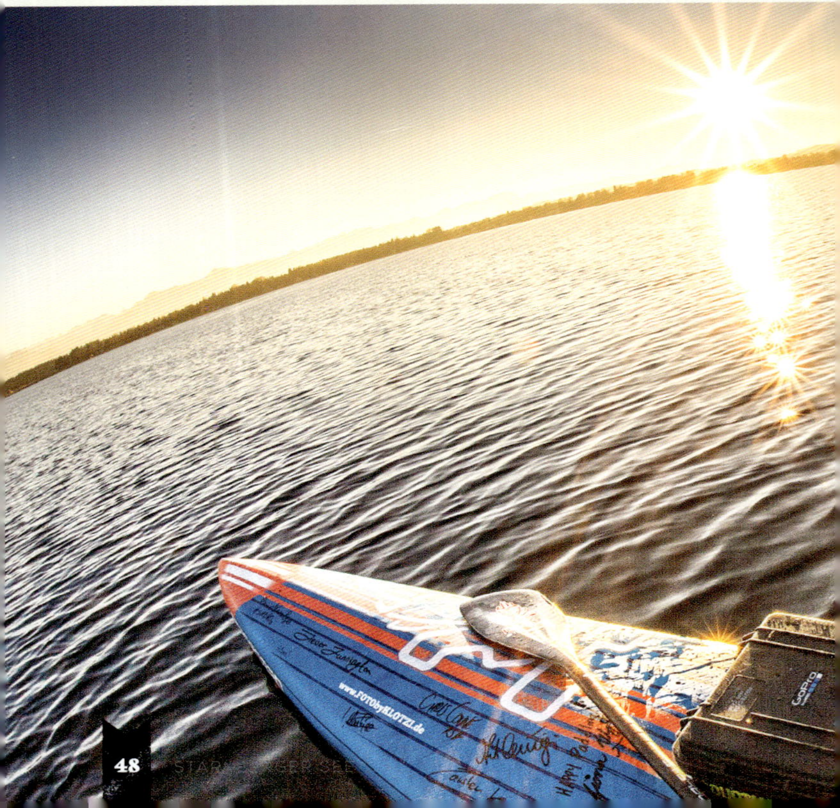

EXTRA-TIPPS

» **Königstour:** Auf den Spuren Sissi's oder Ludwigs II. zu **Schloss Possenhofen** (Privatbesitz) und **Sissi-Museum** im historischen Bahnhof von Possenhofen sowie zu **Schloss Höhenried** (Schloßcafé) in Bernried. Oder in den von Lenné gestalteten **Feldafinger Park** (heute Erholungsgelände und Golfplatz), dem Lieblingsplatz König Maximilian II. und geplanter Sommersitz - ein „zweites Potsdam" sollte entstehen.

» **Spaziergang** von Tutzing **auf die nahe Ilkahöhe** (Einkehr), höchste Erhebung im Starnberger Fünf-Seen-Land mit großartigen Ausblicken auf den Starnberger See und die Alpen.

» **Wanderung** (ca. 3 h) von Starnberg **durch die Maisinger Schlucht** zum Naturschutzgebiet **Maisinger See** (beliebter Biergarten) und zurück.

» **Wanderung durch das NSG Osterseen** südlich von Seeshaupt - Hochmoorlandschaft mit 19 kleinen Seen, auch „Tränen des Starnberger Sees" genannt.

» **Mit dem Rad** auf dem 46 km langen **Seerundweg.**

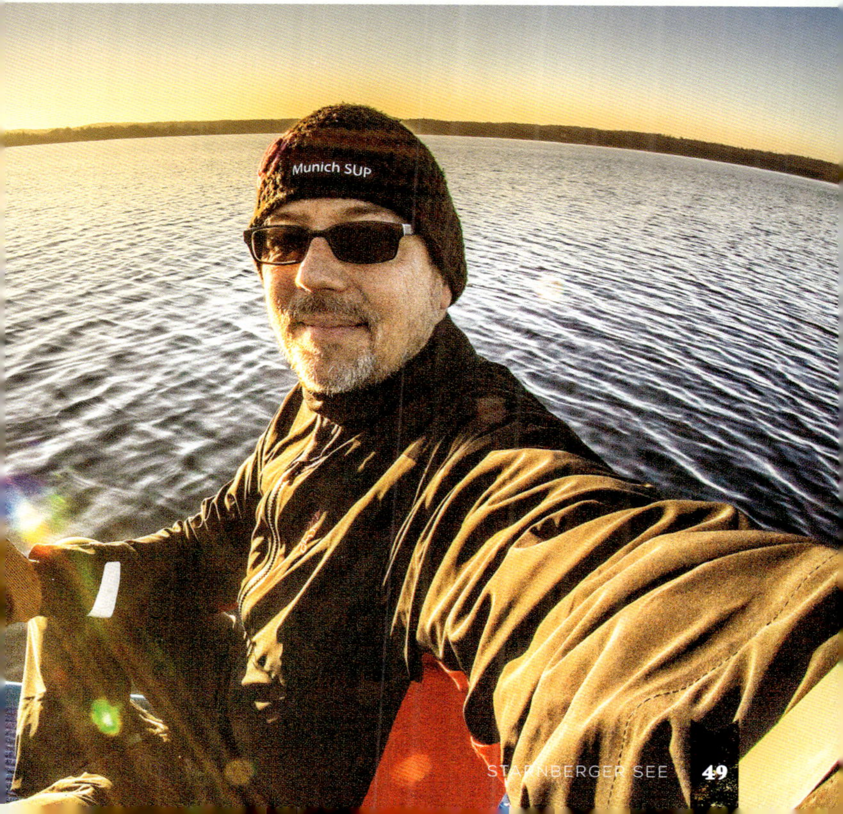

1 NORDRUNDE

Von Starnberg-Percha am Ostufer nach Süden zur König-Ludwig-Gedenkkirche, dann zur Roseninsel queren und am Westufer zurück

Aufgrund des regen Schiffsverkehrs meist starker Wellengang

| LÄNGE 15 km | DAUER 3–4 h

2 KLEINE SÜDRUNDE

Von St. Heinrich entlang des Süd- und Westufers bis Kloster Bernried, nach Ambach queren, am Ostufer zurück.

| LÄNGE 13 km | DAUER 2,5–3,5 h

EIN- & AUSSTIEG

ROUTE 1 Parkplatz bei der Seestub'n Percha.

ROUTE 2 WasserSportCenter Starnberger See in St. Heinrich, Buchscharnstr. 10 (82541 Münsing).

SUP-VERMIETUNG

1 SUP CLUB STARNBERGER SEE

(SUP-Vermietung, Kurse, Touren)
Strandbadstr. 17, 82319 Starnberg
Tel. 0157-502 805 96
www.sup-club.bayern

2 SURF UND SEGELCENTER NORDBAD TUTZING

(SUP-Vermietung, Yoga, Kurse, Touren)
Nordbadstr. 1, 82327 Tutzing
Tel. (08158) 68 19
www.nordbad.de

3 WASSERSPORTCENTER STARNBERGER SEE

(SUP-Vermietung & Kurse)
Buchscharnstr. 10 in St. Heinrich
(OT von 82541 Münsing)
Tel. (08801) 91 59 10
& 0152-336 102 72
www.surfschule-starnbergersee.de

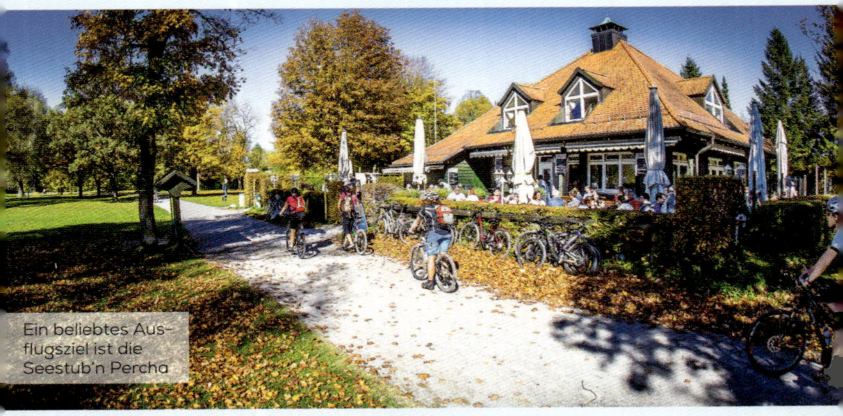

Ein beliebtes Ausflugsziel ist die Seestub'n Percha

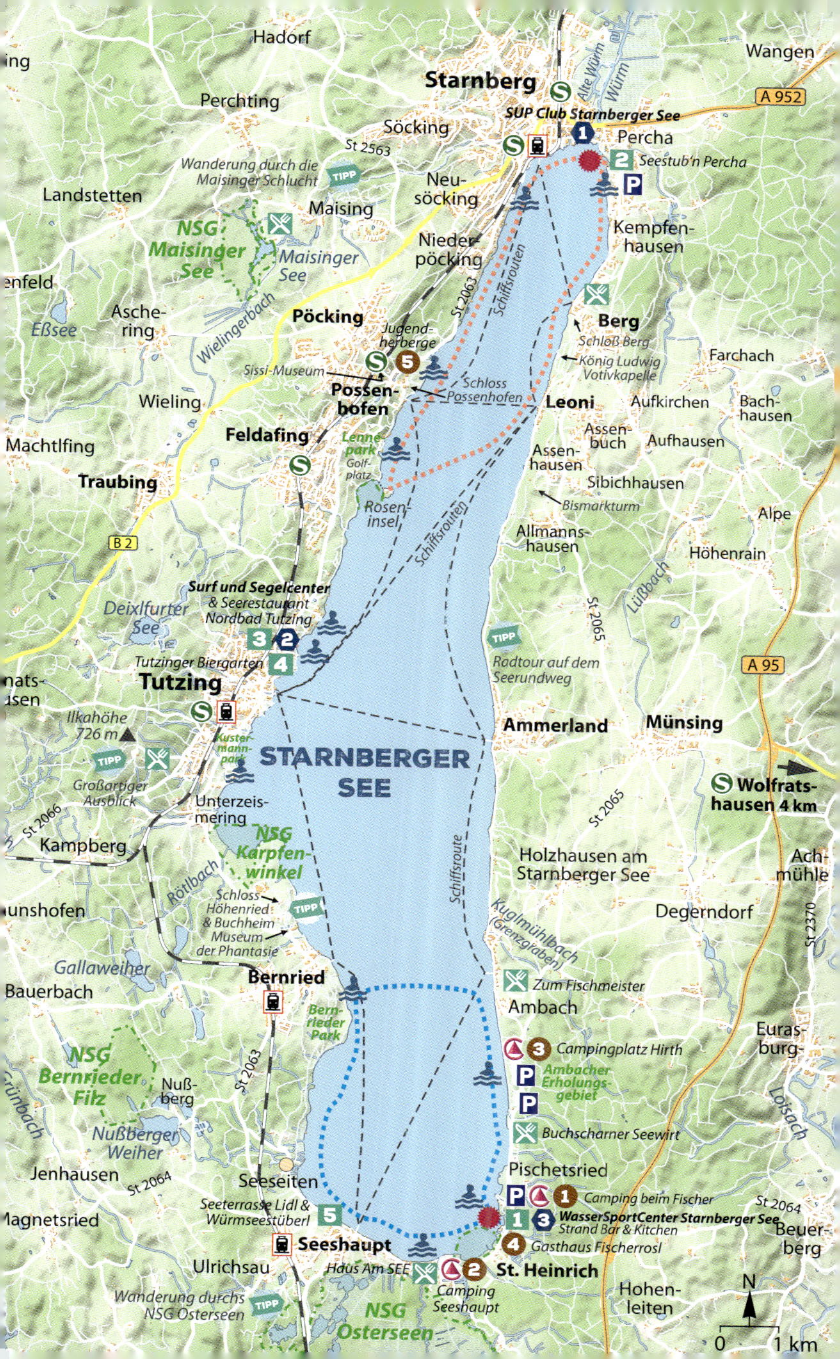

Starnberg
SUP Club Starnberger See
Seestub'n Percha
Percha
Hadorf
Perchting
Söcking
St 2563
Wangen
A 952
Alte Würm
Würm
Wanderung durch die Maisinger Schlucht
TIPP
Neu-söcking
Landstetten
Maising
Kempfen-hausen
NSG Maisinger See
Maisinger See
Nieder-pöcking
Schiffsrouten
St 2063
Eßsee
Asche-ring
Wielingerbach
Pöcking
Jugend-herberge
Berg
Schloß Berg
König Ludwig Votivkapelle
Farchach
Sissi-Museum
Possen-hofen
Schloss Possenhofen
Leoni
Aufkirchen
Bach-hausen
Wieling
Feldafing
Assen-buch
Aufhausen
Machtlfing
Lenné park
Golf-platz
Assen-hausen
Traubing
Sibichhausen
Rosen-insel
Bismarcktürm
B 2
Allmanns-hausen
Alpe
Höhenrain
Surf und Segelcenter & Seerestaurant Nordbad Tutzing
Deixlfurter See
Lüßbach
St 2065
TIPP
Radtour auf dem Seerundweg
Tutzinger Biergarten
A 95
Tutzing
Ilkahöhe 726 m
Kuster-mann-park
STARNBERGER SEE
Ammerland
Münsing
TIPP
Großartiger Ausblick
Wolfrats-hausen 4 km
Unterzeis-mering
St 2066
Kampberg
NSG Karpfen-winkel
St 2065
Holzhausen am Starnberger See
Ach-mühle
Rötlbach
Schloss Höhenried & Buchheim Museum der Phantasie
TIPP
Schiffsroute
Kuglmühlbach (Grenzgraben)
Degerndorf
St 2370
Gallaweiher
Bauerbach
Bernried
Bern-rieder Park
Zum Fischmeister
Ambach
Euras-burg
NSG Bernrieder Filz
Nuß-berg
St 2063
Campingplatz Hirth
Ambacher Erholungs-gebiet
Nußberger Weiher
Buchscharner Seewirt
Loisach
Jenhausen
St 2064
Pischetsried
Seeseiten
Camping beim Fischer
St 2064
Seeterrasse Lidl & Würmseestüberl
WasserSportCenter Starnberger See
Strand Bar & Kitchen
Beuer-berg
Seeshaupt
Gasthaus Fischerrosl
Ulrichsau
Haus Am SEE
St. Heinrich
Camping Seeshaupt
Hohen-leiten
Wanderung durchs NSG Osterseen
TIPP
NSG Osterseen
N
0
1 km

EINKEHR

1 STRAND BAR & KITCHEN

Buchscharnstr. 10
in St. Heinrich (82541 Münsing)
Tel. (08801) 827 99 66
www.instagram.com/strand.bar.kitchen
Apr-Okt Mo-Fr ab 12, Sa-So ab 11 Uhr

KLASSIKER Regionale & frische Zutaten, leckere Snacks, kultige Softdrinks

2 SEESTUB'N PERCHA

Schiffbauerweg 20 in Percha
Tel. (08151) 74 66 81
www.seestubn-percha.de
Biergarten am See, Di-So ab 12.30 Uhr

KLASSIKER Fischsuppe

3 SEERESTAURANT AM NORDBAD TUTZING

Nordbadstr. 1 in Tutzing
Tel. (08158) 68 19
www.nordbad.de
Ganzjährig, täglich geöffnet

KLASSIKER Weißwurstfrühstück

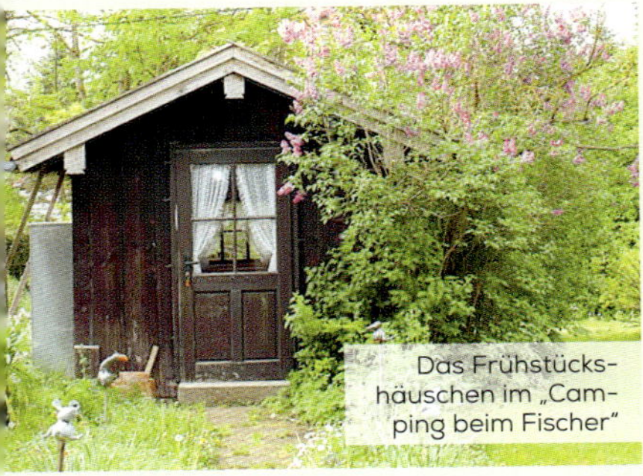

Das Frühstückshäuschen im „Camping beim Fischer"

4 TUTZINGER BIERGARTEN

Midgardstr. 3-5 in Tutzing
Tel. (08158) 12 16
www.midgardhaus.de
Bei schönem Wetter Di-So ab 11 Uhr

KLASSIKER O´batzda, Steckerlfisch

5 WÜRMSEESTÜBERL & BIERGARTEN LIDL

Seepromenade 10 in Seeshaupt
Tel. (08801) 26 89
Ganzjährig, Mi-So 12-22, Di 16-22 Uhr

KLASSIKER Gebratener Saibling, Schupfnudeln mit Sauerkraut

ÜBERNACHTUNG

1 CAMPING BEIM FISCHER
in St. Heinrich (Zelt + Zimmer, FeWo), Tel. (08801) 802
www.camping-beim-fischer.de

2 CAMPING SEESHAUPT
in Seeshaupt (Zelt + Hütte), Tel. (08801) 914 68 80, www.camping-seeshaupt.com

3 CAMPINGPLATZ HIRTH
in Ambach, Tel. (08177) 546
www.camping-ambach.de

4 GASTHAUS FISCHERROSL
in St. Heinrich, Tel. (08801) 746
www.fischerrosl.de

5 JUGENDHERBERGE POSSENHOFEN, Tel. (08157) 99 66 11
www.possenhofen.jugendherberge.de

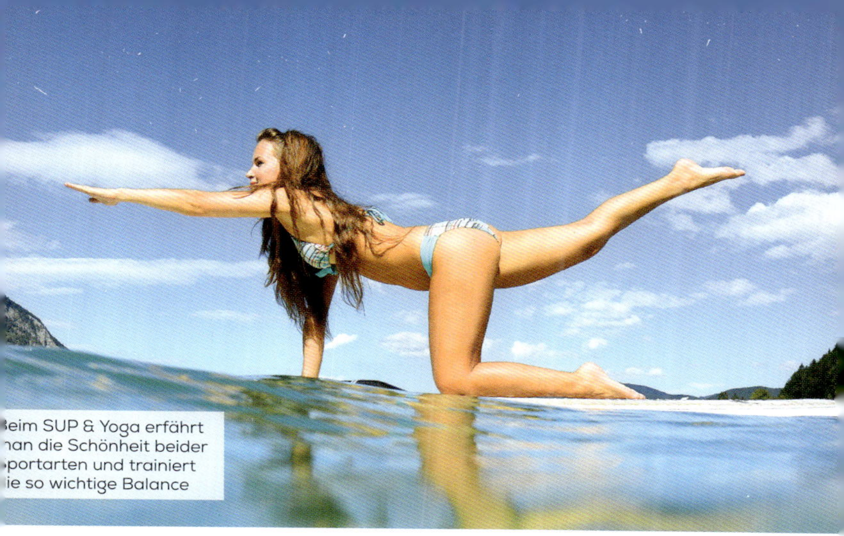

eim SUP & Yoga erfährt nan die Schönheit beider portarten und trainiert ie so wichtige Balance

1 SOMMERFRISCHE FÜR DIE KAISERIN

Der größte See im **FÜNFSEENLAND** ist mit 20 Kilometern Länge und fünf Kilometern Breite – nach dem Chiemsee – der zweitgrößte See Bayerns. Etwas südlich der einzigen Insel, der Roseninsel, befindet sich mit 128 Metern seine tiefste Stelle. Den heutigen Namen bekam der Starnberger See erst in den 1960er Jahren, davor gab ihm die am Nordende abfließende Würm den Namen Würmsee.

Berühmt wurde der See durch die Besuche von König Ludwig II. und Kaiserin Sissi. König Ludwig, als leidenschaftlicher Schlossbauherr oft "der Märchenkönig" genannt, wurde 1886 tot aus dem Starnberger See geborgen. Heute erinnern eine Votivkapelle und ein Kreuz im See an den Ort des vermutlichen Königsmordes. Die bayerische Herzogin Sissi verbrachte im Schloss Possenhofen die Sommermonate ihrer Kindheit, später residierte sie als österreichische Kaiserin weiter südlich in Feldafing.

Durch die schnelle Verkehrsanbindung an München, die sich ideal für einen Tagesausflug anbietet, herrscht auf dem See im Sommer reger Ausflugsverkehr. Dann sind neben der Linienschifffahrt auch viele Segler und motorisierte Freizeitkapitäne auf dem Wasser unterwegs. Ein ungestörtes Naturerlebnis haben wir jedoch im Frühling und Herbst. Besonders reizvoll ist der Oktoberbeginn, dann ist es ruhig auf dem See und die meisten Bäume tragen schon ihr buntes Gewand.

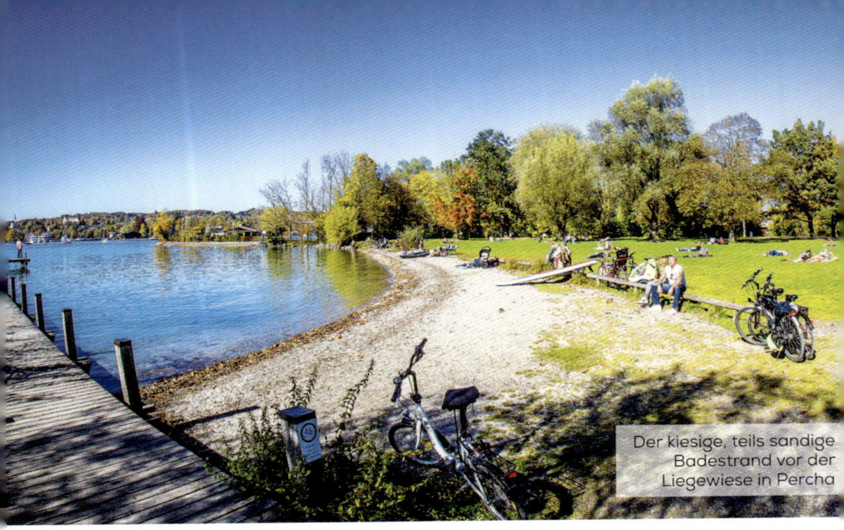
Der kiesige, teils sandige Badestrand vor der Liegewiese in Percha

Bei uns stehen heute König Ludwig und Kaiserin Sissi auf dem Programm. Wir wollen zur Votivkirche in Berg – das ist die Stelle, an der König Ludwigs Körper gefunden wurde – und dann hinüber zur Roseninsel, Kaiserin Sissis Rückzugsort. Allerdings dürfen wir dort nicht anlanden. Die Insel kann von Anfang Mai bis Mitte Oktober nur mit der von Dienstag bis Sonntag zwischen 10 und 18 Uhr verkehrenden Fähre angefahren werden. Montags auch bei schönem Wetter.

Unser Auto stellen wir auf den Parkplatz der **SEESTUB'N IN PERCHA** 2 und lassen unsere Boards bequem an der Liegewiese der **BADESTELLE** ins Wasser, um am Ostufer gen Süden zu starten. Das Wetter spielt mit, es weht kaum ein Wind, so kommen wir auf dem ruhigen, grünen Wasser gut voran. Vorbei geht's an dichtem Schilf und hölzernen Bootshäusern, bis nach rund drei Kilometern das barocke **SCHLOSS BERG** auftaucht. Die ehemalige Sommerresidenz von Ludwig II. ist nur von außen zu besichtigen. Wie er allsommerlich seine Regierungsgeschäfte von hier aus geleitet hat, lässt sich nur erahnen. Nach seiner Entmündigung als König 1886 wegen angeblicher Geisteskrankheit, ohne persönliche Untersuchung des Patienten, wurde Ludwig II. hier untergebracht, nur ein paar Tage bevor er von einem Spaziergang mit seinem Arzt nicht mehr zurückkam.

Ein kleines Stück weiter kommen wir zu der Stelle, an der die Leichname im See gefunden wurden. Direkt an der Fundstelle im Wasser steht ein Holzkreuz. Am Ufer wurde erst zehn Jahre später eine **VOTIVKAPELLE** TIPP erbaut – vielleicht ein Stein gewordenes Schuldeingeständnis derer, die an einer Beseitigung König

Ludwigs beteiligt waren? Angeblich ist der König ertrunken, obwohl er ein guter Schwimmer war ...

Nun steht die anspruchsvolle Seequerung zur romantischen Roseninsel an. Auf den vier Kilometern achten wir auf Linienschiffe und andere Boote, weichen ihnen aus und kreuzen die Wellen möglichst standsicher im rechten Winkel.

Die **ROSENINSEL**, die einzige Insel im Starnberger See, ist 170 Meter vom Westufer entfernt und im Sommer, wenn die Fähre in Betrieb ist, zu Recht ein Touristenmagnet. König Ludwig II. empfing hier gerne Gäste wie die russische Zarin oder seinen Freund Richard Wagner. Sowohl Ludwig, als auch seine kaiserliche Cousine Sissi hatten gegen Menschenansammlungen eine gehörige Abneigung. Man erzählt, dass Ludwig, wenn er sich mit ihr treffen wollte, die Glocken in einer bestimmten Art läuten ließ und Elisabeth dann zum konspirativen Treffen auf die Roseninsel eilte. Beide waren einander lebenslang in Freundschaft verbunden, in diese Freundschaft wurde allerdings viel hineininterpretiert. Heute kann man sich auf der denkmalgeschützen Insel im "Casino" genannten Schlösschen standesamtlich trauen lassen. Das Highlight einer Führung durch die historische Parkanlage ist der duftende Rosengarten mit hunderten von hochstämmigen Duftrosen.

Wir machen uns auf den sieben Kilometer langen Rückweg entlang des Westufers, denn inzwischen ist die Wolkendecke dichter und leichter Wind aufgekommen. Sollte uns ein Gewitter überraschen, müssen wir schnellstens das Ufer erreichen. Wir haben Glück! Mit knurrendem Magen landen wir wieder in **PERCHA** an und sind bereit für ein bayerisches Schmankerl in der **SEESTUB'N** 2.

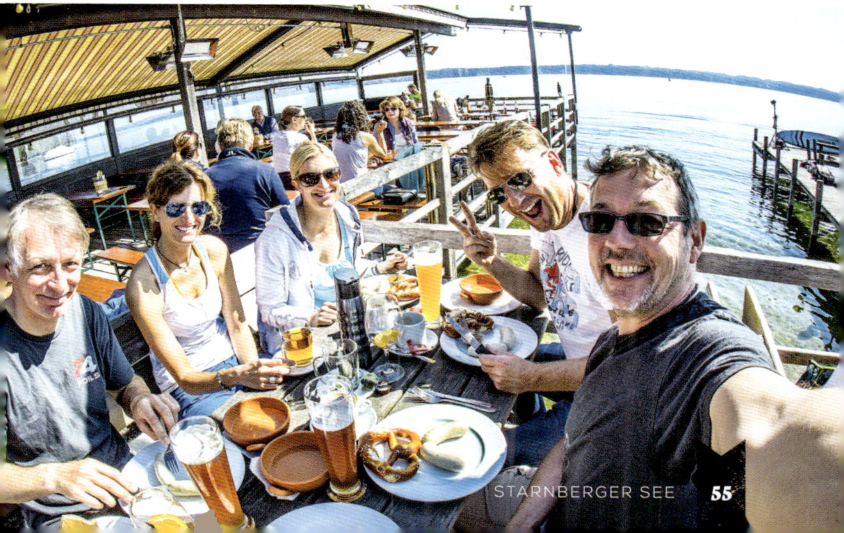

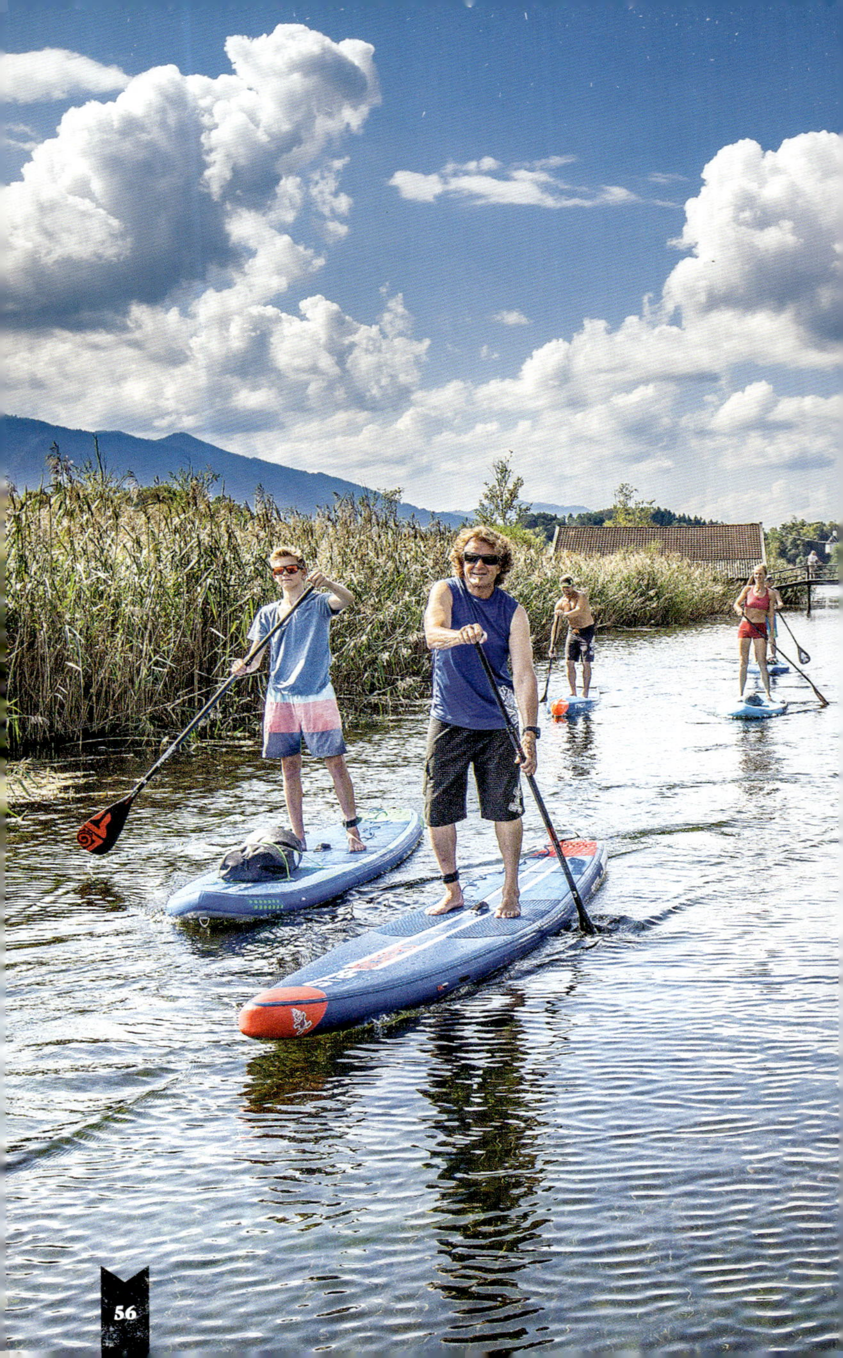

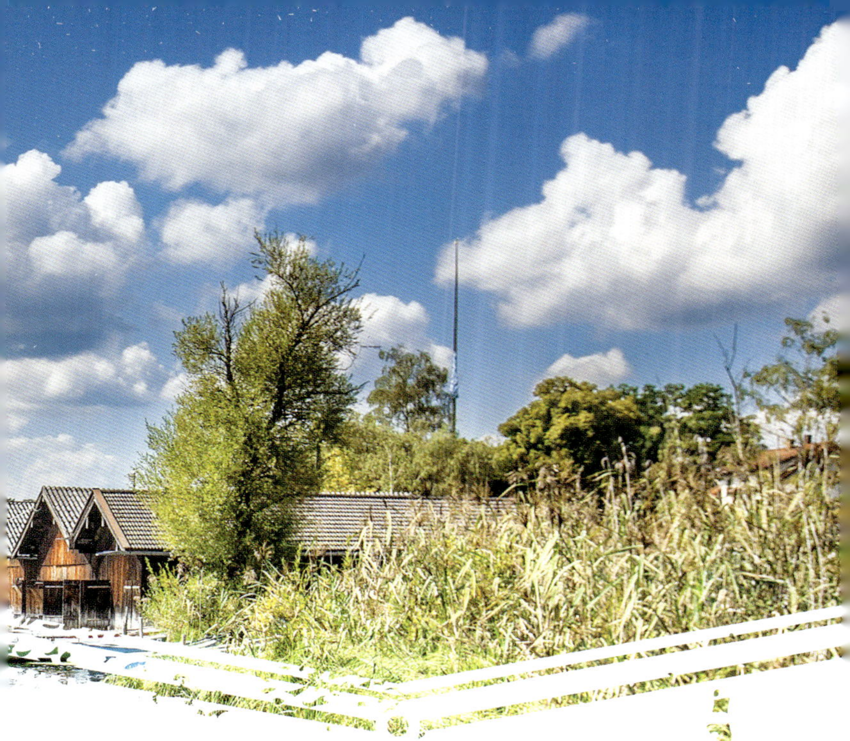

STAFFELSEE

ANSPRUCH

EINKEHR

Die umliegenden Berge, lauschige Buchten, jede Menge Wald und Moor an seinen natürlichen Ufern und dazwischen die Strandbäder mit ihrem gastronomischen Angebot, machen die verwinkelte Insel-Schönheit zu etwas ganz Besonderem. Bei Wind kann im Schutz der sieben Inseln oft gegen den Wind und auf deren Rückseite dann mit Rückenwind gefahren werden.

WIND & WETTER

Der Wind weht meist am Nachmittag aus westlicher Richtung, so dass Du hier oft downwind zurück zum Ausgangspunkt paddeln kannst. Von April bis Ende Oktober gibt es von 7-22 Uhr ein Sturmwarnsystem auf Ufermasten - orangfarbene Blinklichter warnen vor starkem Wind und Wellenbildung.

BEFAHRUNGSREGELN

» Im westlichen Staffelsee gilt ein Winterbefahrungsverbot vom 15.10.-31.03.

» Die in den Obersee des Staffelsees mündende Ach sowie die Buchten des Südwestufers sind ganzjährig gesperrt. Hier befindet sich das Naturschutzgebiet »Westlicher Staffelsee«.

» Die Uffinger Ache vom Ausfluss aus dem Untersee bis zur Straßenbrücke Uffing ist auch ganzjährig gesperrt.

ANFAHRT MIT DEM PKW

Auf der A 95 nach Murnau, dort der Ausschilderung zur Schiffsanlegestelle folgen (Fahrtzeit ab München rund 0:45 h).

NAVI Seestraße 27, 82418 Murnau.

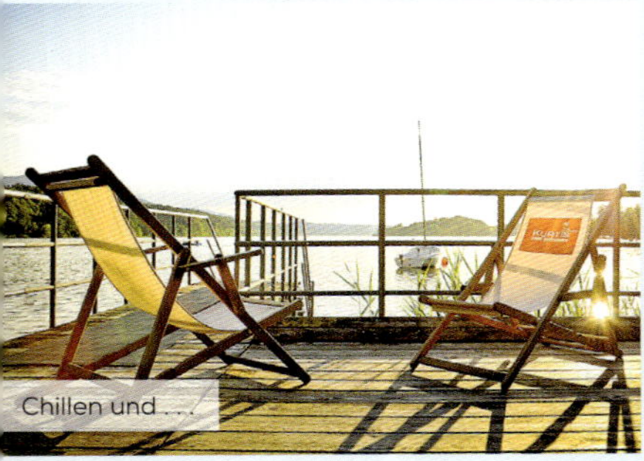

Chillen und . . .

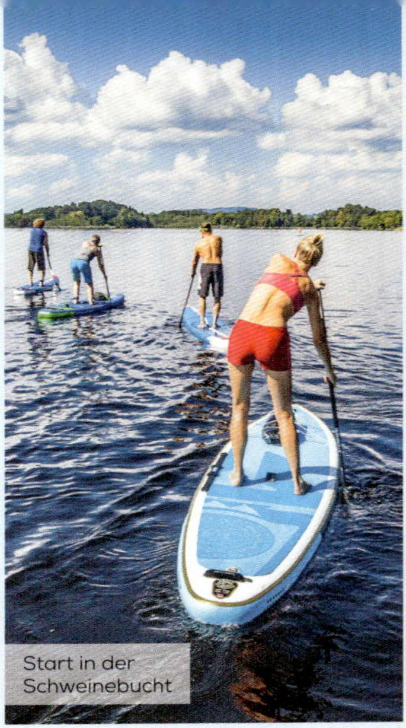

Start in der Schweinebucht

PARKEN

Öffentl. Parkplatz (3 €) ohne Höhenbegrenzung a. d. Schiffsanlegestelle Achele.

ANFAHRT MIT ÖPNV

Mit RB oder ICE bis Murnau, dann rund 10 Minuten zu Fuß zur "Schweinebucht". (Fahrtzeit ab München Hbf 0:55 h).

BADEN

In guten Sommern mit um die 24 Grad Wassertemperatur einer der wärmsten größeren Badeseen Bayerns. Das Wasser ist leicht moorhaltig, hat aber eine sehr gute Qualität.

MURNAU - Strandbad.

SEEHAUSEN - Strandbad (SUPs verboten).

UFFING - Strandbad Alpenblick & Gemeindebad Uffing (Höhe Insel Mühlwörth).

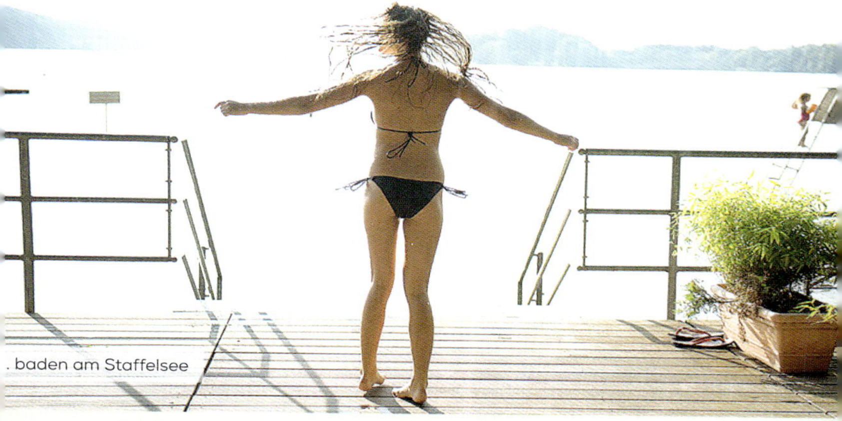

. baden am Staffelsee

SEHENSWERT

» **Münter-Haus in Murnau** – Kunst und Erinnerungen an Gabriele Münter, Wassily Kandinsky und die Künstler im Umfeld des »Blauen Reiters«.

» Seit 1935 – bayernweit einmalig – die **Fronleichnam-Seeprozession von Seehausen,** von der Dorfkirche durch farbenfroh geschmückte Straßen zum Seeufer und mit vielen Dutzend geschmückten Booten über den See zur Kapelle auf der Insel Wörth.

TIPP EXTRA-TIPPS

» Wandern im **Naturschutzgebiet Murnauer Moos**.

» Wandern oder Radeln **rund um den Staffelsee** (ca. 22 km).

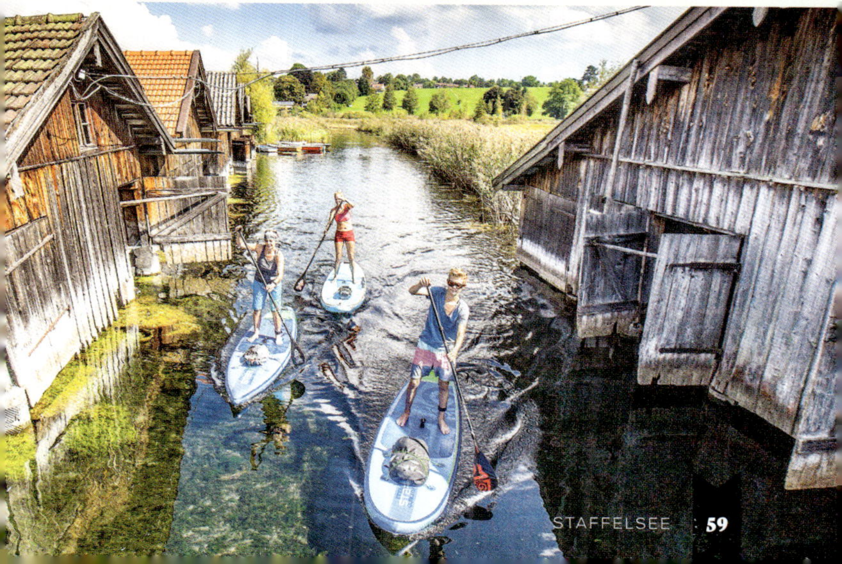

TOUREN

1 SEEUMRUNDUNG
Nur für trainierte Paddler. Westbuchten des Sees nur 16.10. - 28.02.!
| **LÄNGE** 18 km | **DAUER** 4,5 h

2 KLEINE RUNDE
Um die Insel Wörth mit Hafenbesuch in Seehausen
| **LÄNGE** 6 km | **DAUER** 1,5–2 h

3 STANDARD-RUNDE
Um die Insel »Große Birke«
| **LÄNGE** 12,5 km | **DAUER** 3–4,5 h

EIN- UND AUSSTIEG
Murnauer »Schweinebucht«

SUP-VERMIETUNG
1 FREERIDE GUIDE (auf dem Campingplatz Burg, auch geführte Touren)
Burgweg 41, 82418 Seehausen
Tel. 0152-595 851 42
www.freeride-guide.com

2 OBERLAND-SPORTS
Petersgasse 3, 82418 Murnau
Tel. 0172-469 67 26
www.oberland-kanu.de

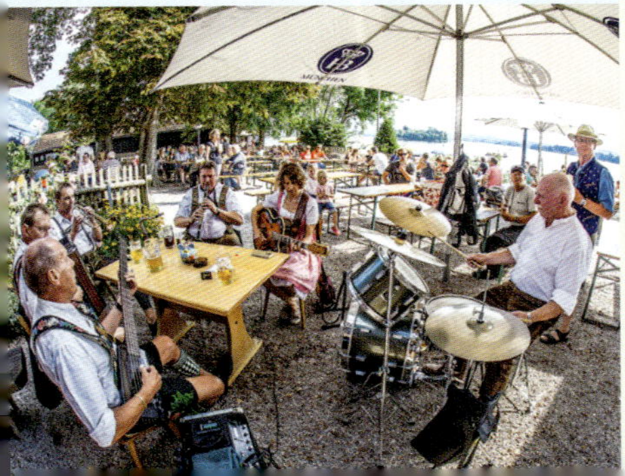

EINKEHR

1 BUCHT 27
Seestr. 27, Murnau am Staffelsee
Tel. (08841) 999 999 0
www.bucht27.de
10-22 Uhr – wenn die Sonne scheint
Chilliger Kiosk in der "Schweinebucht" mit Liegestühlen für die schönsten Sonnenuntergänge am Staffelsee!

KLASSIKER Flammkuchen, Pizza, Obazda mit Breze

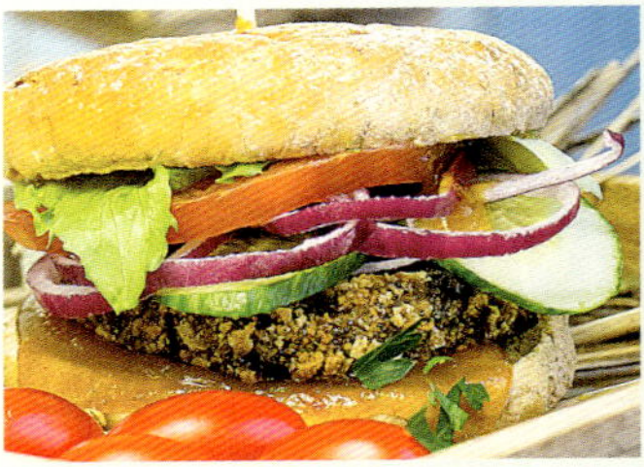

ALTERNATIV IN UFFING
2 SEERESTAURANT ALPENBLICK
www.seerestaurant-alpenblick.de

KLASSIKER frische, regionale Küche

3 BISTRO AICHALEHOF
www.aichalehof.de

ÜBERNACHTUNG
1 CAMPING HALBINSEL BURG
in Seehausen, Tel. (08841) 98 70
www.camping-staffelsee.de

2 GASTHOF ZUM STERN
in Seehausen, Tel. (08841) 33 04
www.gasthof-stern.de

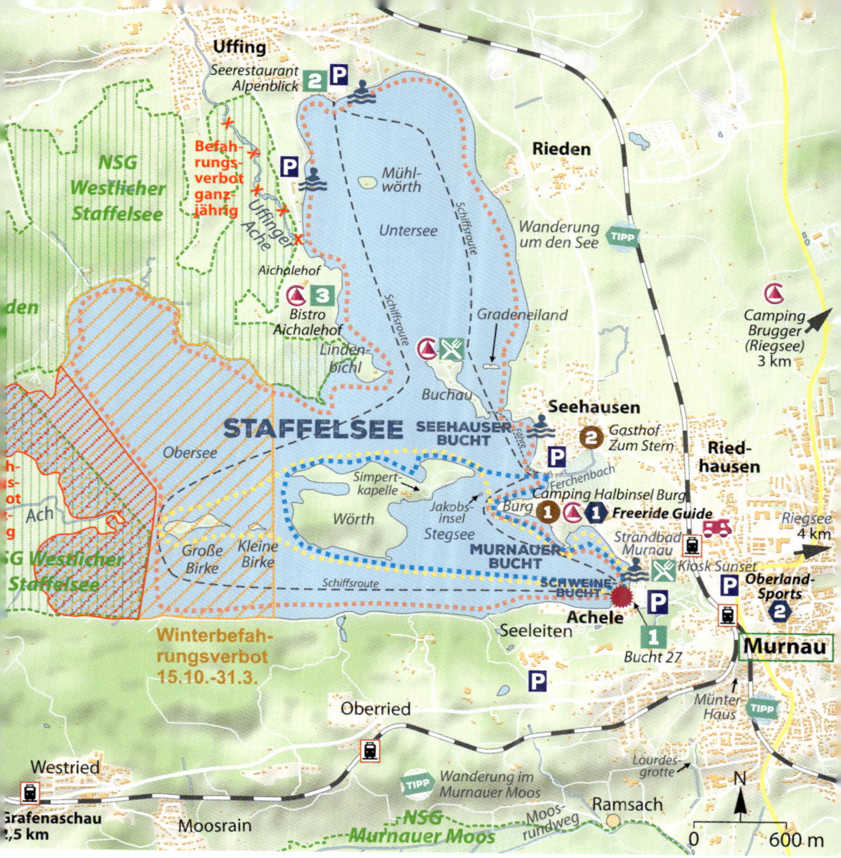

1 BADESEE IM „BLAUEN LAND"

Romantische Sonnenspiele vor blau-weißem Himmel, leise plätschernde Wellen - nicht umsonst platzierten Maler ihre Staffelei so gern am Ufer des Staffelsees. Ihr berühmtester Vertreter ist Wassily Kandinsky, der vor dem Ersten Weltkrieg mit seiner Freundin Gabriele Münter in Murnau wohnte und den See einem internationalen Kunstpublikum in der ganzen Welt bekannt machte.

Unter den vielen Seen im Münchner Umland sticht der inselreichste See des Alpenvorlandes durch seine Vielseitigkeit heraus und bietet im Hochsommer Badetemperaturen um die 24 Grad - ideal für einen erfrischenden Sprung direkt vom Board ins dunkle, aber saubere Wasser.

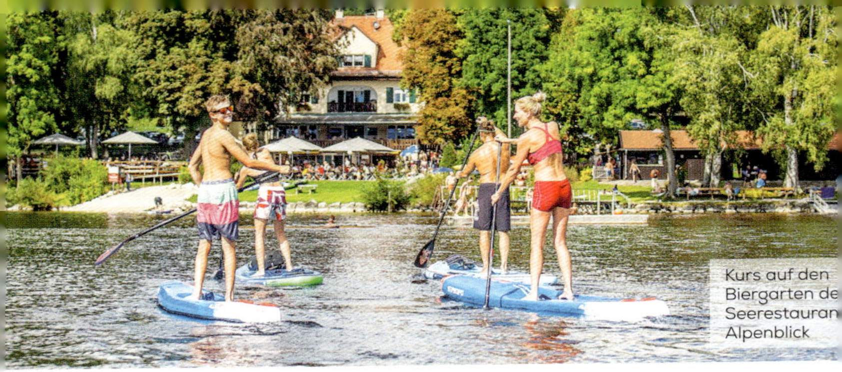

Kurs auf den Biergarten des Seerestaurants Alpenblick

Der See ist in der Würm-Eiszeit entstanden und wurde vor etwa 10.000 Jahren durch den Loisach-Gletscher zu mehreren Becken geformt. Seine Fläche beträgt 7,7 Quadratkilometer bei einer mittleren Tiefe von etwa 10 Metern und etwa 19 Kilometern Uferlänge. Der nördlichste der drei Seeabschnitte ist der Untersee mit den Inseln Buchau, Gradeneiland und Mühlwörth sowie der Uffinger Bucht. Der Obersee im Südwesten umschließt die Inseln Große Birke und Kleine Birke, der Stegsee im Südosten beherbergt Wörth und Jakobsinsel.

Nach dem Start in der **MURNAUER SCHWEINEBUCHT**, wo man nach der Tour beim chilligen Kiosk **BUCHT 27** 1 im Liegestuhl den Sonnenuntergang genießen kann, paddeln wir gegen den Uhrzeigersinn gen Norden und passieren nach rund einem Kilometer die **HALBINSEL BURG** mit dem wunderschön gelegenen, gleichnamigen **CAMPINGPLATZ** 1. Hier lohnt ein kleiner Abstecher zu der auf gleicher Höhe gelegenen winzigen **JAKOBSINSEL**, mit dem von Papst Benedikt XVI geweihten Holzkreuz. Sie liegt wie verloren und vergessen zwischen der Halbinsel Burg und der ganzjährig bewohnten Insel Wörth im Wasser. Früher verband ein Holzsteg Wörth mit der Jakobsinsel und mit Seehausen am östlichen Seeufer. Vom Steg ragen noch ein paar Pfähle am nördlichen Ufer aus dem Wasser.

Unser Zickzack-Kurs führt uns nun nordöstlich zur Seelände von **SEEHAUSEN**, wo beim Fischerstüberl ein neues Café in Planung ist. Der malerische kleine Bootshafen ist ein Insider-Tipp für den Tourenstart in der kalten Jahreszeit, denn hier können wir trockenen Fußes auf die Boards steigen. Im Sommer ist Seehausen jedoch so überlaufen, dass die Parkplatzsuche zum Glücksspiel wird. Neugierige Paddler fahren noch ein bisschen weiter in die Bucht hinein, unter einer schmalen Holzbrücke hindurch, zu den verwitterten Bootshäusern von Seehausen.

Von dort aus können wir auf dem engen **FERCHENBACH** durch Schilf und Wiese flussauf Richtung Ortskern fahren. Doch nach rund 300 Metern ist Schluss mit dem spannenden Ausflug, undurchdringliches Schilf versperrt jede weitere Durchfahrt. Auf dem engen Bach wird unser Wendemanöver schon zu einer sportlichen Herausforderung. Nicht nur schmal ist es hier, es lohnt auch ein Blick auf die Wasseroberfläche, denn kleine heimtückische Holzpfähle ragen vereinzelt bis kurz unter die Oberfläche und ziehen vorwitzige Finnen magisch an.

Wir setzen unsere Fahrt in Richtung Norden fort, halten direkt auf die Campinginsel **BUCHAU** zu. Am Südzipfel der zweitgrößten Insel des Sees legt das Pendelschiff aus Seehausen an, um die Campinggäste an Land zu bringen. Der romantisch gelegene **CAMPINGPLATZ** im Nordteil ist bewirtschaftet und lädt zu einer Rast im Biergarten ein. Östlich von Buchau liegt das kleine **GRADENEILAND**. Die Hütte darauf ist Privatbesitz - „Betreten strengstens verboten", verrät uns ein wenig einladendes Schild. Wir schauen also nur vom Board aus und peilen im Norden die **INSEL MÜHLWÖRTH** an, fahren jedoch an ihr vorbei bis ans nördliche Ufer zum **SEERESTAURANT ALPENBLICK** 2 in **UFFING**. In Sichtweite der Gaststätte finden wir eine grüne Wiese zum Anlanden. Im Biergarten versorgen wir uns mit einer gepflegten bayerischen Mittagsrast und genießen den Blick auf das dunkel glitzernde Wasser. Die dunkle Färbung des Sees kommt durch die umliegenden Moore, deren Mineralstoffe das Wasser leicht eintrüben. Dadurch erwärmen sich die oberen Schichten ungewöhnlich stark.

Einen Kilometer weiter fließt rechts die **UFFINGER ACH** aus dem See ab. Auf der Ach gilt ein ganzjähriges Befahrungsverbot. Das ist schade - das Bächlein schlängelt sich pittoresk durch gemähte Wiesen und Felder in Richtung Uffing. Auf dem See halten wir uns weiterhin südlich und passieren den **CAMPINGPLATZ AICHALEHOF**, wo man sich im **BISTRO** 3 stärken könnte.

Wem hier langsam die Arme schwer werden, kann den kurzen Weg zurückfahren - bis zur nächsten Landspitze, vorbei am Kinderzeltlager Lindenbichl und am Ostufer der Insel Wörth vorbei zum Ausgangspunkt in **MURNAU**.

Wer noch ausreichend Kondition hat, folgt weiter der westlichen Uferlinie und paddelt in den ruhigeren Teil des Sees, den Obersee (nicht jedoch vom 15.10.-31.3.). Das Naturschutzgebiet »Westlicher Staffelsee« darf dabei jedoch nicht befahren werden (ganzjähriges Befahrungsverbot). Schließlich beenden wir unsere Seerunde entlang des Südufers, bis wir wieder in der **SCHWEINEBUCHT** anlanden.

2 3 Bei sieben Inseln und drei Campingplätzen bietet der Staffelsee außer der kompletten Umrundung etliche kürzere Alternativrouten und Badetage vor herrlichem Bergpanorama.

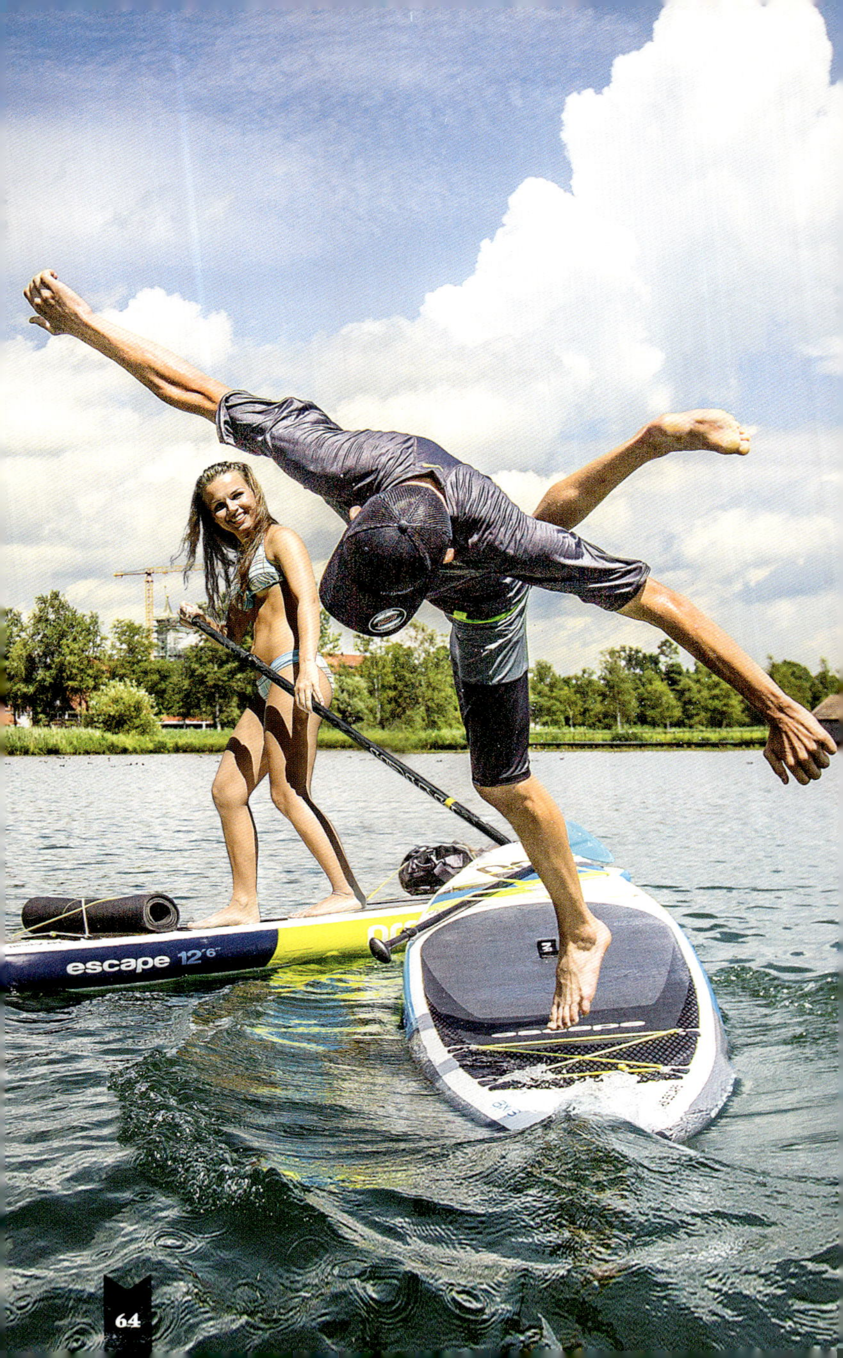
escape 12'6"

KOCHELSEE

ANSPRUCH | EINKEHR

Wie eine große Badewanne zwischen offener Moorlandschaft und steilen Bergklippen mutet der sechs Quadratkilometer große, eiszeitliche Bergsee an. Der den See durchfließende Gebirgsbach Loisach sorgt dafür, dass sich das klare Wasser auch im Hochsommer auf kaum über 16 Grad Celsius erwärmt.

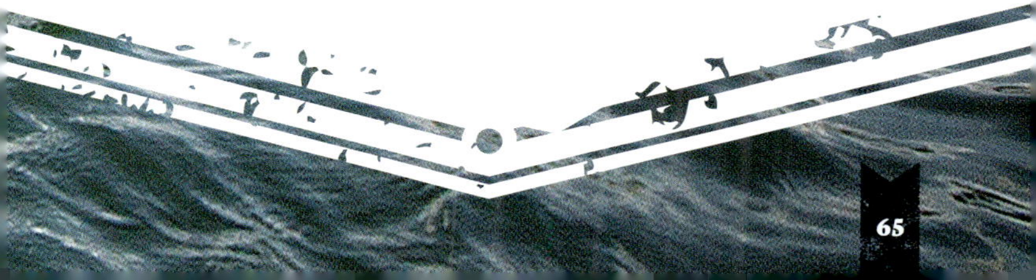

WIND & WETTER

Der Kochelsee hat durch seine geographische Lage besondere Windverhältnisse. Heimgarten, Herzogstand und Jochberg bilden fast einen Halbkreis und schirmen den See von Südwest bis Ost ab.

Dadurch ist der See bei den üblicherweise vorherrschenden Winden relativ gut geschützt und windarm. Im Sommer, wenn am Walchensee Surfer und Kiter über den See flitzen, liegt er meist ganz ruhig da.

Nur bei Südwind (Föhn) bildet der Kesselberg-Pass eine Düse und die warmen Fallwinde werden noch verstärkt. Für den engagierten SUP-ler besteht dann bei Windstärken von mehr als 6 Beaufort die Möglichkeit für einen fetten Downwinder von Altjoch zum Trimini Parkplatz.

BEFAHRUNGSREGELN

- Die Berufsschifffahrt hat Vorfahrt.
- Vom 20.03. - 15.07. gilt ein Uferbetretungsverbot am Nordufer zwischen Loisachmündung und -ausfluss, außer im Bereich der Uferwanderwege.

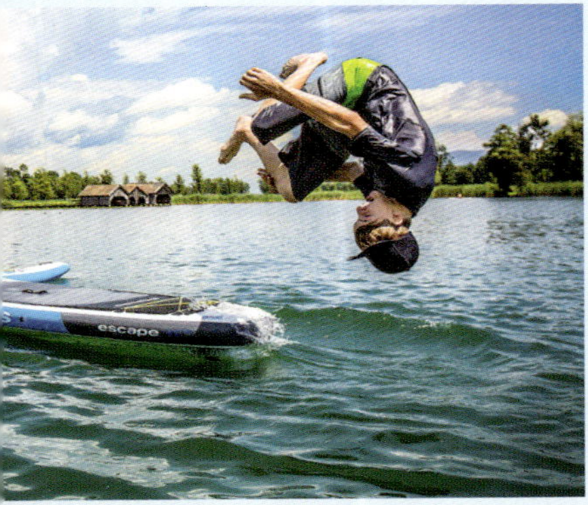

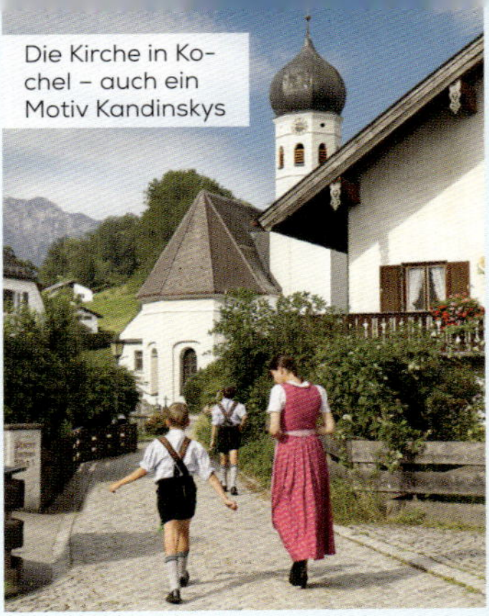

Die Kirche in Kochel – auch ein Motiv Kandinskys

ANFAHRT MIT DEM PKW

Auf der A 95 bis zur Ausfahrt 10 Murnau / Kochel. Auf der St 2062 links Richtung B 11 (Kochel a. See) nach Schlehdorf oder Kochel (Fahrtzeit ab München ca. 0:50 h).

PARKEN

ROUTE 1 Auf dem Schotterparkplatz Rauter Straße / Ecke Schleißheimer Straße in Schlehdorf (gebührenfrei).

ROUTE 2 Parkplatz an der Anlegestelle Museum, Mittenwalder Straße (B 11), Beschilderung zur Anlegestelle folgen. 3 Euro Tagesgebühr.

ANFAHRT MIT ÖPNV

ROUTE 1 Mit der RB nach Kochel a. See oder Murnau a. Staffelsee, weiter mit dem Bus 6911 nach Schlehdorf. (Fahrzeit ab München Hbf ca. 1:30 h / 2:00 h).

ROUTE 2 Mit der RB nach Kochel. Dort per Bus oder zu Fuß (20 Min.) zur Einsetzstelle. (Fahrzeit ab München 1:35 h).

BADEN

Badeplätze mit Liegewiese **ZWISCHEN KOCHEL UND ALTJOCH** oder an der Loisachmündung bei **SCHLEHDORF**.

SEHENSWERT

» **Kochel a. See:** Denkmal Schmied von Kochel, Franz-Marc-Museum (www.kochel.de).

» **Erlebniskraftwerk Walchensee** in Altjoch (www.walchenseekraftwerk.de).

» **Schlehdorf:** Heilig-Kreuz-Kirche (Friedhofskapelle) mit dem Schlehdorfer Kreuz, einem der ältesten lebensgroßen Kruzifixe der Christenheit.

TIPP EXTRA-TIPPS

» **Wanderung** auf den **Herzogstand** oder **Jochberg** mit traumhaftem Blick über das gesamte Voralpenland.

» In den Sommermonaten (Juli & August) in der Abenddämmerung finden **Echofahrten** statt. Bei einer Rundfahrt mit dem Ausflugsschiff spielen zwei Bläser an der Felswand das Kochelsee-Echo.

» **Baden & Sauna** in der **Therme Kristall trimini** in Kochel (www.kristall-trimini.de).

» Besuch des **Freilichtmuseums Glentleiten** (www.glentleiten.de) und Kreut-Alm.

» Besuch des **Klosterdorfs Benediktbeuern,** barockes Kloster, Kräutergarten, Fraunhofer Glashütte, Klosterladen, Einkehr in der ehemaligen Klosterschänke Klosterbräustüberl oder im Kloster-Café im Gotischen Saal (www.benediktbeuern.de).

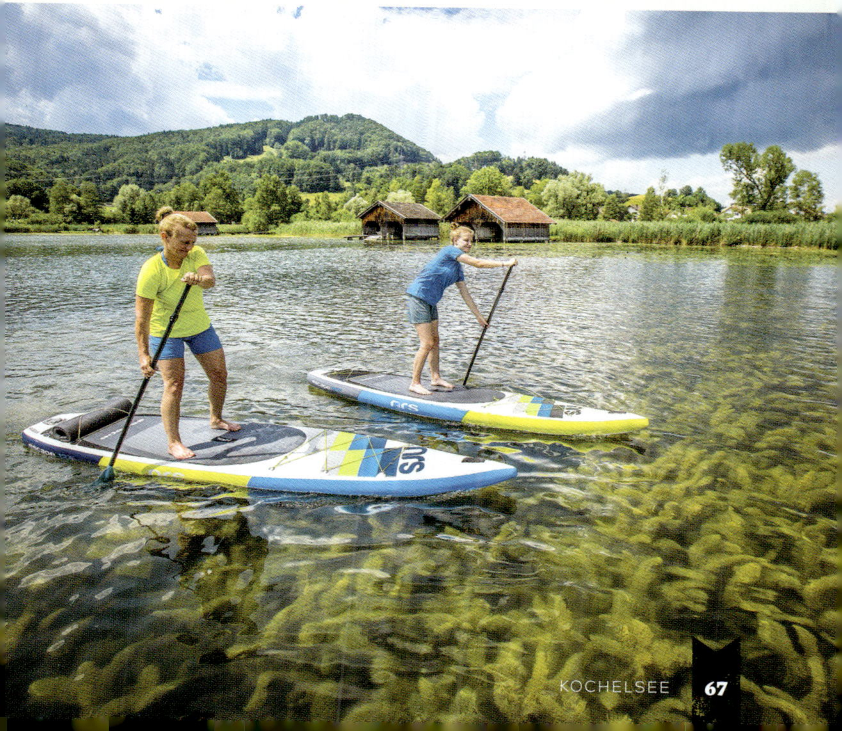

TOUREN

1 SEEUMRUNDUNG
Start und Ziel in Schlehdorf.
Föhnwind aus Süden meist in den frühen Morgenstunden
Strömung am Loisachausfluss!

| **LÄNGE** 13 km | **DAUER** 3–4 h

2 KLEINE RUNDE IN DIE NORDOSTBUCHT
Von Kochel am See aus in die Loisachbucht und zurück

| **LÄNGE** 5 km | **DAUER** 1,5–2 h

EIN- & AUSSTIEG

ROUTE 1 Liegewiese Badestelle Schlehdorf.

ROUTE 2 Badeplatz Finkberg neben der Anlegestelle " Franz Marc Museum" (Motorschifffahrt Kochelsee).

SUP-VERMIETUNG

1 SUP VERLEIH KOCHELSEE
Seeweg (bei der Kristall Therme)
82431 Kochel a. See
Tel. 0172-662 97 27
www.facebook.com/markus.schambeck

EINKEHR

1 GASTHOF KLOSTERBRÄU
Seestr. 2 in Schlehdorf
Tel. (08851) 286
www.klosterbraeu-schlehdorf.de
Ganzjährig täglich geöffnet

KLASSIKER König-Ludwig-Platte

2 GASTSTÄTTE CAMPINGPLATZ KESSELBERG
Altjoch 2½ in 82431 Kochel am See
Tel. (08851) 464
www.campingplatz-kesselberg.de
Ende April - 3. Okt täglich bis 21 Uhr

KLASSIKER Bayerische Schmankerl

ÜBERNACHTUNG

1 GASTHOF KLOSTERBRÄU
siehe oben bei Einkehr

2 CAMPINGPLATZ KESSELBERG
siehe oben bei Einkehr

3 CAMPINGPLATZ RENKEN
Mittenwalder Str. 106
82431 Kochel am See
Tel. (08851) 61 55 05
www.campingplatz-renken.de

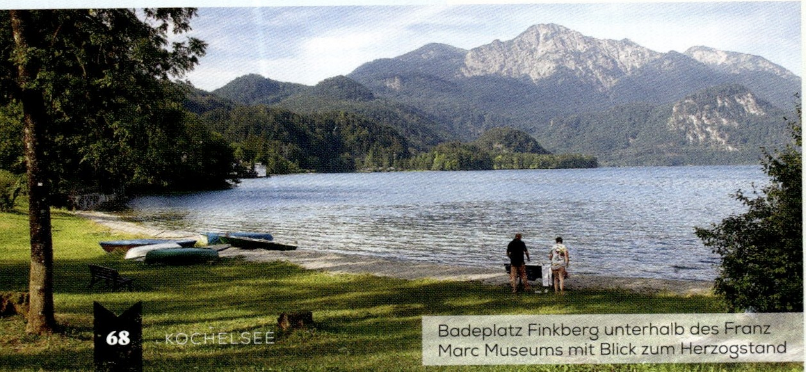

Badeplatz Finkberg unterhalb des Franz Marc Museums mit Blick zum Herzogstand

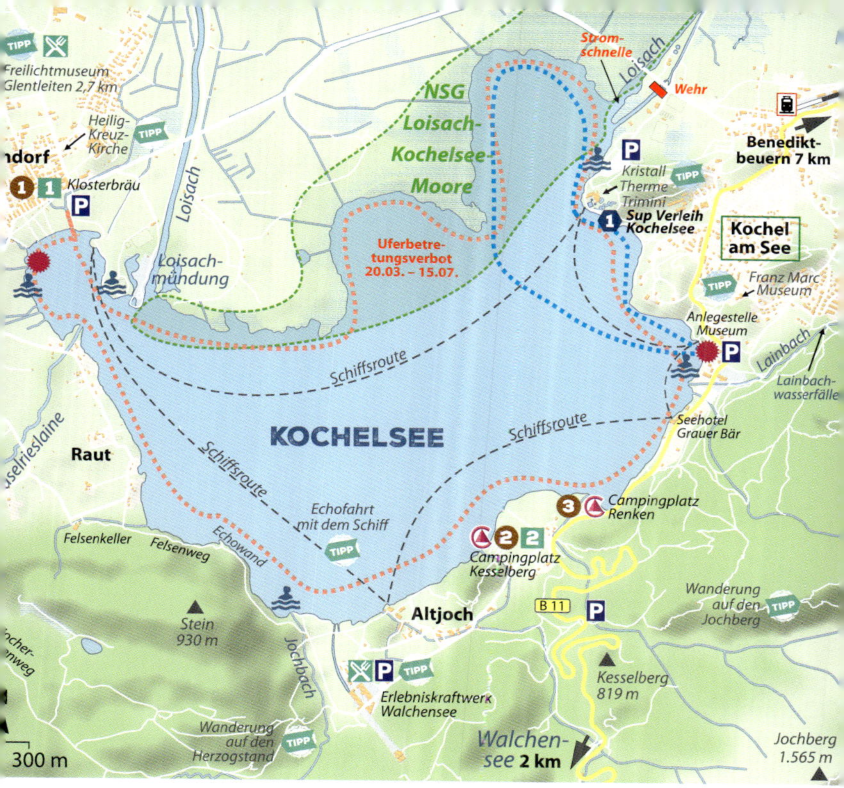

1 PERLE IM VOR-KARWENDEL

Der **KOCHELSEE** liegt östlich der Garmischer Autobahn und nördlich des Walchensees, mit dem er seit 1924 durch das Walchenseekraftwerk verbunden ist. Das Kraftwerk, eines der ältesten und größten Deutschlands, nutzt die knapp 200 Meter Höhenunterschied zwischen den Seen zur Energiegewinnung. Das eiskalte Wasser des höher gelegenen Walchensees hält die Badetemperatur des tiefer gelegenen Kochelsees – gemeinsam mit dem Alpenwasser der Loisach – stets frisch.

Der nördliche Teil des Sees mit Mündung und Abfluss der Loisach ist von flachem Moorland umschlossen, der Südteil grenzt an die beliebten Münchner Ausflugsberge **HERZOGSTAND** im Südwesten und **JOCHBERG** im Südosten; beide locken Wanderer und Kletterer erst auf ihre Gipfel und danach an die Badestellen des bis zu 66 Meter tiefen Kochelsees.

Um den See zu umrunden, gehen wir in der nordwestlichen Bucht an der Liegewiese der **BADESTELLE** von **SCHLEHDORF** ● aufs Wasser und paddeln nach Süden.

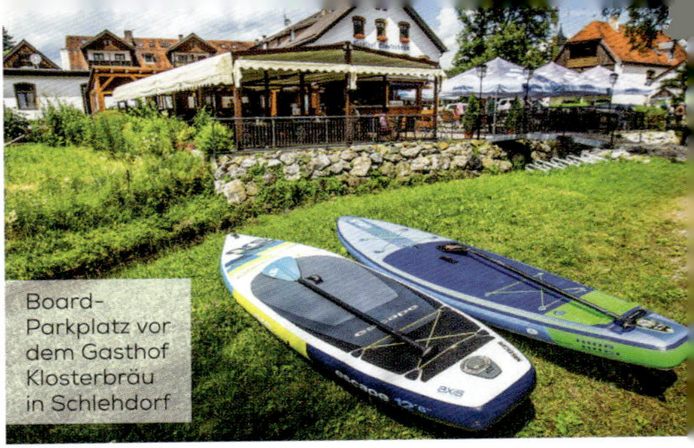

Board-Parkplatz vor dem Gasthof Klosterbräu in Schlehdorf

Schon gleich mündet von links die **LOISACH**. Der Gebirgsfluss hat sich auf dem Weg von Grainau bis hierher schon beruhigt und bringt gelassen sein Zuschusswasser. Wir schauen geradeaus auf die grandiose Bergkulisse. Am **JOCHBERG** wachsen viele neu gepflanzte Bäume, nachdem Silvester 2016 zwei Wanderer durch ein Lagerfeuer einen Flächenbrand ausgelöst hatten, bei dem 100 Hektar Bergwald verbrannten. Erst nach einem dreitägigen Löscheinsatz mit Millionen Litern Wasser aus dem Walchensee, konnte der Brand gelöscht werden.

Entlang des steilen Südwestufers passieren wir die **„ECHOWAND"**. Hier finden im Sommer bei Abenddämmerung an einigen wenigen Abenden die beliebten **ECHOFAHRTEN** TIPP statt! Bei einer Rundfahrt mit dem Ausflugsschiff spielen zwei Bläser an der Felswand das Kochelsee-Echo.

An der Schiffsanlegestelle **ALTJOCH** könnte man in zehn Minuten zum **ERLEBNISKRAFTWERK** TIPP laufen, das seit 1983 ein Industriedenkmal ist und jährlich rund 100.000 Besuchern Wissenswertes zur Wasserkraft vermittelt.

Nur wenige Paddelschläge weiter liegen die beiden **CAMPINGPLÄTZE KESSELBERG** 2 und **RENKEN** 3 am Südufer. Der erste von ihnen, durch einen kleinen Bach von der mächtigen Felswand getrennt, lockt in der kleinen Gaststätte mit bayerischen Schmankerln zur Rast. Zwischen Altjoch und Kochel am See laden mehrere hübsche Badeplätze mit Liegewiese zu einer Pause ein. So auch neben der Schiffsanlegestelle des nahen **FRANZ MARC MUSEUMS** TIPP in **KOCHEL**. Es ist einem der bedeutendsten Maler des Expressionismus um Kandinsky und August Macke gewidmet, die nicht nur in Oberbayern, sondern weltweit die Kunst beeinflussten und entwickelten. Vorbei am **ERLEBNISBAD & THERME TRIMINI** TIPP sind wir gespannt auf den Ablauf der **LOISACH**. Einige Bojen warnen vor der Strömung des in zwei Armen ablaufenden Wassers – neben dem natürlichen Flussbett befindet sich ein Wehrkanal, der den Abfluss des Walchenseekraftwerks reguliert, um den Wasserspiegel des Kochelsees möglichst stabil zu halten.

Auf dem Abschnitt von hier bis zur Mündung der Loisach in den Kochelsee dürfen wir das Ufer im Sommer nicht betreten. Die Loisach-Kochelsee-Moore sind Natur- und Vogelschutzgebiet; über 200 Vogelarten haben hier ihr Zuhause, darunter viele bedrohte Arten. Besonders wichtig sind die Moore und Feuchtwiesen für die Wiesenbrüter, die eine Kombination aus baumlosen Freiflächen zur ihrer Sicherheit sowie sumpfigem Boden für die Nahrungssuche benötigen.

Wir halten rund 50 Meter Abstand von Schilf und Moor. Hier und da ist es sowieso sehr flach und wir wollen nicht mit unseren Finnen auf dem Seeboden auflaufen und durch den plötzlichen Stopp kopfüber im Wasser landen. Dabei umfahren wir ausgedehnte Seerosenfelder und genießen das herrliche Ambiente.

Nach dreieinhalb Stunden Paddeln biegen wir am frühen Nachmittag wieder in die **SCHLEHDORFER BUCHT** ein. Es ist sehr heiß, so lassen wir uns noch ein wenig in der Bucht treiben. Ein schnelles Bad im kalten Wasser kühlt uns ab, bevor wir, vorbei an der Anlegestelle, geradeaus in den kleinen Kanal hineinpaddeln, bis wir links den Biergarten des **TRADITIONS-GASTHOFS KLOSTERBRÄU** 1 sehen. Gegenüber am Parkplatz legen wir unsere Bretter ans Ufer und gehen über die schmale Brücke in den Biergarten, wo wir gepflegt den Tag ausklingen lassen. Danach erwarten uns nur noch rund dreihundert Meter Paddeln, zurück durch den Kanal und zur **BADESTELLE SCHLEHDORF**, wo wir das Auto geparkt haben.

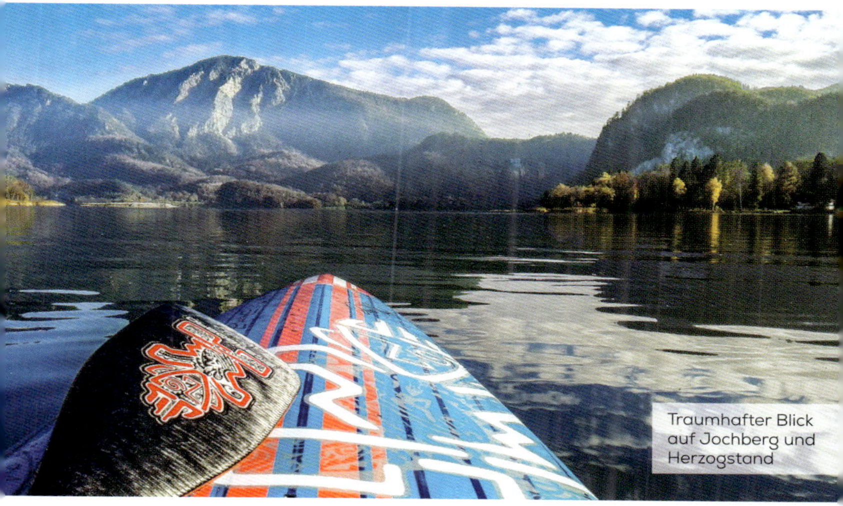

Traumhafter Blick auf Jochberg und Herzogstand

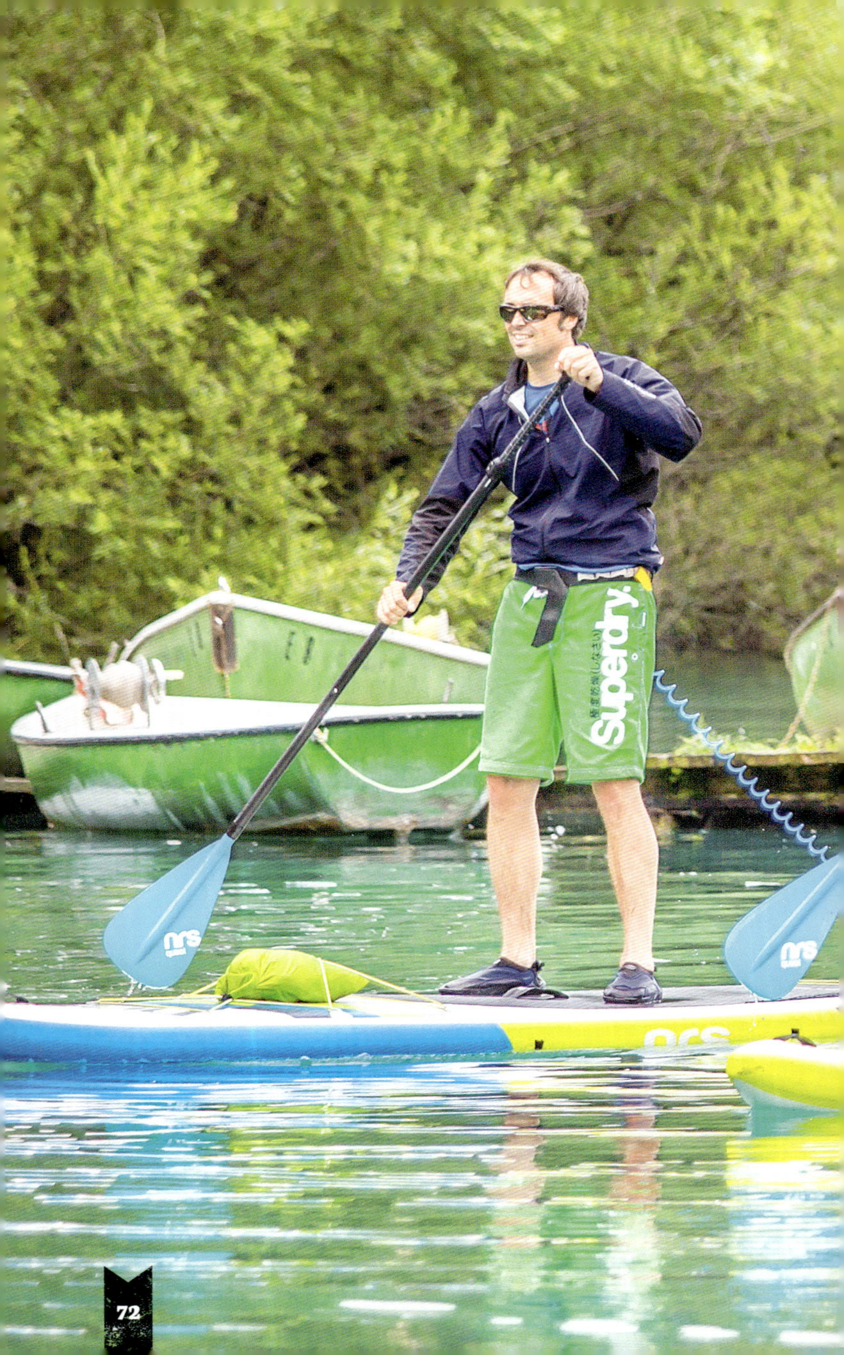
Superdry.
nrs
nrs
nrs

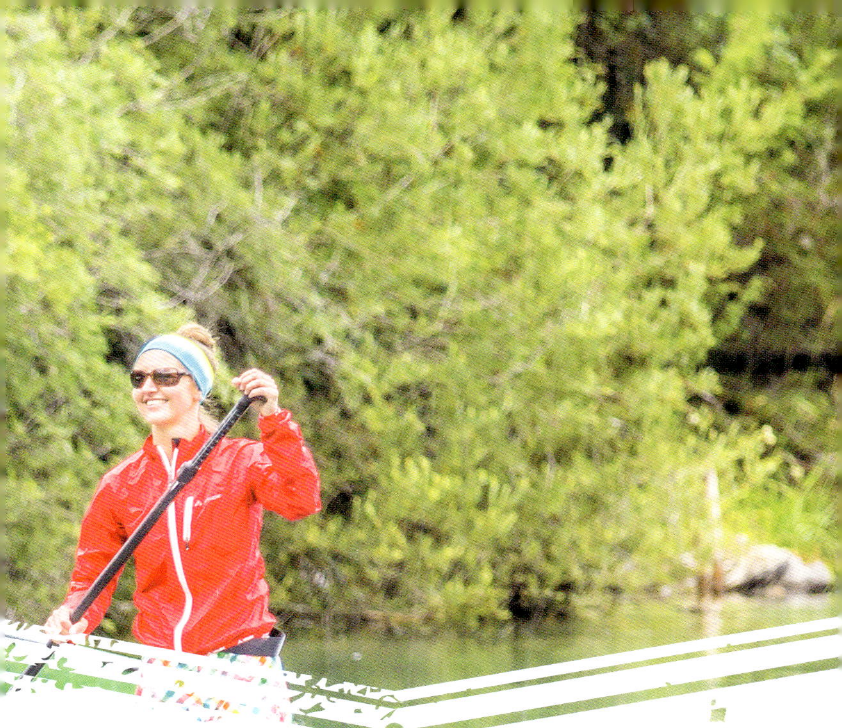

WALCHENSEE

ANSPRUCH | EINKEHR

Der türkisfarbene und glasklare See, eingerahmt von Jochberg, Herzogstand und Karwendelgebirge, ist einer der Lieblings-Spots für Wochenendausflüge im Großraum München.
Das 27 km lange Ufer mit dem weißen Kiesstrand und den bizarren Uferfelsen bietet jede Menge Rastplätze.

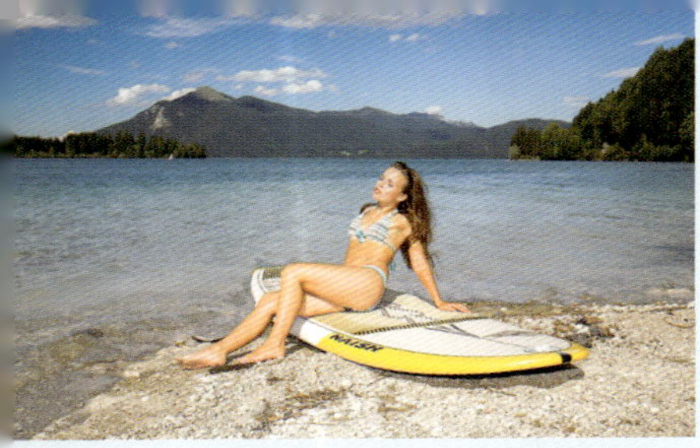

WIND & WETTER

Thermik-Revier! Plötzlicher und böiger Wind möglich, siehe Infokasten "Wind am Walchensee" rechts.

BEFAHRUNGSREGELN

Die Insel Sassau steht unter Naturschutz und darf nicht betreten werden. Motorboote sind auf dem Bergsee verboten.

ANFAHRT MIT DEM PKW

Autobahn A 95 nach Garmisch-Partenkirchen, Ausfahrt 10 "Murnau / Kochel", weiter auf der St 2062 Richtung Kochel am See / Walchensee. In Kochel auf der B 11 bis Einsiedl oder weiter über die Mautstraße (4,- €) bis Niedernach-Jachenau. Fahrzeit 1¼ Stunden bis Einsiedl bzw. 1½ Stunden bis Niedernach.

PARKEN ROUTE 1+3

Einsiedl 1, 82432 Kochel, gebührenfrei. Das Hotel ist z. Zt. geschlossen. Sollte ein neuer Pächter das Ufer begrenzen, bietet sich alternativ der Nachtparkplatz in Einsiedl an (Mautstraße nach Jachenau, 300 m zum Seeufer).

PARKEN ROUTE 2

In Niedernach (OT von 83676 Jachenau), gebührenfrei, 4,- € Tagesmaut für die Privatstraße am Südufer.

ANFAHRT MIT ÖPNV

Mit der Regionalbahn nach Kochel (von München ca. 1:20 h). Dort mit dem Bus Linie 9608 in ca. 0:25 h nach Einsiedl (beschränkter Busverkehr, www.rvo-bus.de).

BADEN

Der smaragdfarbene See hat Trinkwasserqualität, wird aber im Sommer nicht wärmer als 18-20, in besonders warmen Sommern bis 23 Grad Celsius. Wegen der flachen Uferzonen ist er ideal für Familien mit Kindern.

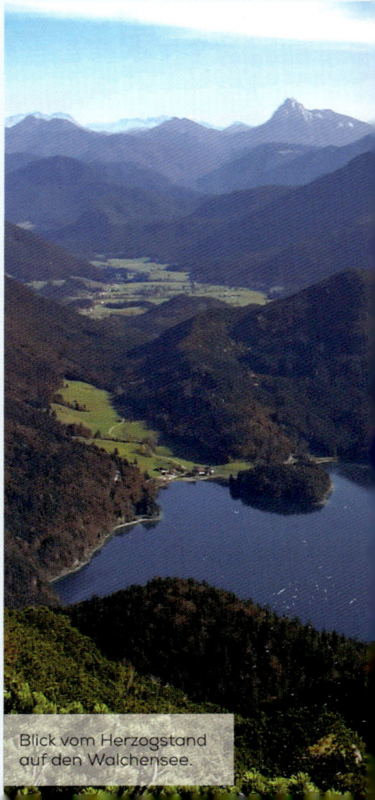

Blick vom Herzogstand auf den Walchensee.

SEHENSWERT

- **Filmkulissen-Wikingerdorf »Flake«** im Ort Walchensee (im Winter geschl.).
- **Walchensee-Museum** in Urfeld - Kunst, Kultur und Geschichte der Gebiete Kochelsee, Walchensee, Jachenau und Herzogstand.

TIPP EXTRA-TIPPS

- **Badetag** am Südufer.
- Mit der **Herzogstand-Kabinenbahn** hinauf auf den Lieblingsgipfel des Märchenkönigs Ludwig II (Einkehr und Übernachtung im Berggasthaus Herzogstand).
- **Wanderung** auf den **Herzogstand** oder den **Jochberg,** von beiden traumhafter Blick über das gesamte Voralpenland.
- **Spaziergang** auf dem 2,5 km langen **Lovis Corinth-Rundweg** mit Ausstellungstafeln über Leben und Werk des Impressionisten-Malers in **Urfeld** (Start gegenüber vom „Café am See“).
- Die preisgekrönte und berührende **Film-Dokumentation "Walchensee Forever"**, Hauptschauplatz: Café Bucherer (Einkehrtipp).

WIND AM WALCHENSEE

Wind am WALCHENSEE

Der Walchensee ist bekannt für seinen tückischen und böigen Wind, der vor allem im Hochsommer um die Mittagszeit aus Norden bläst. Die Thermik beginnt immer im Norden und kann bis zu zwei Stunden zeitverzögert am Südteil des Sees ankommen. Insbesondere an wolkenfreien Tagen nach kühlen Nächten bläst ein kräftiger Südwestwind im östlichen Teil des Sees und rund um die Insel Sassau. Bei Surfern beliebt, ist es für SUP-Paddler fast unmöglich, gegen diesen Wind und die Wellen anzukommen.

Der Wind weht im Frühsommer an warmen Tagen schon vormittags, im Sommer oft Stunden später. Je stärker und länger die Sonneneinstrahlung, desto heftiger und länger die Thermik.

Im Herbst kann nach ein oder zwei Stunden böigem Wind alles vorbei sein. Leash und Schwimmweste haben Stand-up-Paddlern am Walchensee schon das Leben gerettet!

TIPP *Wir empfehlen alle Touren am Südufer zu starten, um nicht gegen den aufkommenden Wind zurückfahren zu müssen. Geübte Fahrer können den Wind auch für einen Downwinder nutzen und sich von Wind und Wellen zum Einstieg zurückschieben lassen.*

TOUREN

1 „WICKIE-TOUR“
Von Einsiedl nach Flake & zurück.

| **LÄNGE** 12 km | **DAUER** 3-4 h

2 KLEINE RUNDE
Vom Rißbachstollen in Niedernach um die Insel Sassau & zurück.
Windabhängig leicht bis mittel

| **LÄNGE** 5 km | **DAUER** 1,5-2

3 SEEUMRUNDUNG
mit Start und Ziel in Einsiedl.
Konditionell schwer

| **LÄNGE** 24 km | **DAUER** 5-7 h

EIN- & AUSSTIEG

ROUTE 1+3 In Einsiedl links der Mündung des Obernachkanals an der Uferwiese (bei Niedrigwasser Kiesstrand).

ROUTE 2 Niedernach, in der Bucht des Rißbachstollens, je nach Besucherandrang direkt an der Uferstraße.

SUP-VERMIETUNG

1 SUKI WALCHENSEE
Seestr. 10, 82432 Walchensee
Tel. 0159-06 02 56 22
www.suki-walchensee.de

2 SUP WALCHENSEE
Station a.d. Waldschänke in Niedernach
& **SHOP IN JACHENAU**
Setzplatz 12, 83676 Jachenau
Tel. (08043) 91 86 76 & 0171-424 01 98
www.sup-walchensee.de

EINKEHR

1 WALDSCHÄNKE NIEDERNACH

Niedernach 55½, 83676 Jachenau
Tel. (08043) 10 21
April bis Anfang November täglich bis 18 Uhr (Ruhetag Do & Fr)

KLASSIKER Bayerische Brotzeit oder - saisonal - Knödeltris

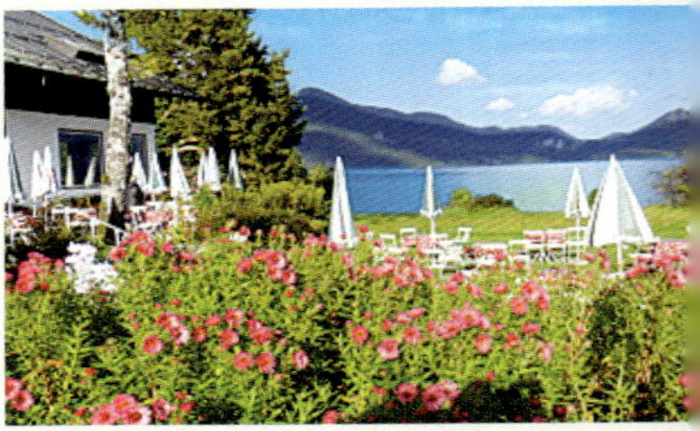

2 STRANDCAFÉ BUCHERER

Seestraße 1, 82432 Walchensee
Tel. (08858) 92 05 93
Mai bis Anfang November bei schönem Wetter 11-17 Uhr, kein Ruhetag

KLASSIKER Hausgemachte Kuchen

ÜBERNACHTUNG

1 CAMPING WALCHENSEE
in Lobisau, 82432 Walchensee
Tel. (08858) 92 91 68
www.camping-walchensee.de

2 GASTHOF EDELTRAUT
Seestr. 90, 82432 Walchensee
Tel. (08858) 262
www.gasthof-edeltraut.de

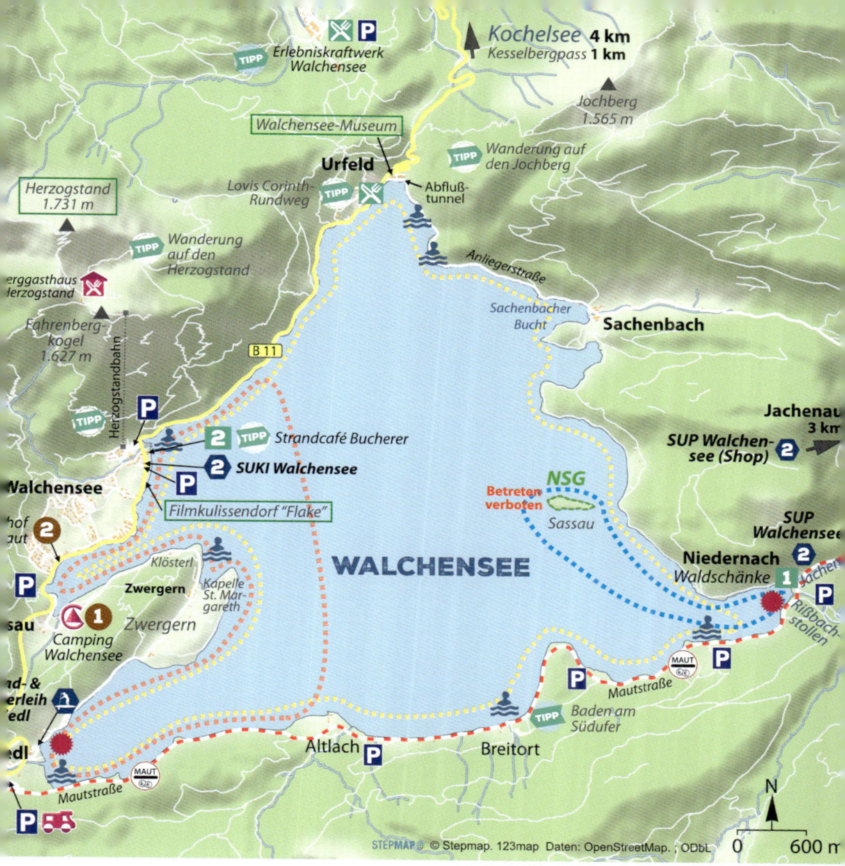

1 WICKI UND DIE STARKEN MÄNNER – NORWEGEN IM KARWENDEL

Der Walchensee ist einer der größten und mit maximal 192 Metern tiefsten deutschen Alpenseen, er bildet mit seiner über 16 Quadratkilometer großen Wasserfläche ein fast gleichschenkliges Dreieck. Wegen seiner Lage in einem Talkessel, der nach Süden von niedrigen Bergen begrenzt wird, ist das Klima hier milder als es die Höhe von 800 Metern erwarten lässt. Das klare Wasser, in das wir bis zu 40 Meter tief hinuntersehen können, besitzt nahezu Trinkwasserqualität und bietet zahlreichen Fischarten gute Lebensbedingungen. Der gesamte See ist einschließlich seiner Uferstreifen Naturschutzgebiet. Auch die einzige Insel, die 13 Meter hohe

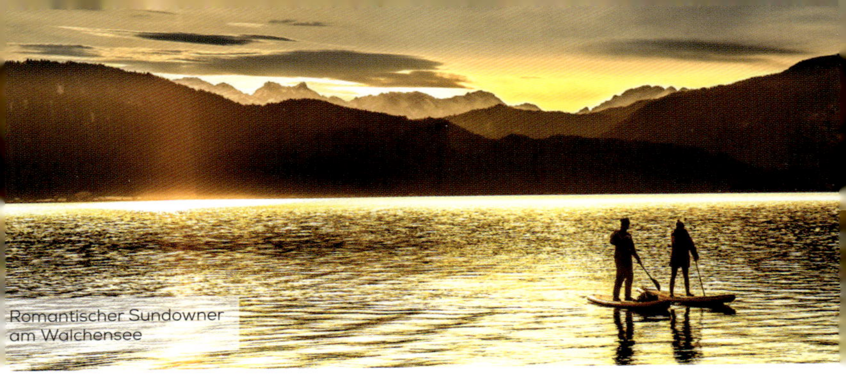
Romantischer Sundowner am Walchensee

Insel Sassau im Ostteil, ist als Naturwaldreservat ganzjährig gesperrt. Zugvögel finden hier Schutz und unter Fachleuten ist sie bekannt für ihre teils über 500 Jahre alten Eiben; selbst am Eibsee gibt es keine so altehrwürdigen Bäume mehr.

Wer sich bei **SUKI WALCHENSEE** 1 ein Board mieten möchte, startet im Ort **WALCHENSEE**. Wir wollen zuerst die westlichen Buchten erkunden und starten dazu in **EINSIEDL**, an der **MÜNDUNG DES OBERNACHKANALS**. Wir empfehlen die Tour am Südufer zu starten, um nicht gegen den aufkommenden Wind zurückfahren zu müssen.

Aus der Bucht heraus geht es am nördlichen Ufer entlang. Leise plätschert das Wasser beim Eintauchen der Paddel. Es ist noch windstill und wir gleiten im Uhrzeigersinn an den saftigen Wiesen und Feldern entlang um die **HALBINSEL ZWERGERN** herum bis zum **CAMPINGPLATZ WALCHENSEE** 1, der romantisch am Waldrand liegt. Davor ist das Wasser flach und hat eine einladend hell-türkise Farbe. Die Wassertemperatur liegt im Sommer zwischen 18 und 23 Grad, ein idealer Urlaubsort für „Wasserratten“und „Bergflöhe“. Etwa 1.500 Meter weiter nördlich sehen wir schon unser erstes Etappenziel im **ORT WALCHENSEE**. Es ist das **WIKINGERDORF FLAKE**, das nachgebaute Heimatdorf des Kinderlieblings “ Wickie“, dem kleinen Wikinger-Filmhelden. Die Filmkulisse wurde 2008 für die Produktion des Michael-Herbig-Films “ Wickie und die starken Männer“ zwischen der Badewiese beim **CAFÉ BUCHERER** 2 und dem Wasserwachtgelände direkt am Seeufer errichtet. Wir legen unsere Boards ab und werfen einen Blick auf die Holzhäuschen und Infotafeln.

Es ist noch früh, wir haben noch Energie und fahren ein Stückchen um die Wette nach Norden. Inzwischen hat die steile, bewaldete Bergflanke des **HERZOGSTANDES** TIPP das flache Ufer abgelöst. Die stark befahrene Uferstraße B 11 stört uns nicht, wir halten Abstand und genießen die Weite des Alpensees.

Ein Fisch springt vor uns aus dem Wasser. Über die Hälfte der Fische im Walchensee sind in ihrem Bestand in Bayern bedroht oder gefährdet. Angeblich gibt es hier auch große Welse. Der Raubfisch und größte Süßwasserfisch Europas wird etwa ein bis eineinhalb Meter lang, es sollen aber auch schon bis zu drei Meter lange Exemplare gemessen worden sein. Obwohl wir wissen, dass kursierende „Horrorgeschichten" in die Welt der Fabeln gehören, überlegen wir für einen Moment, ob wir in diesem See wirklich baden möchten ...

Wir paddeln südwärts über den See zurück in die Bucht nach **EINSIEDL**. Dort beenden wir unsere SUP-Tour, laden die Boards auf und fahren direkt zum **STRANDCAFÉ BUCHERER** 2. Hier lassen wir uns ein leckeres Stückchen Apfelkuchen schmecken. So klingt diese Tour bei herrlichem Blick über den See und das Karwendelgebirge entspannt aus.

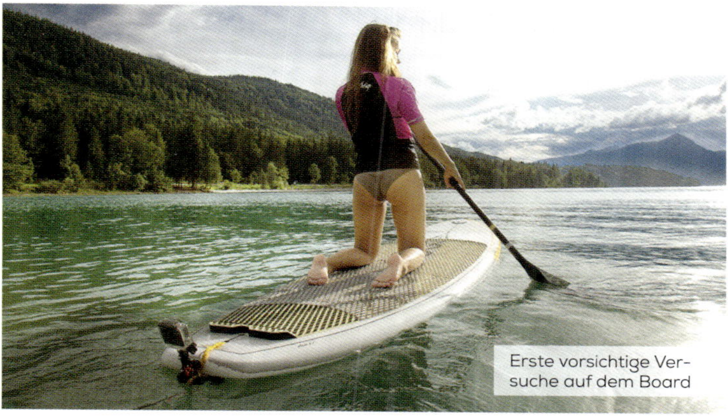

Erste vorsichtige Versuche auf dem Board

2 Eine Alternative anderntags ist die schöne Runde hinaus aus der Bucht vor **NIEDERNACH**, wo der **RISSBACHSTOLLEN** sein trübes Wasser in den klaren Walchensee entlässt. Das vor uns liegende Eiland **SASSAU**, in der Form eines Donnerkeils, umrunden wir. Es ist berühmt wegen seiner 500 Jahre alten Eiben, steht unter Naturschutz und ist unbewohnt. Das war nicht immer so. Im Dreißigjährigen Krieg bot es beim Einfall der Schweden den Angehörigen des Klosters Benediktbeuern Schutz und Zuflucht.

Die neben der Vermietstation von **„SUP WALCHENSEE"** 2 gelegene **WALDSCHÄNKE NIEDERNACH** 1, ein sympathisches Ausflugslokal mit Biergarten, ist sicherlich ein lohnender Abschluss der kleinen Tour.

WASSERKRAFT AM WALCHENSEE

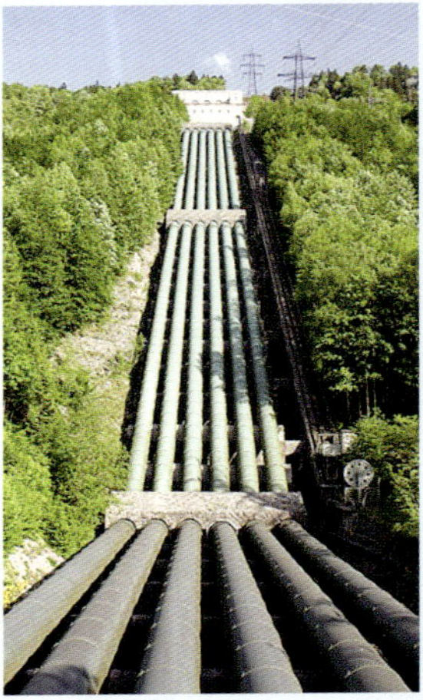

WASSERSCHLOSS UND DRUCKROHRE DES WALCHENSEE KRAFTWERKS

Seit 1924 dient der Walchensee als Vorratsspeicher für die Stromerzeugung. Die natürlichen Zuflüsse reichten allerdings nie aus, um genügend Wasser für den Betrieb des Walchenseekraftwerks bereitzustellen. Daher wurden zusätzliche Kanäle, Stollen und Stauwehre errichtet. Vorrangig werden die beiden Flüsse Isar und Rißbach angezapft, um mehr Wasser in den See einzuleiten.

Die Isar fließt, von Österreich kommend, auf den Walchensee zu, bevor sie nach Osten abknickt. Unterhalb von Mittenwald wird sie im Isarstausee Krün um fünf Meter aufgestaut und erst oberirdisch, dann versteckt und teilweise durch Druckstollen bis nach Obernach im Südwesten des Walchensees geleitet. Von der Isar werden bis zu 25 m^3/s Wasser entnommen und in den See geleitet, ein Teil davon durchfließt an der Mündung des Obernachstollen bereits ein Laufkraftwerk.

Der Rißbach mündet sieben Kilometer südöstlich vom Walchensee bei Vorderriß in die Isar. Seit 1951 überbrückt der Rißbachstollen von hier bis zum Südostzipfel des Sees bei Niedernach diese 7 Kilometer. Er entnimmt dem Rißbach bis zu 12 m^3/s Wasser und leitet es in den Walchensee. Auch hier wird das zugeleitete Wasser durch ein kleines Laufkraftwerk genutzt.

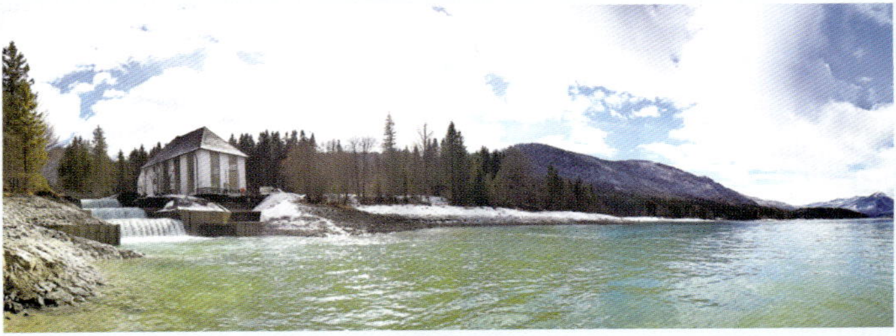

LAUFKRAFTWERK AM RISSBACHSTOLLEN IN DER NIEDERNACHBUCHT

Zusätzlich wird in Niedernach seit 1924 der natürliche Ablauf des Walchensees - die Jachen - durch ein Wehr gesperrt, um auch dieses Wasser dem Speicherkraftwerk im Norden des Sees zur Verfügung zu stellen. Das Speicherkraftwerk darf den Wasserspiegel durch den Abfluss in den sechs Rohren um bis zu sechs Meter senken. Um den Tourismus nicht zu beeinflussen, werden dem See aber nur in den Wintermonaten größere Mengen Wasser zur Stromerzeugung entnommen.

Der Verein „Rettet die Isar jetzt" setzt sich für eine Neuregelung mit Restwassermengen und freier Fischwanderung ein, um die Gewässerökologie sicherzustellen. Im Jahre 2020 wurde nun die Beendigung der Betriebserlaubnis angekündigt - 2030 läuft die Konzession für das Kraftwerk aus.

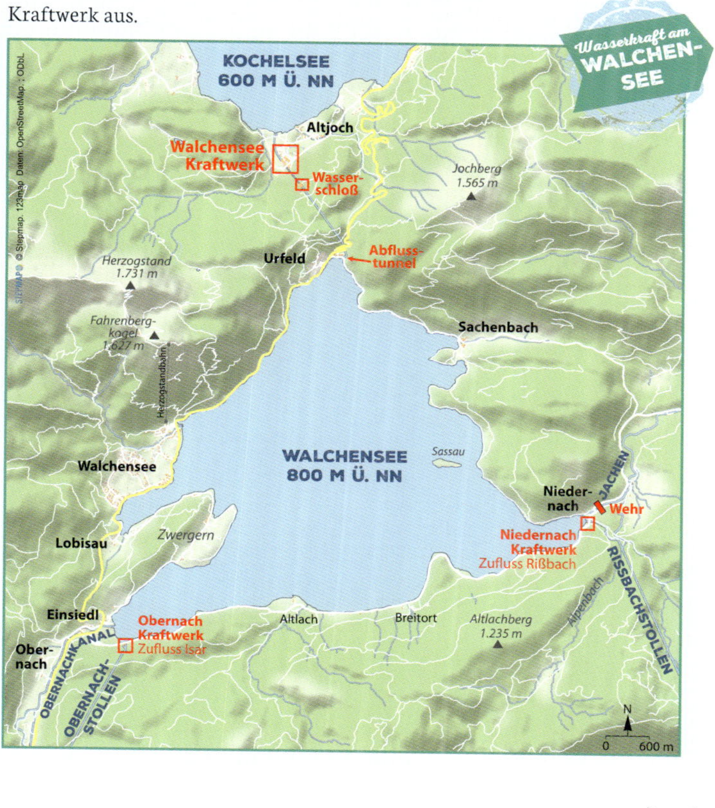

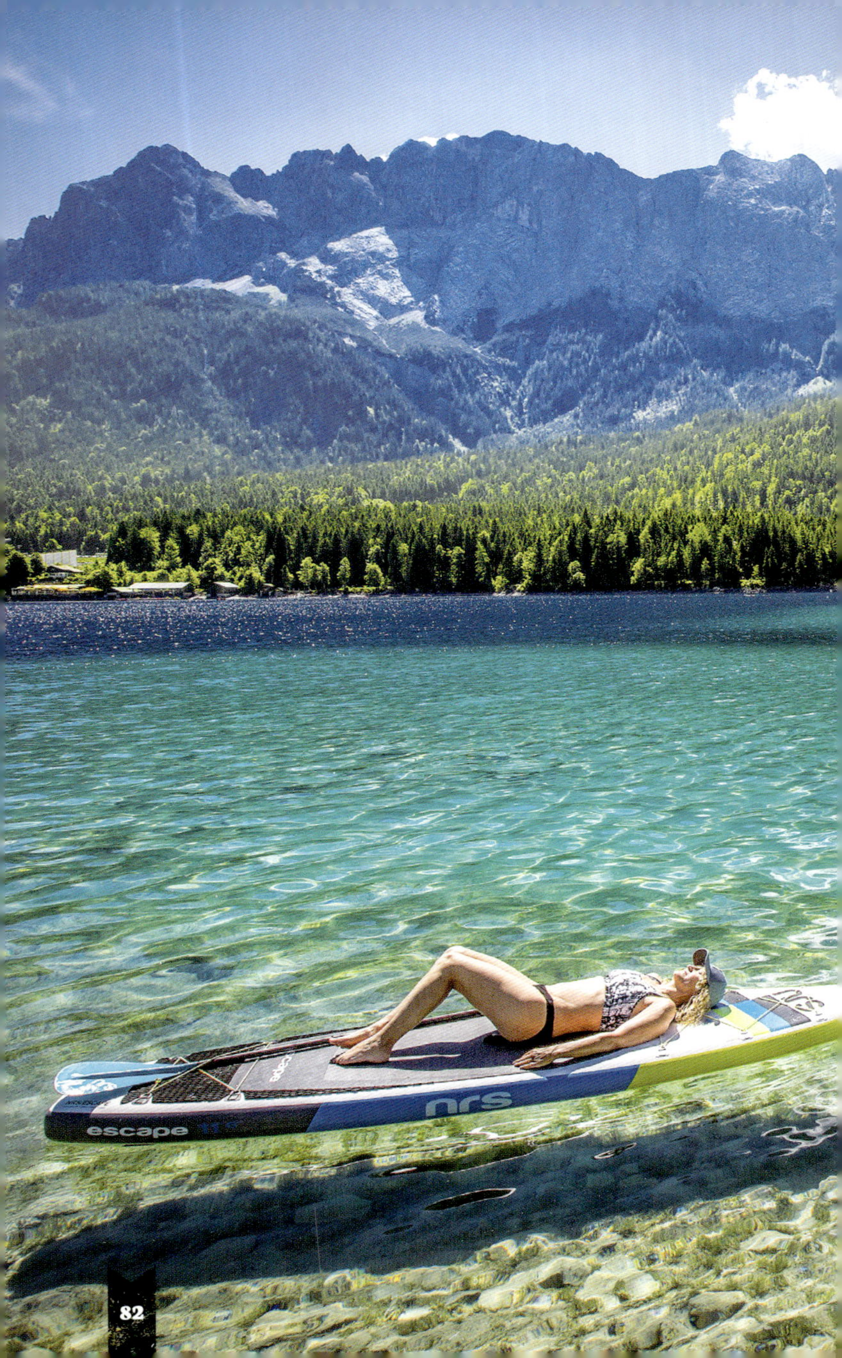
nrs
escape

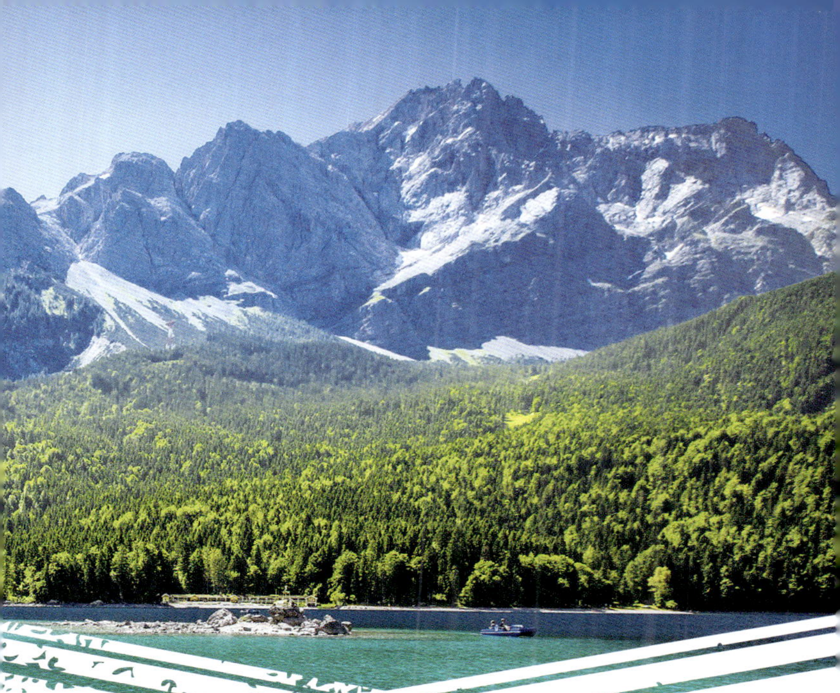

EIBSEE

ANSPRUCH | EINKEHR

Genuß pur! Zu Füßen Deutschlands höchstem Berg liegt ein Seewinzling mit nur 1,8 Quadratkilometern Fläche und acht Kilometern Uferlänge. Die Umrundung des Juwels lohnt sich wegen der acht bildhübschen Inselchen, den unglaublichen Felswänden und dem türkisfarbenen Wasser. Nur recht früh sollte man kommen – dann hat man die Idylle noch fast für sich allein.

WIND & WETTER

Aufgrund der eingekesselten Lage des Sees unterhalb des Zugspitzmassivs oft nicht vorhersehbar.

BEFAHRUNGSREGELN

Keine. Der See ist Privatbesitz der Familie Terne-Rieppel, die auch Eigentümer des Eibsee-Hotels sind.

ANFAHRT MIT DEM PKW

Auf der A 95 nach Garmisch-Partenkirchen, weiter auf der Bundesstraße B 2, dann auf der B 23 durch Garmisch und weiter nach Grainau. Auf der Eibseestraße geht es dann bis zum See.
Fahrtzeit ab München ca. 1:30 h.

PARKEN

Am Eibsee 1, PKW: Early Bird 5-9.30 Uhr 2 €, bis 4 Std. 7 €, jede weitere Std 1 €. Nachtparkverbot! Für Autos über 2,10 m Höhe gibt es keine Parkmöglichkeit.

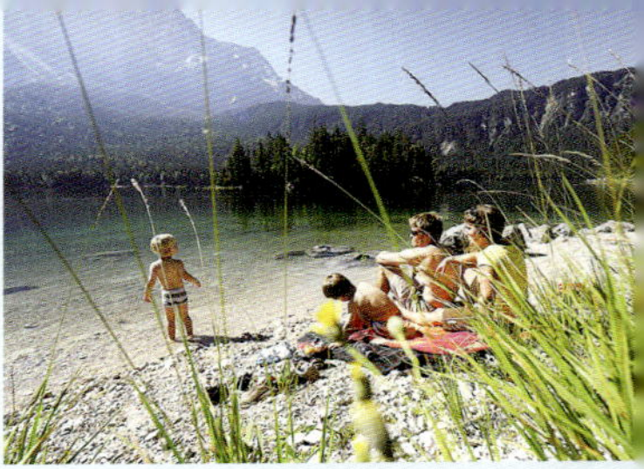

ANFAHRT MIT ÖPNV

Mit der RB bis Garmisch oder Grainau, weiter mit Eibsee-Bus oder Zugspitzbahn zum Eibsee (Bushaltestelle 100 m, Zugspitzbahnhof 300 m vom See entfernt). Fahrtzeit ab München Hbf etwa 2 h.

BADEN

Am Rundweg um den See malerische Buchten und reizvolle Freibadeplätze mit steinigem Ufer. Die Wassertemperatur liegt jedoch selten über 20 Grad Celsius.

SÜDOSTUFER – Besonders schön ist es gleich nach dem Frillensee.

BRAXENBUCHT – Am Nordufer FKK-Baden.

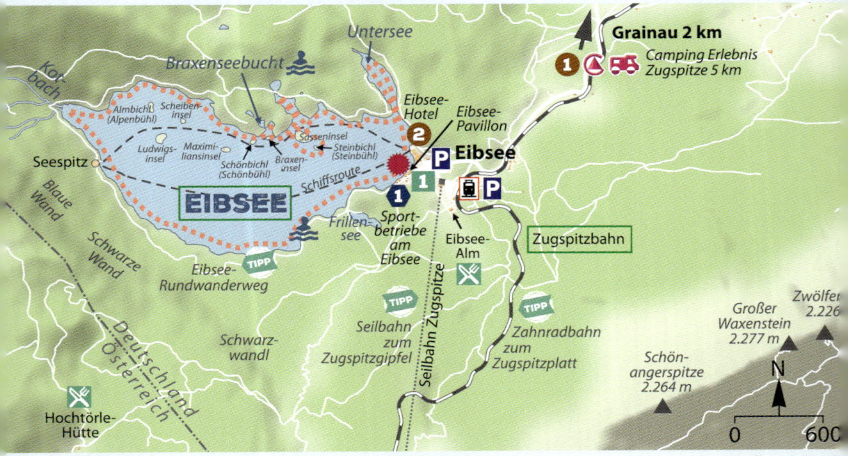

EXTRA-TIPPS

» Die neue **Seilbahn Zugspitze** (Eröffnung Dez 2017) zum **Zugspitzgipfel** (Einkehr) mit rundum verglasten Gondeln lädt zum Gipfeltreffen ein. Die Bahn der Superlative stellt drei Weltrekorde auf »1. Von der einzigen Stütze bis zur Bergstation sind es 3.213 Meter Entfernung. »2. Diese Stütze hat eine Höhe von 127 Metern. »3. Der Höhenunterschied zwischen Tal- und Bergstation beträgt 1.945 Meter.

» Auch ein Erlebnis – **Fahrt mit der Zugspitzbahn** (Zahnradbahn), teils durch einen Tunnel, zum **Zugspitzplatt** (Einkehr), dem einzigen Gletscher Deutschlands.

» **Spaziergang** in traumhafter Kulisse **rund um den Eibsee** (7,5 km, 1,5–2 h). **Seeumrundung** mit Untersee (ca. 8,5 km, 2–2,5 h)

TOUREN

1 SEEUMRUNDUNG

Eibsee-Umrundung mit Untersee.

| LÄNGE 7 km | DAUER 2–3 h

EIN- & AUSSTIEG

Beim öffentlichen Parkplatz zwischen Eibsee-Hotel und Eibsee-Pavillon

SUP-VERMIETUNG

1 SPORTBETRIEBE AM EIBSEE
Seeweg 2 am Eibsee (82491 Grainau)
Tel. (08821) 89 13
www.eibsee.de

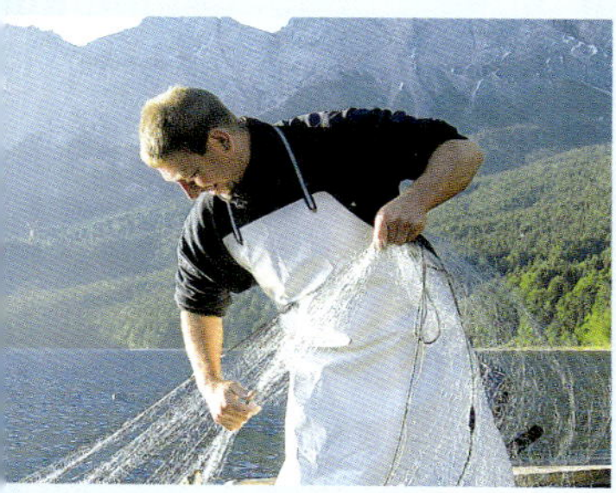

EINKEHR

1 EIBSEE-PAVILLON

Seeweg 2 am Eibsee (82491 Grainau)
Tel. (08821) 89 13
www.eibsee.de
Ende April – Anfang Nov, täglich

KLASSIKER Steckerlfisch

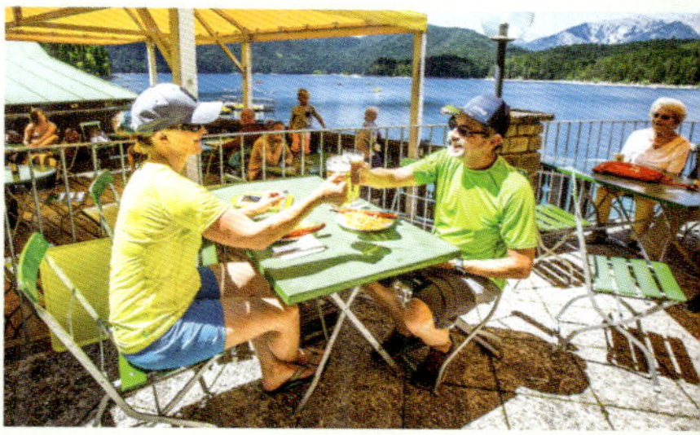

ÜBERNACHTUNG

1 CAMPING ERLEBNIS ZUGSPITZE
in Grainau (5 km entfernt), Tel. (08821) 943 91 11, www.pure-camping.de

2 EIBSEE-HOTEL
direkt am Eibsee (hochpreisig), Tel. (08821) 98 810, www.eibsee-hotel.de

1 BERGPFÜTZE MIT KARIBIKFLAIR

Der kristallklare **EIBSEE** empfängt seine Besucher mit gekonnt touristischer Logistik. Vom Parkplatz tragen wir die Boards rund 100 Meter bis zum **STRAND**, vorbei an Hotel, Kiosk und Bootsvermietung. Auf dem Wasser herrscht morgens noch Ruhe, während auf dem **UFERRUNDWEG** TIPP die ersten Gäste schon nach der perfekten Badebucht suchen.

Wir befinden uns auf 1.000 Metern Höhe und paddeln direkt am Fuß der **ZUGSPITZE**. Entlang des Südufers wird es schnell still an der steilen Flanke des höchsten deutschen Bergmassivs. Mitten in der herrlichen Alpenlandschaft fahren wir bis zum westlichen Ende des Sees und genießen die Ruhe, denn der Eibsee ist nur bei der Hotelanlange mit der Welt verbunden. Jetzt fühlen wir uns weit weg vom Trubel und erkunden die acht kleinen Inseln, von denen jede anders und die meisten bewachsen sind.

Der **EIBSEE** entstand zwar wie die anderen Voralpenseen durch den Rückzug des Isar-Loisach-Gletschers am Ende der letzten Eiszeit, die jetzige Form und die Inseln formierten sich aber erst viel später durch einen enormen Felssturz. Vor rund 3.500 Jahren stürzte ein gewaltiges Stück Berg mit einer Flughöhe von vermutlich 1.400 Metern in die Senke des Sees. Die kleinen Inseln sind – was äußerst selten ist – also jünger als der See selbst.

Berühmt ist die **MAXIMILIANSINSEL**, denn auf ihr konnten verliebte Paare bis 2015 standesamtlich heiraten. Dazu musste die ganze Hochzeitsgesellschaft mit Ruderbooten auf die kleine Insel übersetzen. Aus Kostengründen hat die

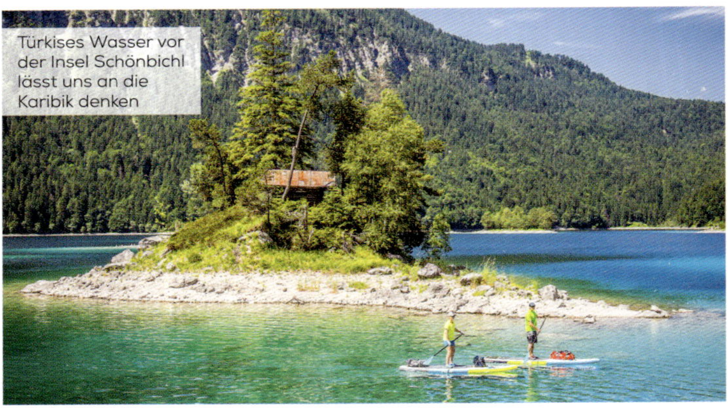

Türkises Wasser vor der Insel Schönbichl lässt uns an die Karibik denken

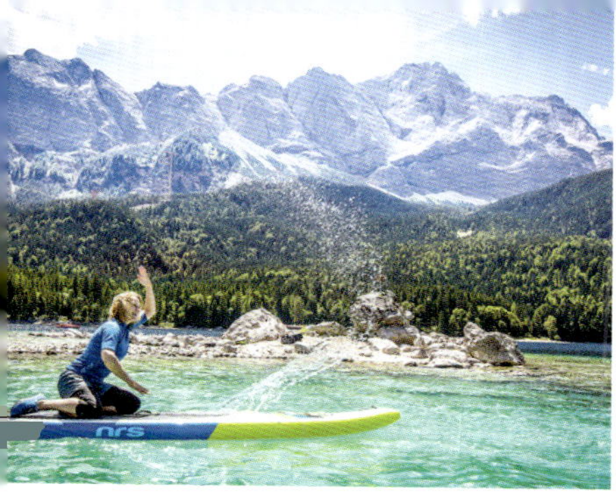

Gemeinde die romantische Inseltrauung wieder abgeschafft, rauschende Hochzeitsfeiern finden aber weiterhin vor malerischem Hintergrund im **EIBSEE-HOTEL** 2 statt.

Zwei Buchten locken zum Besuch. Wir entscheiden uns jedoch für eine Brotzeitpause auf der größten Insel, der bewaldeten **SASSENINSEL**. Vor uns liegt ein flacher Steinhaufen im Wasser, die Steinbühl. Was dort von einem Pfahl zu uns herüberschaut, sieht nach einem Frosch aus. Und tatsächlich, als die Neugier uns dort anlanden lässt, erkennen wir einen stehpaddelnden Metallfrosch, der offenbar auf die Freizeitpaddler aufpasst.

Nach einer letzten Badepause, die im aufkommenden Wind sehr erfrischend ist, paddeln wir uns auf dem Weg zum Untersee wieder warm. Der **UNTERSEE** ist optisch durch eine Fußgängerbrücke vom restlichen Wasser abgetrennt und dadurch leicht zu erkennen. Unter der Brücke ist es flach, die Finnen laufen auf und wir steigen kurz ab, um die Boards anzulupfen. Bis hierhin hat der Wind es nicht geschafft, das glasklare Wasser gibt den Blick in die Tiefe frei und insbesondere auf dem Rückweg ist der Blick einzigartig. Die Wasserfarbe lässt uns an tropische Länder denken – die Karibik kommt uns in den Sinn.

Am Berg ist die 127 Meter hohe und einzige Stütze der erst im Dezember 2017 neueröffneten **SEILBAHN ZUGSPITZE** TIPP zu Deutschlands höchstem Gipfel nicht zu übersehen. Der Bau der Rekord-Bahn hat 50 Millionen Euro gekostet und ist ganzjährig im Betrieb, damit winteraktive Menschen am Gletscher Skifahren und Rodeln können.

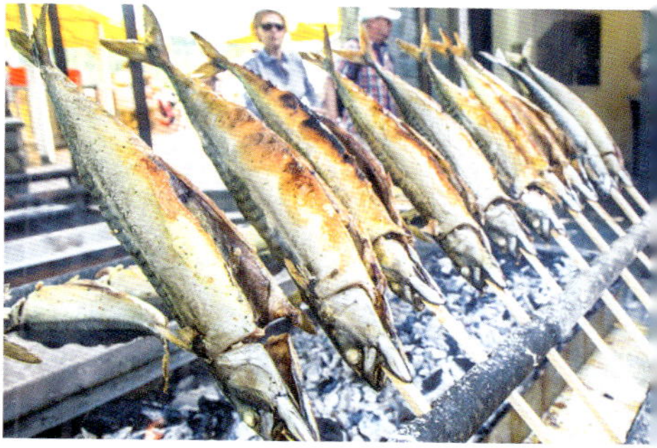

Noch einmal waten wir im flachen Wasser unter der Brücke hindurch und dann geht's geradeaus zurück zum Start. Im Biergarten **EIBSEE-PAVILLON** 1 drüben wartet schon der dekorativ über dem Holzgrill aufgesteckte Steckerlfisch auf uns.

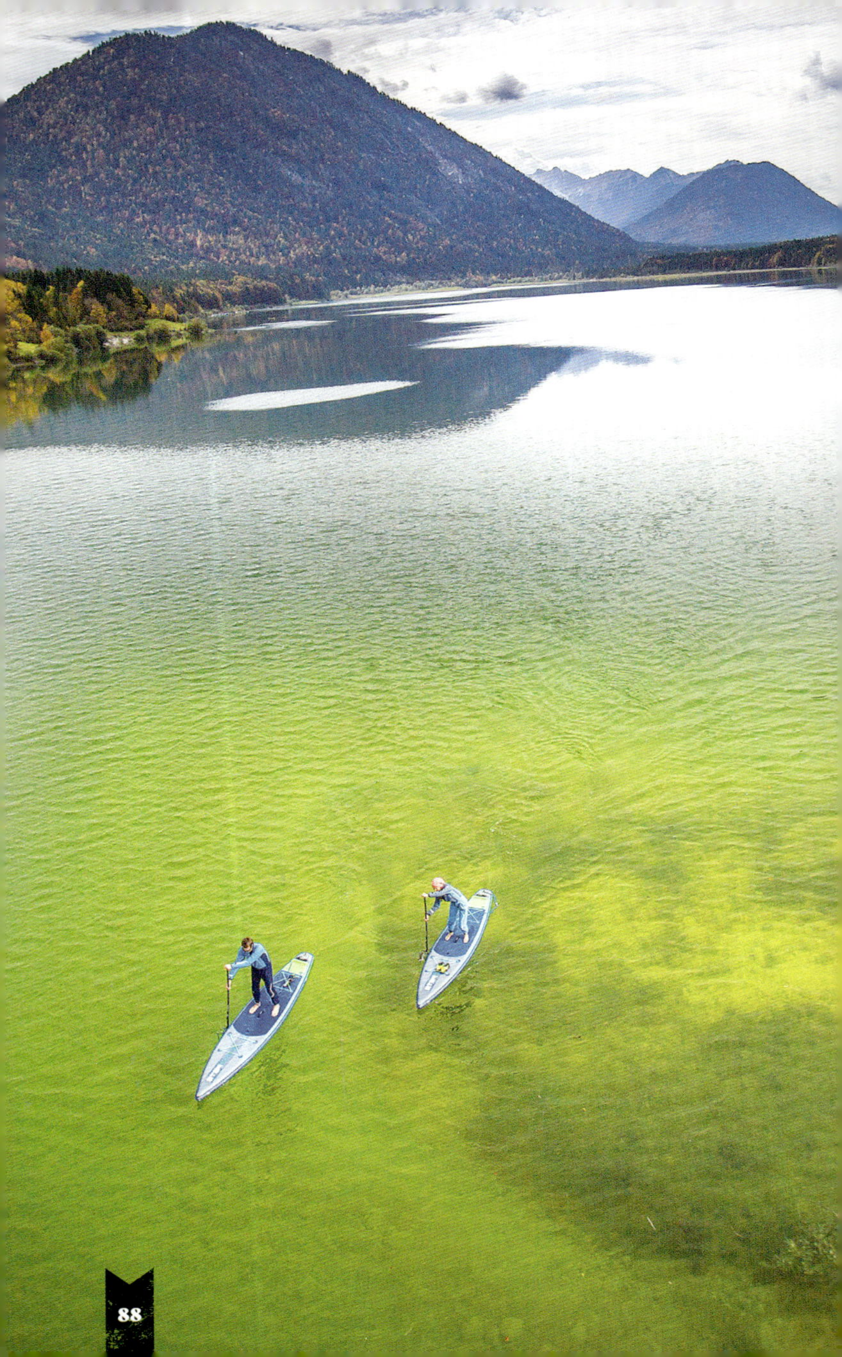

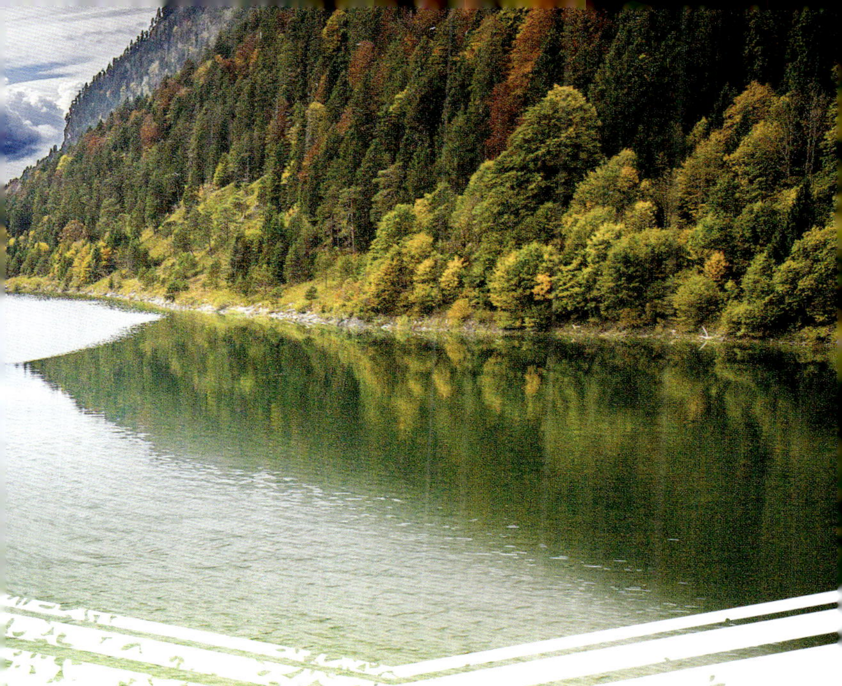

SYLVENSTEIN-STAUSEE

ANSPRUCH

EINKEHR

Ein fjordartiger künstlicher Stausee in Postkarten-Alpenkulisse, dessen drei Arme (Isar, Walchen, Dürrach) auf ihre eigene Weise so unterschiedlich sind. Am reizvollsten sind die jeweiligen Enden, wobei die Isar mit ihrem breiten Delta aus Kiesinseln und -bänken besonders hervorsticht. Die hervorragende Wasserqualität führt zu Sichttiefen von bis zu fünf Metern.

WIND & WETTER

Aufgrund der Verzweigung des Sees keine klare Windrichtung.

BEFAHRUNGSREGELN

In Staudamm-Nähe ist ein Befahren untersagt (Balkensperre).

ANFAHRT MIT DEM PKW

Auf der A 8 bis zur Ausfahrt Holzkirchen, weiter auf der B 13 über Bad Tölz, und Lenggries bis zur Staumauer. Dort rechts auf die B 307 Richtung Fall und gleich hinter der Brücke über den Sylvensteinstausee links zum ersten Parkplatz. (Fahrtzeit ab München rund 1:15 h).

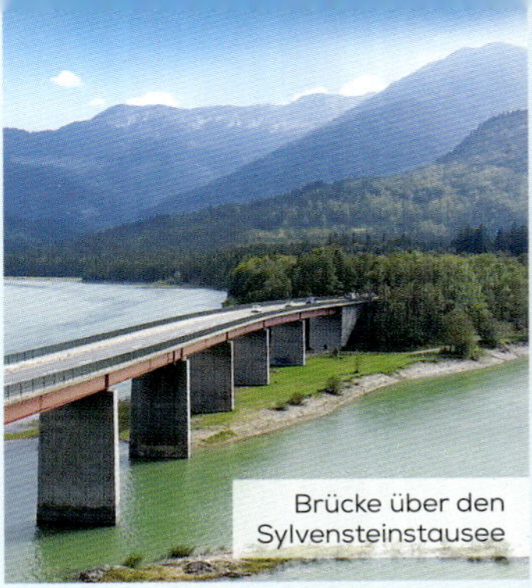
Brücke über den Sylvensteinstausee

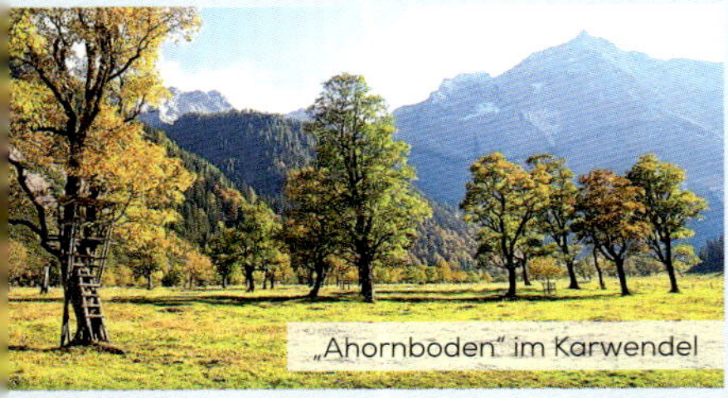
„Ahornboden" im Karwendel

PARKEN

Öffentlicher, gebührenpflichtiger Parkplatz an der B 307 beim Ort Fall.

ANFAHRT MIT ÖPNV

Nur Juni - ca. 10. Okt: Bahn bis Lenggries Bf, weiter mit Bergsteigerbus Linie 9569 bis Haltestelle "Fall Abzw. (B 307)". Fahrtzeit ab München Hbf ca. 1:30 h. Infos: www.bahn.de & www.rvo-bus.de

BADEN

Öffentlicher Badestrand nahe der Ortschaft Fall. Schöne Badestellen im Isardelta auf flachen Kiesbänken.

SEHENSWERT

» Naturdenkmal **Walchenklamm** - die geheime Klamm zwischen Achensee und Sylvensteinsee, gut versteckt im Wald.

» Stop an der **Staumauer** (1959) mit phantastischem **Blick über den See**.

TIPP EXTRA-TIPPS

» **Wanderung** vom östlichen Ende des Sees (Parkplatz Tölzer Land an der B 307) auf den nördlich gelegenen **Aussichtsgipfel Hochalm** (1.428 m, keine Einkehr) mit großartiger Aussicht (3,7 km, Auf- & Abstieg 3,5h, 650 Höhenmeter).

» Abstecher mit dem Pkw über Vorderriß zum landschaftlich beeindruckenden "**Ahornboden**" im hinteren Rißbachtal. Die alten Berg-Ahornbestände sind Teil eines tirolerisch-bayerischen Landschafts- und Naturschutzgebietes.

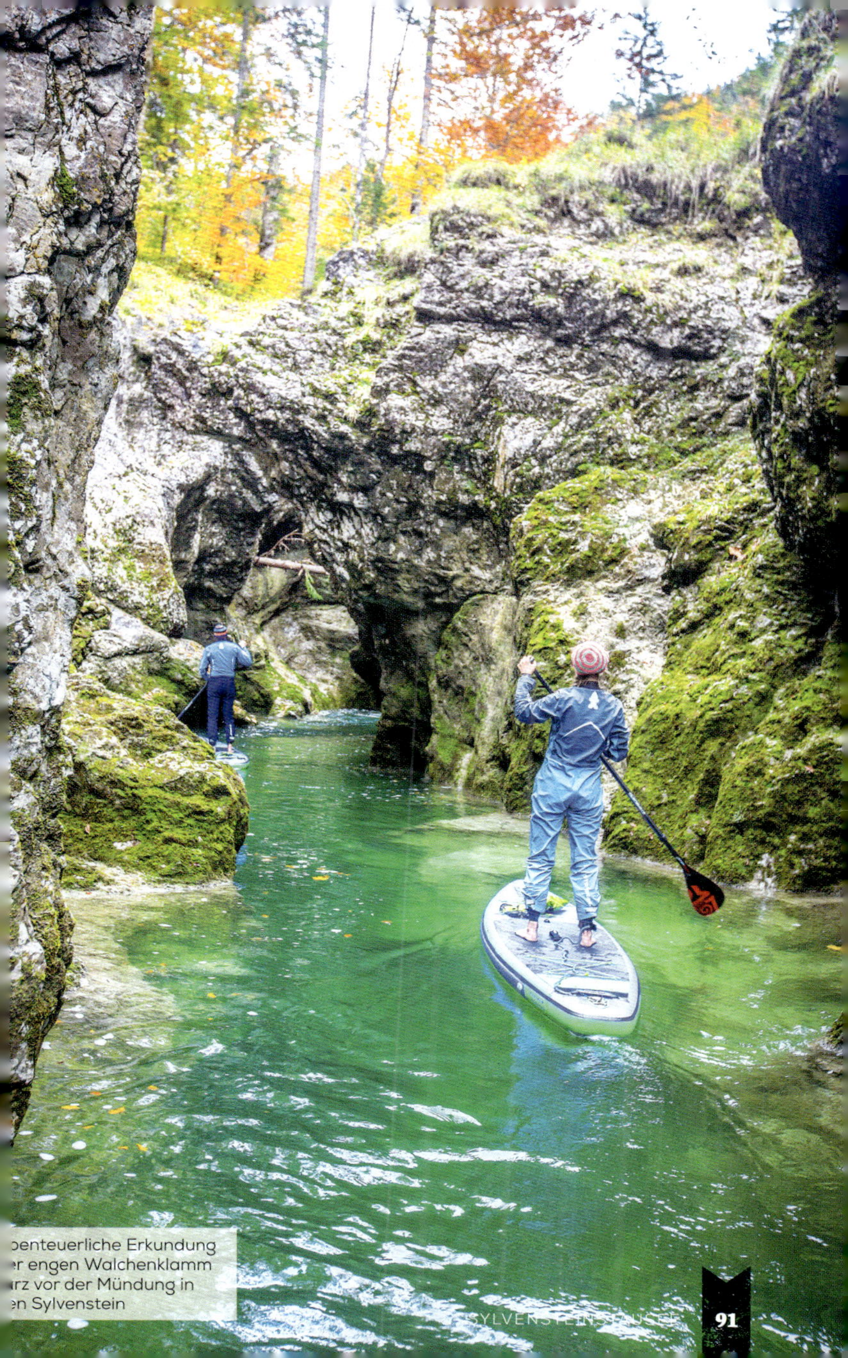

benteuerliche Erkundung
er engen Walchenklamm
urz vor der Mündung in
en Sylvenstein

TOUREN

1 OSTRUNDE AUF DEM SPEICHERSEE

Von Fall südwärts zur Dürrach-Mündung, dann ganz nach Osten zur Mündung der Walchen und zurück.

| **LÄNGE** 13,5 km | **DAUER** 4–5 h

2 KLEINE WESTRUNDE

Vom Startpunkt unter der Sylvensteinbrücke (Faller-Klamm-Brücke) hindurch in den westlichen Teil des Sees bis zu den Isarauen und retour.

| **LÄNGE** 6,5 km | **DAUER** 2–2,5 h

EIN- & AUSSTIEG

Unterhalb der Sylvensteinbrücke an der B 307 beim Ort Fall.

SUP-VERMIETUNG

1 ALRIDE
auch Kurse auf dem Sylvensteinsee
Bergbahnstr. 1, 83661 Lenggries
Tel. 0178-187 84 09
www.alride.de

2 AKADEMIE AKTIV
Ludwig-Ganghofer-Str. 8, 83661 Lenggries-Fall, Tel. (08045) 134 23 & 0151-27 18 62 02, www.akademie-aktiv.de

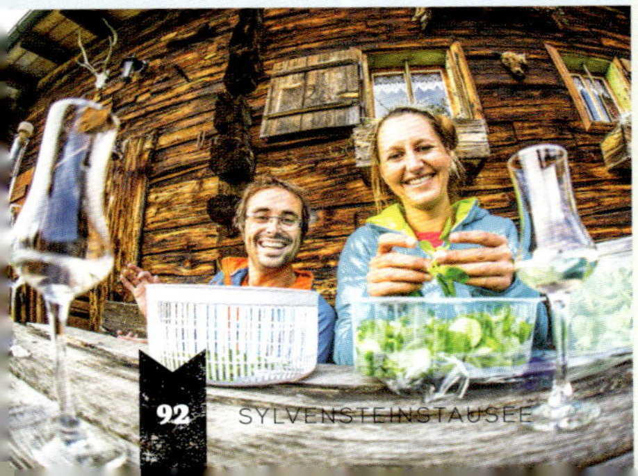

EINKEHR

1 JÄGER VON FALL
Ludwig-Ganghofer-Str. 8
83661 Lenggries-Fall, Tel. (08045) 130
www.jaeger-von-fall.de
Ganzjährig & täglich geöffnet

KLASSIKER Bayerische Schmankerl wie Brotzeitteller oder Obazda mit Brez'n

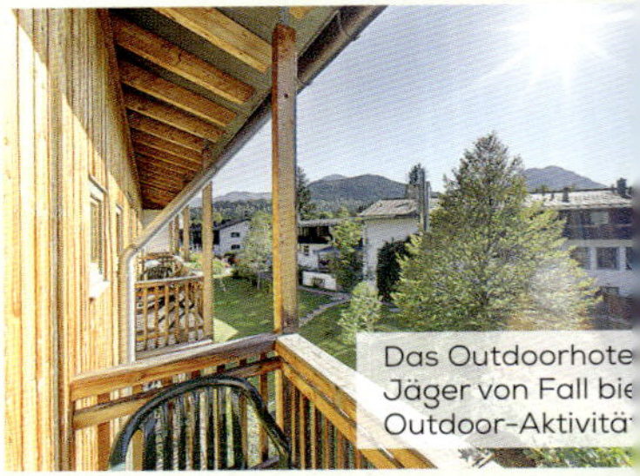

Das Outdoorhote
Jäger von Fall bie
Outdoor-Aktivitä

2 GASTHAUS FALLER HOF
Gasthaus B&B, Schöttlstr. 1 in Fall
Tel. (08045) 915 96 90
www.fallerhof-sylvensteinsee.de
Do-So 12-19 Uhr

KLASSIKER Schweinsbraten und andere Leckereien aus den Alpenländern

ÜBERNACHTUNG

1 OUTDOOR-HOTEL JÄGER VON FALL Adresse siehe oben

2 GASTHAUS FALLER HOF B&B
günstige Zimmer & Touristenlager
Adresse siehe oben

WOHNMOBILSTELLPLATZ
(WC) auf Waldparkplatz (Dürrachstr.)

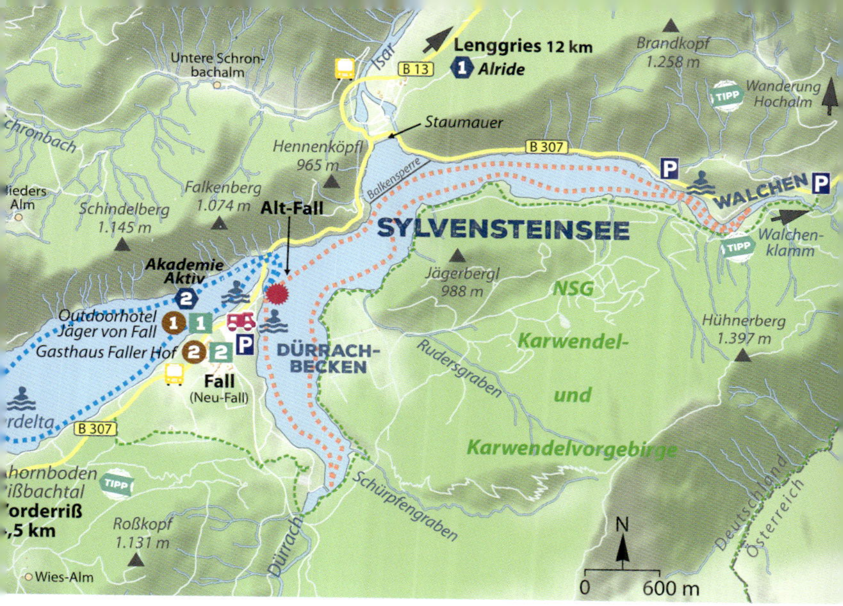

1 EIN STAUSEE MIT GESCHICHTE

Am früheren Zusammenfluss von Isar, Dürrach und Walchen schmiegt sich der Sylvensteinspeicher ins voralpine Karwendelgebirge. Der langgezogene fjordähnliche Stausee wurde in den 50er Jahren zur Wassermengenregulierung und Stromerzeugung gebaut. Die Staumauer ist bis zu 44 Meter hoch und entlässt stets eine Restwassermenge ins Isarflussbett, in dem das Wasser der drei Flüsse sich auf seinen Weg gen Norden in Richtung München aufmacht.

Wir parken unser Auto kurz vor dem Dörfchen **FALL**, von München kommend, direkt hinter der Brücke über den See (Faller-Klamm-Brücke) linksseitig, auf dem **PARKPLATZ** für Ausflügler und Touristen. Unter der Brücke konnte man im Winter 2015 bei einem Seeablass das ehemalige Dorf Alt-Fall bewundern, das 1959 im neu angelegten Stausee unterging. Damals wohnten dort hauptsächlich Forstarbeiter von denen sich einer gar weigerte, sein Haus

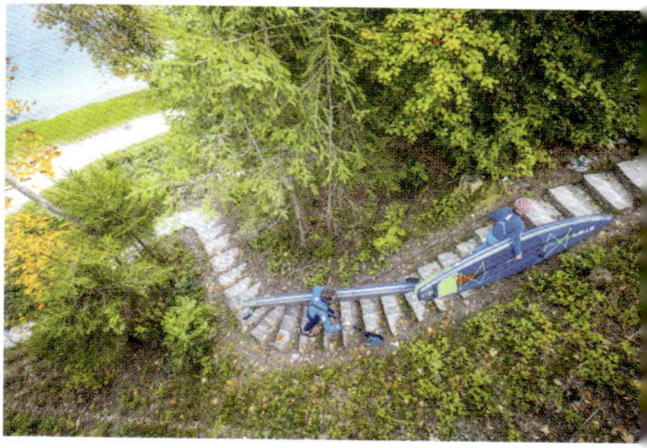

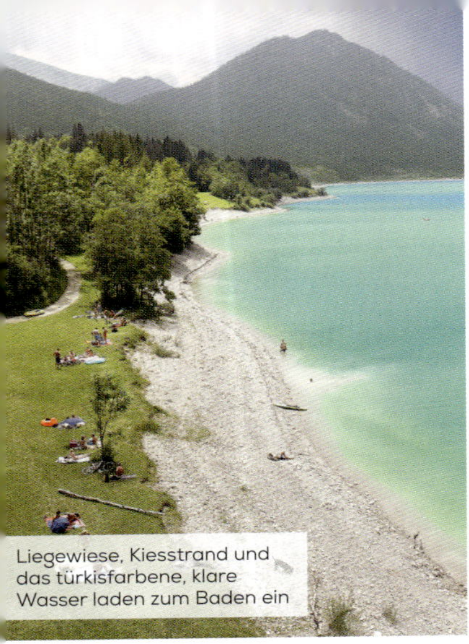
Liegewiese, Kiesstrand und das türkisfarbene, klare Wasser laden zum Baden ein

zu verlassen. Er wurde vor der Flutung des Sees zwangsweise aus dem Obergeschoß geholt. Das neue Dorf wurde einhundert Meter oberhalb wieder aufgebaut und lockt seither mit seiner kleinen Kirche und der malerischen Alpenkulisse die Touristen an.

Bald nach dem **START** schauen wir hinunter ins glasklare Wasser - ob wir wohl die Reste der Grundmauern von Alt-Fall am Seeboden erkennen können? Aber das Wasser ist zu tief. Wie die Isar wohl früher hier ausgeschaut hat? Immerhin verdankte der ursprüngliche Ort seinen Namen einem Wasserfall - der Faller Klamm - die direkt neben dem Ort lag und an der die Dürrach mündete. Das tiefgrüne Wasser harmoniert Ton in Ton mit dem dicht bewaldeten Ufer und dem zartblauen Himmel, unterbrochen nur von einem schmalen Streifen Strand. Im Hochsommer wird das Wasser bis zu 22 Grad warm und lockt so manchen zu einer Pause.

Unser heutiges Ziel sind die Mündungen von Dürrach und Walchen. Während die Dürrach südlich von Fall in einem breiten Kiesbett im See ankommt, windet sich der Walchen in einer schmalen, verlockenden Klamm in den östlichen Teil des Sees.

Wir fühlen uns ein bisschen wie auf einem norwegischen Fjord, alleine auf dem Wasser, rechts und links bewaldete Berge, hin und wieder springt ein Fisch. Am Westufer des **DÜRRACHBECKENS** entlang paddeln wir nach Süden der **DÜRRACH** entgegen. Beim Näherkommen erkennen wir ein fast leeres Flussbett, denn das Wasser wird seit 1951 von der Tiroler Wasser AG größtenteils zum Achensee-Kraftwerk abgeleitet. Der Verein "Rettet die Isar jetzt" bemüht sich seit Jahren um eine Teilrückleitung und die Umsetzung der "Europäischen Wasserrahmenrichtlinie", auch damit die Fische wieder flussauf und -ab wandern können.

Wir bleiben im tiefen Wasser, drehen Richtung Norden und biegen zwei Kilometer weiter nach Osten. Bis zur Mündung des **WALCHEN** sind es von hier noch gut vier Kilometer. Der See wird schlauchförmig und immer schmaler, bis wir an einer Holzbarriere ankommen, die hier den ganzen See auf einer Breite von nur noch rund 50 Metern überspannt. Die Barriere soll den See vor Treibholz schützen, das der Walchen bei Hochwasser mitführt.

Am linken Ufer können wir die Barriere gut umheben. Im Zickzack geht es nun um das Treibholz herum und allmählich spüren wir eine leichte Gegenströmung. Der Ausgang der **WALCHENKLAMM** TIPP liegt direkt vor uns. Ob wir wirklich reinfahren sollen? Es ist zu verlockend und erscheint uns ungefährlich, da die Strömung schwach ist. Also paddeln wir mit unseren Boards in die Felsklamm hinein und mit jedem Paddelschlag freuen wir uns mehr über dieses Highlight. Grünes, feuchtes Moos bedeckt die Felsterrassen, die uns rechts und links umschließen. Nach rund 200 Metern versperrt ein kleiner Wasserfall den Weg.

Ein Umdrehen ist ganz und gar unmöglich, es ist einfach zu schmal! Im Rückwärtsgang geht es bis zur nächsten Auskolkung, in der wir endlich wenden können. Beeindruckt von der kleinen Klamm paddeln wir die fünf Kilometer zu unserem Ausgangspunkt in **FALL** zurück und genießen dabei den seltenen Rückenwind. Nach unserer Tour kehren wir im **JÄGER VON FALL** 1 ein und schmieden Pläne für einen anderen Tag.

2 Denn eine schöne Alternative wäre, den westlichen Teil des Sees zu erkunden. Das weit verzweigte **MÜNDUNGSDELTA** der mäandernden **ISAR** lockt mit seinem türkisen Wasser und feinen Kiesstränden.

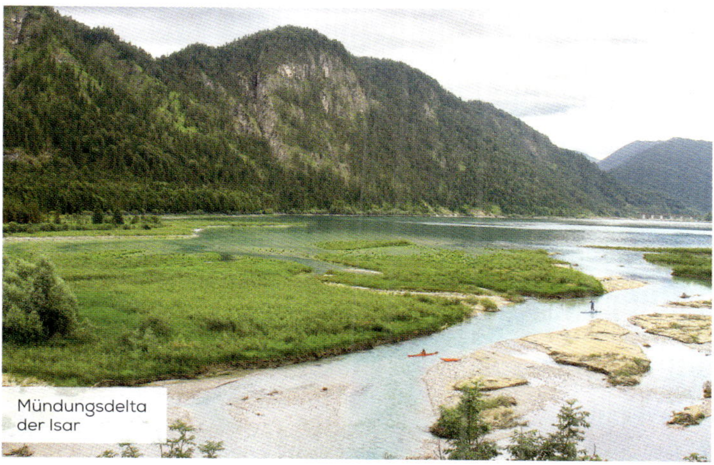

Mündungsdelta der Isar

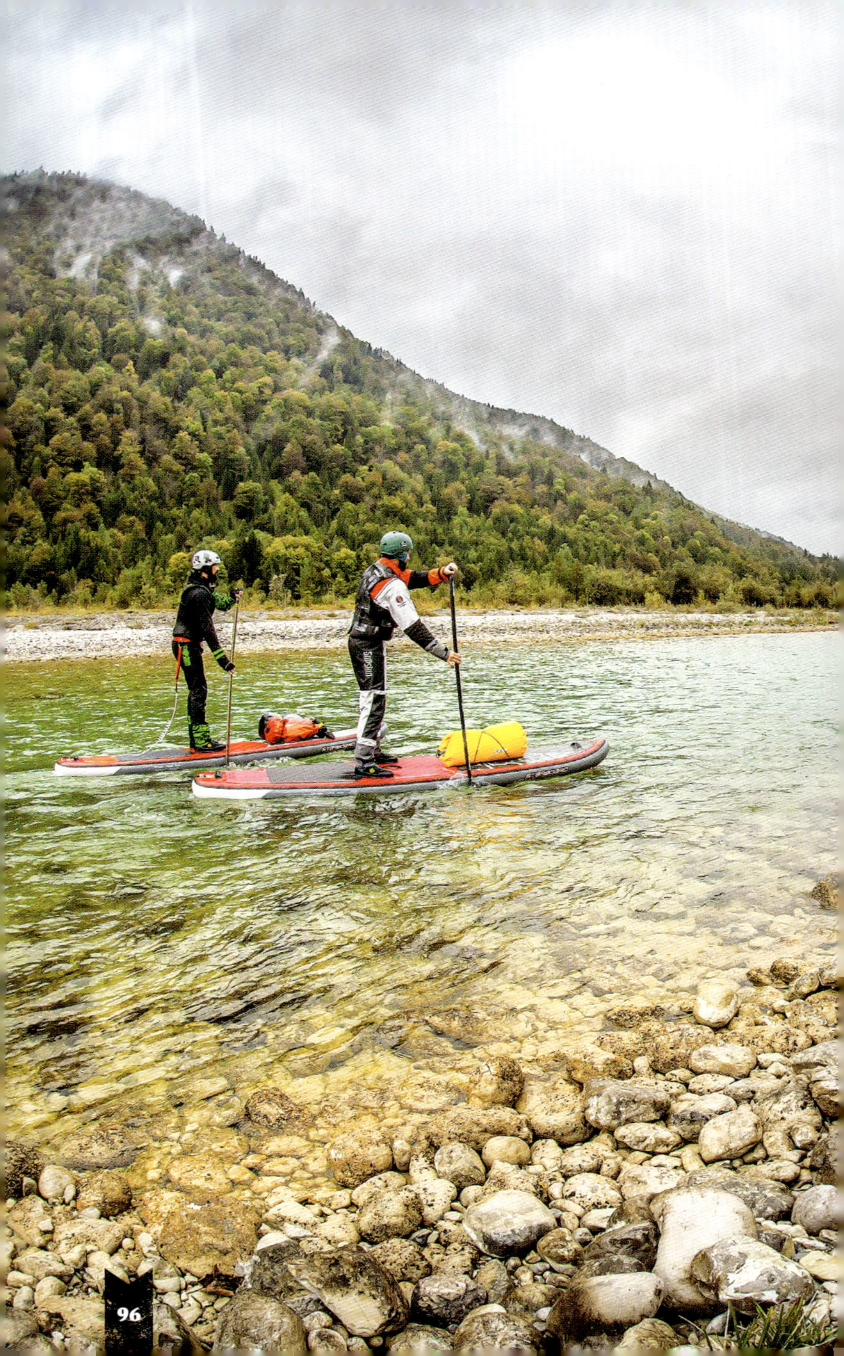

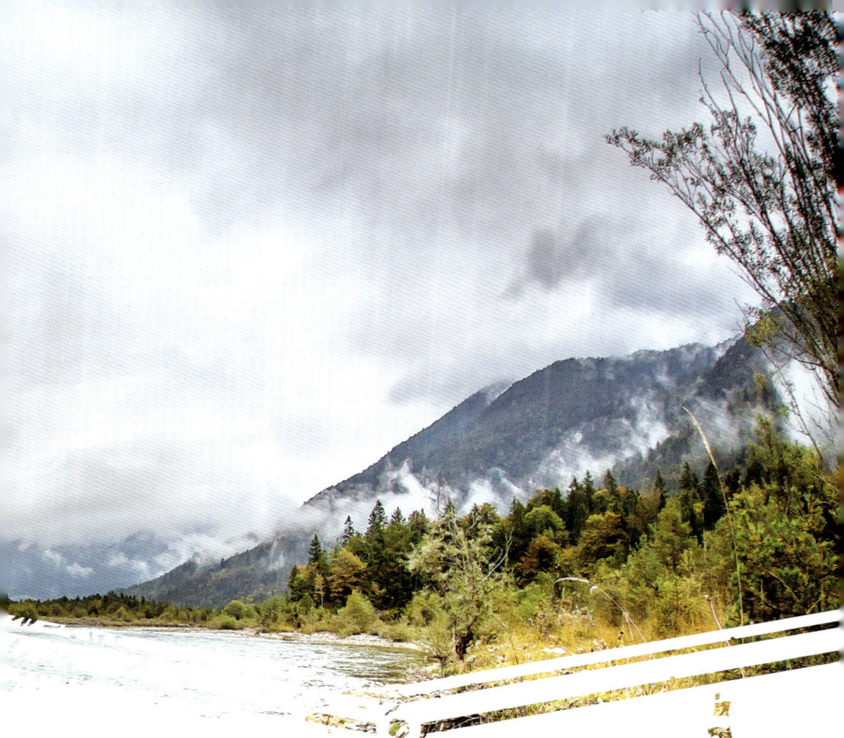

OBERE ISAR

ANSPRUCH

WW I-II

EINKEHR

Auf der Oberen Isar warten mehrere herausfordernde Sohlrampen und viele spritzige Kiesbankschwälle auf geübte Stehpaddler. SUPen in offenem Wildwasser gilt als eine Königsdisziplin und ist nichts für „Novizen“.
Wer technisch sauber fährt, den erwartet auf der Strecke ein Paddelabenteuer der Extra-Klasse mit landschaftlichen Highlights.

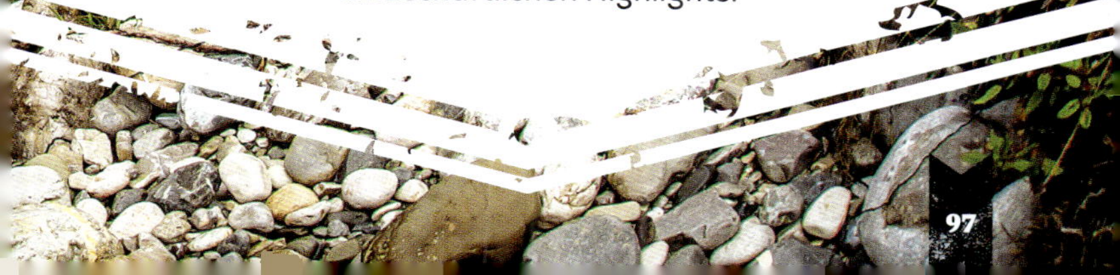

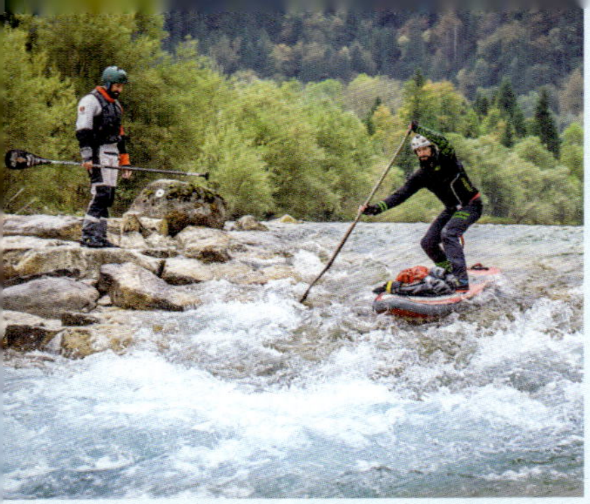

GEFAHREN

- » Bei Hochwasser ist das Wehr in Fleck gefährlich, da die Strömung ohne Kehrwasser ins Wehr zieht. Das Wehr wird nach einer Linkskurve erst spät sichtbar!
- » Vor Befahrung von Flüssen ist ein Fließwasserkurs zu empfehlen!

EMPFOHLENE AUSRÜSTUNG:
Neoprenanzug mit Paddeljacke oder Trockenanzug, Schwimmweste, Helm und Leash mit Panikauslösung, ggf. Schienbein- und Ellbogenschützer.

AKTUELLE BEFAHRUNGSREGELN

www.kanu-bayern.de/Umwelt/Gewaesser-Info/Befahrungsregeln

PEGEL

BEZUGSPEGEL Sylvensteinspeicher / Isar
Niedrigwasser 10 m³/s
Mittelwasser 48 m³/s
Hochwasser 150 m³/s
PEGELTELEFON, SPRACHANSAGE:
01804-370037-318
MOBIL: RiverApp
ONLINE-PEGEL:
www.hnd.bayern.de/pegel/isar/sylvenstein-16002500/abfluss

ANFAHRT MIT DEM PKW

Auf der A8 bis Ausfahrt Holzkirchen, weiter auf der B 318 und B 13 nach Bad Tölz. Oder A95 bis Ausfahrt Wolfratshausen, über B 11 nach Bad Tölz. Aus West und Ost über die B 472 nach Bad Tölz. Ab Bad Tölz B 13 (Beschilderung Lenggries / Sylvenstein) zum Parkplatz unterhalb des Sees folgen. (Fahrzeit ab München etwas über 1 h).

PARKEN EINSTIEG

An der B 13 unterhalb des Sylvensteinstausee-Auslasses auf beiden Straßenseiten gratis.

PARKEN AUSSTIEG

An der B 13 nördlich von Winkel flussseitiger Parkplatz gratis.

AN- & ABFAHRT MIT ÖPNV

Nur Juni-10. Okt: **EINSTIEG** Mit RB/BOB bis Lenggries Bf. Weiter mit dem Bus 9569 (Bergsteigerbus) zur Haltestelle "Sylvensteinsee (Kraftwerk)".

AUSSTIEG Mit Bergsteigerbus von Haltestelle "Fleck Gh. Papyrer" nach Lenggries Bf, von dort weiter nach München. Fahrtzeit ab/nach München Hbf ca. 1:30 h. Infos: www.bahn.de & www.rvo-bus.de

BADEN

Die **KIESBÄNKE** entlang der Isar sind im Hochsommer bei Sonnenhungrigen sehr beliebt. Schwimmbäder:

LENGGRIES – Schwimmbad Isarwelle (Frei- und Hallenbad).

ARZBACH – Alpenbad (Freibad).

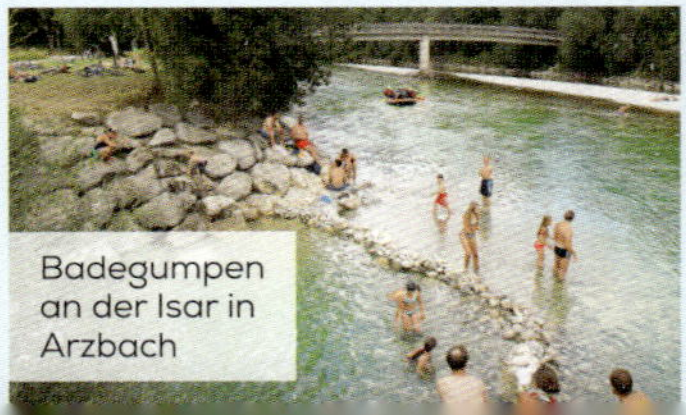

Badegumpen an der Isar in Arzbach

SEHENSWERT

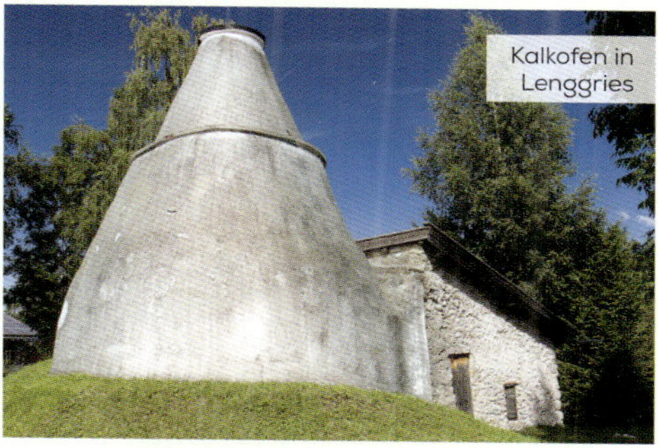

Kalkofen in Lenggries

» **Lenggries** – Heimatmuseum (Flößerausstellung), Kalkofen (18. Jh.), barocke Pfarrkirche St. Jakob (1722), Schloss Hohenburg mit Jagdsaal und opulenten Treppenhäusern.

EXTRA-TIPPS

» Spaziergang von Lenggries isaraufwärts (3 km) auf dem **Natur-Erlebnis-Pfad Isar** mit Infotafeln zur Isar.

» Mit der **Brauneck-Bergbahn** von Lenggries auf 1.556 m Höhe ins Brauneckgbiet (Wanderungen aller Schwierigkeitsgrade, Einkehr).

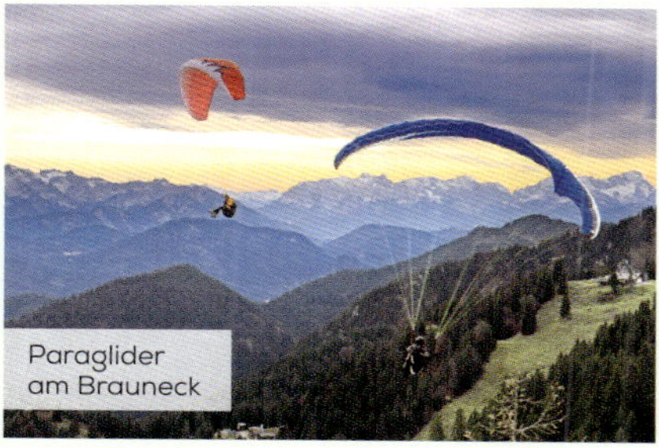

Paraglider am Brauneck

» **Kammwanderung** zwischen Brauneck und Benediktenwand mit toller Fernsicht.

» **Geführte Canyoning-Touren** im Bereich des Sylvensteinsees bietet Action & Funtours (www.action-funtours.de).

» **Gleitschirmfliegen** vom „Brauneck" – bester Flugberg im Isartal.

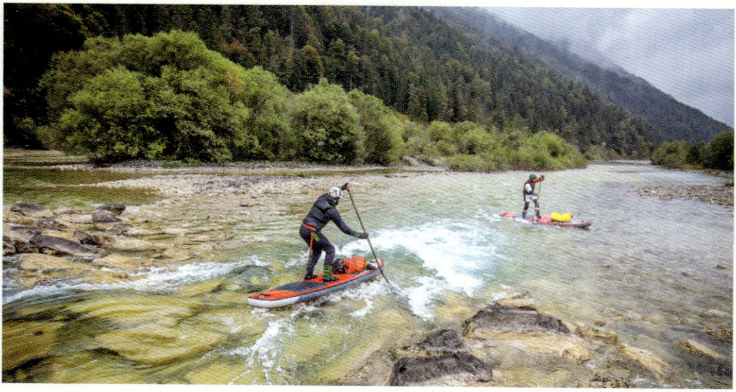

TOUREN

1 SPRITZIGE FAHRT

Brücke unterhalb Sylvensteinstausee zum Wehr Fleck. Für geübte Fahrer mit entsprechender Ausrüstung.

| **LÄNGE** 7,5 km | **DAUER** 2 h | **WW I–II**

EIN- & AUSSTIEG

EINSTIEG An der Brücke der B 13 unterhalb des Stausees am östlichen Ufer.

AUSSTIEG Vor dem Wehr Fleck, rechtsufrig am Schild **"Wehr 200 m"**. Kurzer Trampelpfad hoch zum Parkplatz.

ZURÜCK ZUM EINSTIEG mit 2. Pkw oder im Sommer mit dem Bergsteigerbus (siehe Anfahrt ÖPNV).

SUP-VERMIETUNG

1 ALRIDE
Bergbahnstr. 1, 83661 Lenggries
Tel. 0178-187 84 09, www.alride.de

2 SUP WALCHENSEE
Setzplatz 12, 83676 Jachenau
Tel. (08043) 91 86 76 od. 0171-424 01 98
www.sup-walchensee.de

ÜBERNACHTUNG

1 GASTHOF GASSLER
in Lenggries-Winkel, Tel. (08042) 24 16

2 ALPEN-CAMPING ARZBACH
in Arzbach, Tel. (08042) 84 08
www.alpen-campingplatz.de

3 LENGGRIESER BERG CAMPING
(Zelt, Hütten, Zimmer)
in Lenggries, Tel. (08042) 564 06 02
www.lenggrieser-bergcamping.de

EINKEHR

1 GASTHOF GASSLER

Winkel 15 in Lenggries-Winkel
Tel. (08042) 24 16
ab 17 Uhr, Mi+Do Ruhetag

KLASSIKER Schweinshaxn

2 ZUM PAPYRER

Landgasthof, Fleck 5 in Lenggries-Fleck
Tel. (08042) 563 30 77
www.zum-papyrer.de
Mai-Okt tgl. 11-23 Uhr

KLASSIKER Thailändische, vietnamesische und bayerische Küche

3 DORFSCHÄNKE

Bachmairgasse 3, 83661 Lenggries
Tel. (08042) 21 08
www.dorfschaenke-lenggries.de
Ganzjährig ab 11 Uhr, Mi+Do Ruhetag

KLASSIKER Grillfleisch, Ripperl, Wammerl oder Würstl vom offenen Kaminfeuer (ab 18 Uhr) und selbstgebrautes naturtrübes Kellerbier

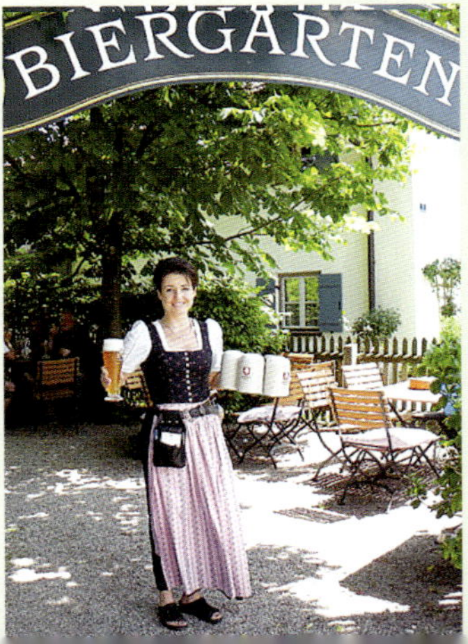

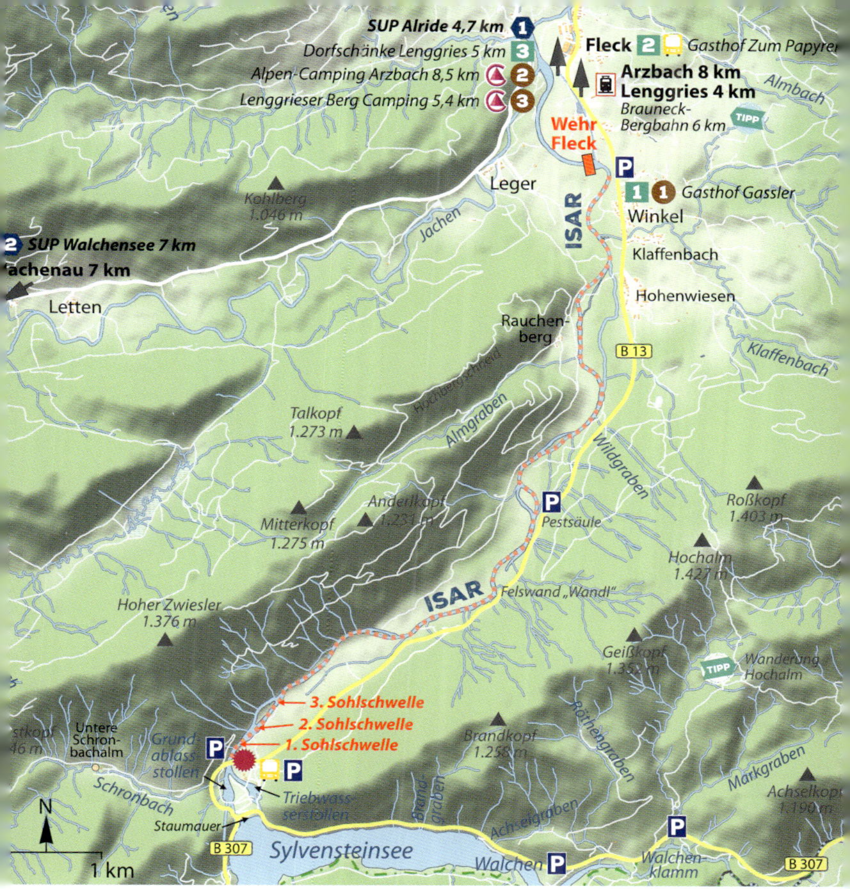

1 SPRITZIGER FLUSS MIT BERGPANORAMA

WW I–II

Unterhalb der **SYLVENSTEIN-STAUMAUER** beginnt auf der **ISAR** eine gern befahrene Flusswanderstrecke. Das offene Flussbett bietet sonnige Schotterbänke, Inseln mit Treibholz mitten im Fluss und abgelegene Badeplätze.

Wir checken noch einmal den Wasserstand und sind zufrieden – der Pegel zeigt etwas mehr als Mittelwasser an. Für unsere erste Befahrung war ein niedriger Wasserstand ideal, jetzt kennen wir die Schwierigkeiten und freuen uns auf mehr Wasserdruck.

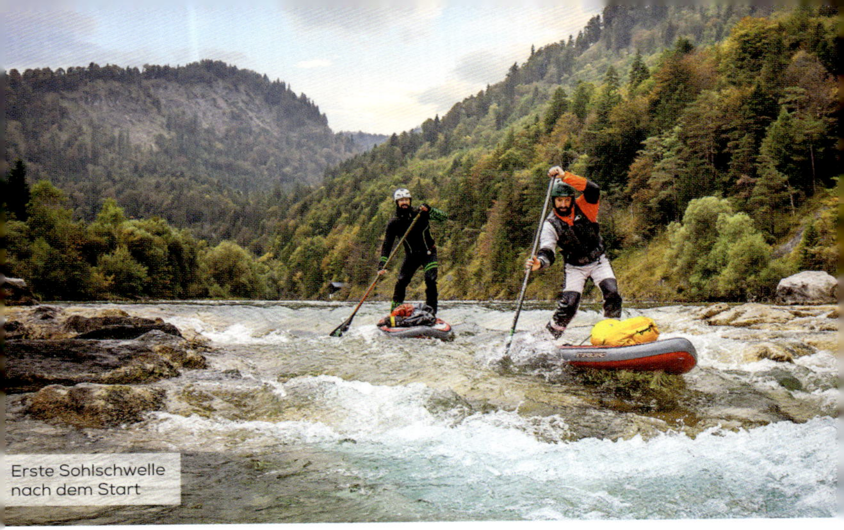

Erste Sohlschwelle nach dem Start

Am Kiesufer machen wir die Schwimmwesten zu, setzen unsere Helme auf und lassen die Boards ins Wasser. Die ersten Meter sind ruhig und wir bewundern das klare, blaugrüne Wasser der Isar, die an beiden Flussufern zu tollen Bergwanderungen einlädt. Schon nach etwa 400 Metern erwartet uns die erste **SOHLSCHWELLE**, vor der wir anlanden um sie zu begutachten. Zwar ist sie mittig fahrbar, kann aber auch leicht am rechten Ufer umtragen werden. Etwas später folgen **ZWEI WEITERE SOHLSCHWELLEN**, die rechts und links steinig verbaut sind, um die Strömung in die Flussmitte zu lenken. Das Gefälle ist ordentlich und die Wellen bei Mittelwasser schon ziemlich hoch. Ellbogen- und Schienbeinprotektoren schützen uns vor dem steinigen Unterwasser, falls wir die Wellen nicht durchstechen, sondern abrupt abgestoppt werden und ins Wasser fallen.

Danach fließt die Isar teils ruhig oder in kleineren Schwällen durch eine wunderschöne Auenlandschaft. Viele Kiesbänke laden zum Baden, Sonnen und Picknicken ein. Nur selten klingt der Lärm der Straße, die uns den ganzen Flusslauf am rechten Ufer begleitet, an unser Ohr.

Hier und da versperren im Stromzug liegende Baumstämme den Weg. Dann gilt es schnell auszuweichen, um nicht festzuhängen und unter Wasser gedrückt zu werden.

An heißen Sommerwochenenden paddeln wir vorbei an sonnenhungrigen Ufernixen, biertrinkenden Grillmeistern und plantschenden Großfamilien. Mit uns auf dem Wasser tummeln sich dann Wildwasserkajaker, kommerzielle

Rafts und hüpfende Badeinseln. Das Abenteuer „wilder Fluss direkt an der Straße“ könnte kaum besser, der Blick in die Bergkette vor dem blauweißen Himmel kaum malerischer sein. Fast sind wir enttäuscht, als wir nach über sieben Kilometern vor dem **STAUWEHR** in **FLECK** in den Rückstau hineinpaddeln und rechts am Ufer anlegen. Vielleicht kommen wir schon morgen wieder?

Der **GASTHOF GASSLER** 1 mit seinem Biergarten ist nur 250 Meter entfernt im Lenggrieser Ortsteil **WINKEL**, der **LANDGASTHOF ZUM PAPYRER** 2 mit seiner asiatisch-bayerischen Küche im Ortsteil **FLECK** auch nicht weit. Hier befindet sich auch die Bushaltestelle an der im Sommer der Bersteigerbus hält.

Uns zieht es aber heute auf dem Rückweg nach München in die zünftige **DORF-SCHÄNKE** 3 von Elisabeth Adlwarth in **LENGGRIES**. Das kleine Wirtshaus ist sehr geschätzt - bei Einheimischen und Fremden. Ob‘s an dem offenen Kaminfeuer liegt, auf dem am Abend gebrutzelt wird? Erzfunde aus den nahen Bergen wurden in der örtlichen Schmelze weiterverarbeitet, was diesem Teil von Lenggries über die Jahrhunderte den Namen “Schmoizgruam“ einbrachte. Seine Bewohner holten sich nach der schweißtreibenden Arbeit in der Dorfschänke ihr Bier für den häuslichen Umtrunk, bis irgendwann ein richtiges Wirtshaus mit Stammtisch und lauschigem Biergarten daraus wurde. Den seit 1936 in der Lenggrieser Kaserne stationierten Gebirgsjägern galt die Dorfschänke als Geheimtipp. Sie ignorierten den Zapfenstreich und wurden von der gar nicht so obrigkeitshörigen Wirtin im Keller versteckt, bis die Feldjäger wieder abzogen. Sogleich hatte die Dorfschänke einen weiteren Namen, der noch heute in Lenggries geläufig ist - “da Bunker“.

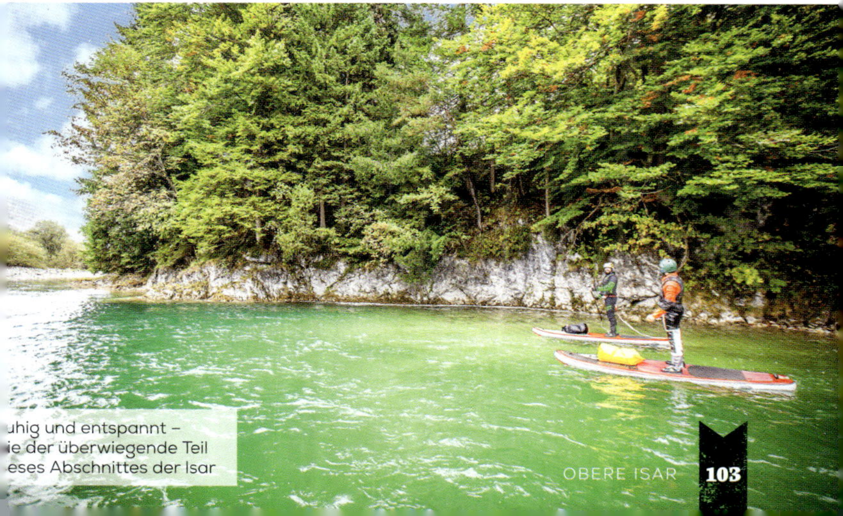

uhig und entspannt –
ie der überwiegende Teil
eses Abschnittes der Isar

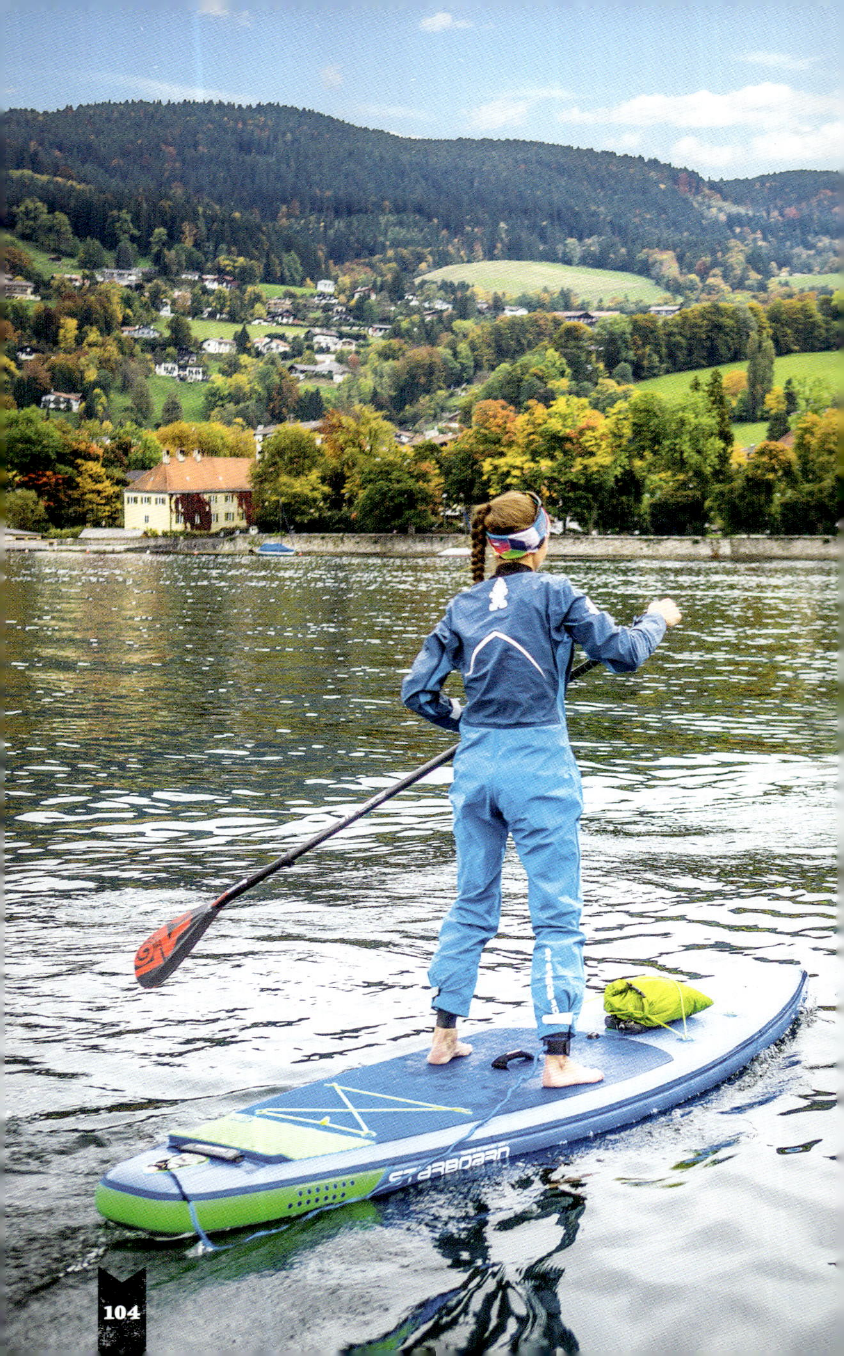

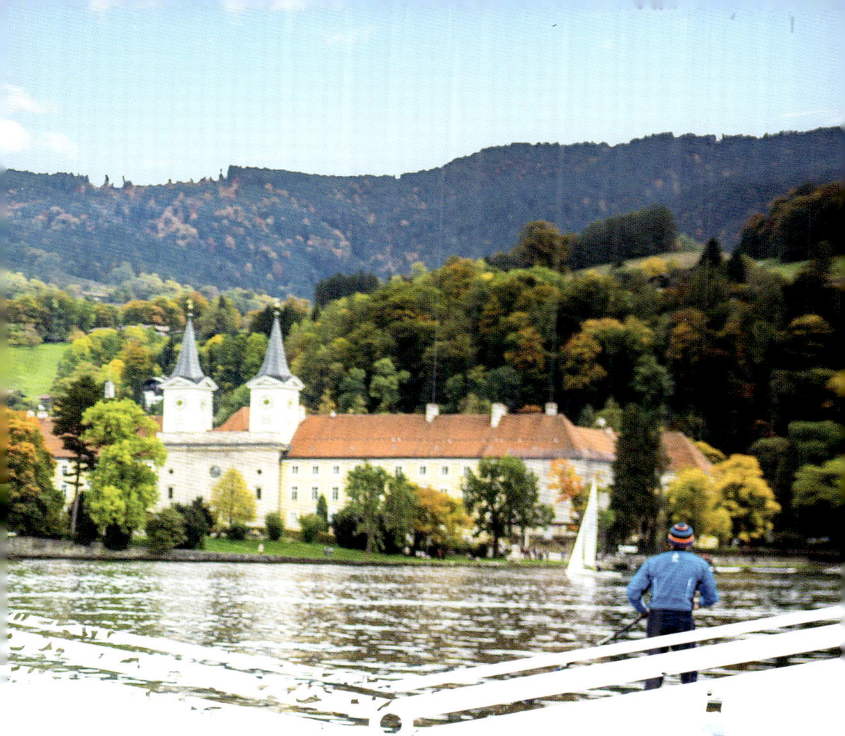

TEGERNSEE

ANSPRUCH | EINKEHR

„Lago di Bonzo" wird der sieben Kilometer lange Ausflugssee, noch nicht mal eine Autostunde von München, auch genannt. Sei's drum! Wir genießen eine abwechslungsreiche Rundtour auf dem klaren Wasser des von dicht bewaldeten Bergen umgebenen Sees und bewegen uns auf den Spuren vieler Prominenter die hier lebten und leben.

WIND & WETTER

Meist aus Süden und zum Teil plötzlich auffrischend. Sturmwarnungen (Blinklichter rund um den See) beachten!

BEFAHRUNGSREGELN

- Südlich von Gmund ist ein Uferstreifen als Naturschutzgebiet ausgewiesen, der nicht befahren werden darf.
- Die Ringinsel südlich von Abwinkl muss seeseitig umpaddelt werden.

Beide Bereiche sind durch gelbe Tonnen markiert.

ANFAHRT MIT DEM PKW

Auf der A 8 zur Ausfahrt Holzkirchen, dann auf der B 318 nach Gmund am Tegernsee. (Fahrzeit von München 0:50 h bis Gmund, rund 1 h bis Bad Wiessee).

PARKEN

GMUND – Parkplatz am Ostufer der Mangfallmündung (gebührenfrei), Max-Obermayer-Str. 8, 83703 Gmund.

BAD WIESSEE – Gebührenfrei beim SUP-Center Tegernsee, Adrian-Stoop-Str. 50, 83707 Bad Wiessee.

ANFAHRT MIT ÖPNV

Mit der BOB nach Gmund am Tegernsee oder Tegernsee Ort.

BADEN

Das saubere Wasser, im Sommer bis zu 20 Grad warm, hat fast Trinkwasser-Qualität. Rund um den See gibt es zahlreiche Strandbäder mit freiem Eintritt.

LEEBERG – Besonders chillig – Strandbad Point, Beach-Volleyball, Kiosk & Terrasse.

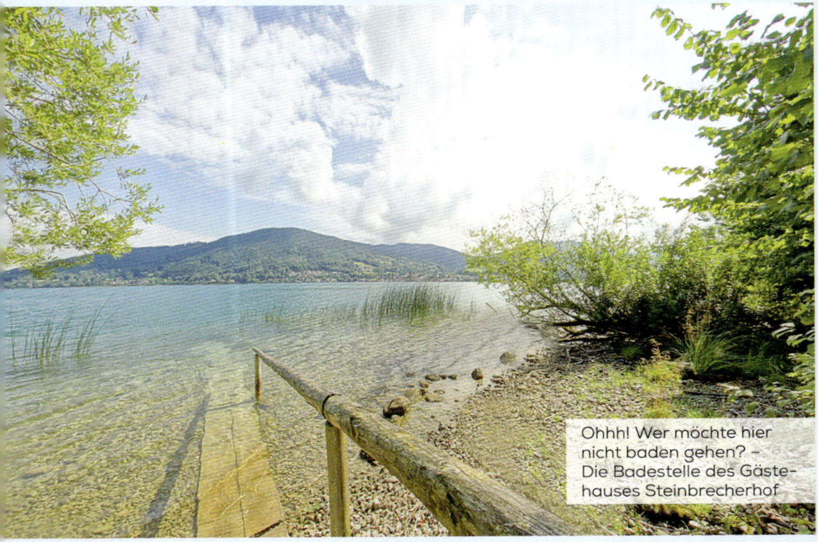

Ohhh! Wer möchte hier nicht baden gehen? – Die Badestelle des Gästehauses Steinbrecherhof

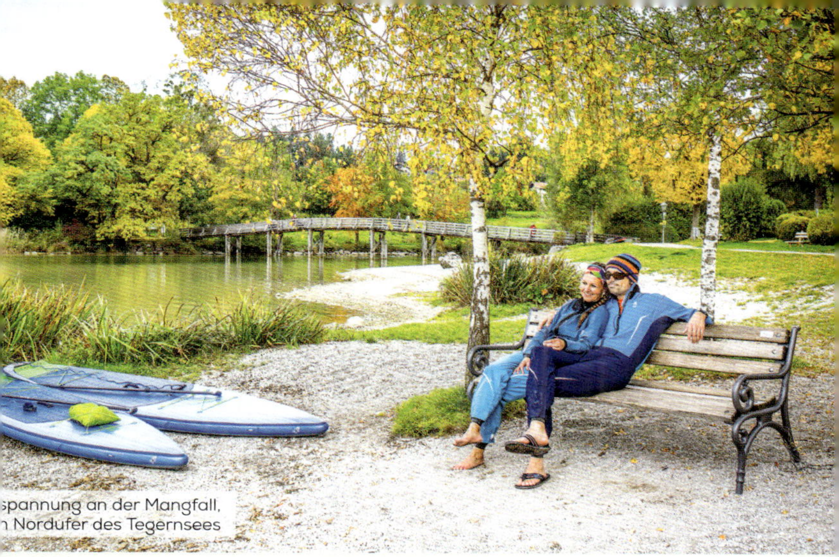

spannung an der Mangfall,
n Nordufer des Tegernsees

SEHENSWERT

» **Gmund:** Jagerhaus Gmund (Geschichte des Wilden Jager von Gmund), Kirche St. Ägidius (17. Jh.) mit altem Friedhof.

» **Tegernsee:** St. Quirin (11. Jh.), Konvent-Schloss Tegernsee (17. Jh.), Olaf-Gulbransson-Museum (Maler, Grafiker, Karikaturist und Zeichner der Satirezeitschrift Simplicissimus), Museum Tegernseer Tal (Geschichte, Kultur der Region).

» **Rottach-Egern:** St. Laurentius-Kirche (12. Jh.) mit einem der bekanntesten Friedhöfe, Ruhestätte berühmter Persönlichkeiten.

TIPP EXTRA-TIPPS

» Im "**Aquadome**", einem 60.000 Liter fassenden, begehbaren Süßwasser-Aquarium, gibt es Einblicke in die Welt der Fische des Tegernsees.

» **Wanderung** (13 km) von Tegernsee das **Alpbachtal** hinauf zur **Kreuzbergalm** (Einkehr), hinüber zum **Neureuth-Haus** (Einkehr) und zurück über den **Kohlhaufgraben** nach Tegernsee. Danach ins Herzoglich Bayerische Brauhaus - dort wird das leckere „Tegernseer Hell"gebraut!

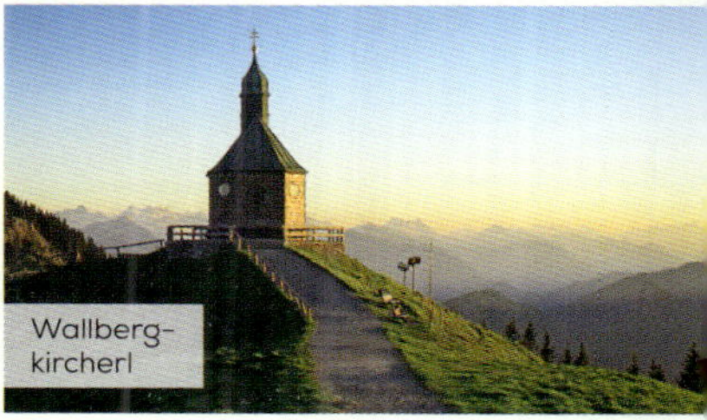

Wallberg-
kircherl

» Mit der **Wallbergbahn** (2 km südlich von Rottach-Egern) auf den 1.722 Meter hohen **Wallberg** mit reizvollem Wandergebiet (www.wallbergbahn.de).

TOUREN

1 SEEUMRUNDUNG ab Gmund oder Bad Wiessee.

Mittelschwer - durch Seeschifffahrt vor allem im südlichen Teil des Sees teils kräftiger Wellengang mit Kreuzwellen.

| **LÄNGE** 19 km | **DAUER** 5–6 h

EIN- & AUSSTIEG

GMUND: Max-Obermayer-Str. 8, 83703 Gmund am Tegernsee.

BAD WIESSEE: 200 Meter von der Straße entfernt, Adrian-Stoop-Str. 50, Beim Hotel Terrassenhof.

SUP-VERMIETUNG

1 SURF- & SEGELSCHULE STICKL
Seeglas 2, 83703 Gmund (OT Seeglas)
Tel. (08022) 754 72
www.segelschule-stickl.de

2 SUP-CENTER TEGERNSEE
Bootshaus, Adrian-Stoop-Str. 50
83707 Bad Wiessee
Tel. (08022) 188 41 26
www.sailingcenter.de

ÜBERNACHTUNG

1 CAMPINGPLATZ WALLBERG
in Weißach (1 km südlich vom See)
Tel. (08022) 53 71
www.campingplatz-wallberg.de

2 STEINBRECHERHOF AM SEE
in Bad Wiessee, Tel. (08022) 811 46
www.steinbrecherhof.de

2 GÄSTEHAUS REIFFENSTUEL
in Rottach-Egern Tel. (08022) 92 73 50
(auch SUP-Verm.) www.reiffenstuel.de

EINKEHR

1 HERZOGLICHES BRÄUSTÜBERL TEGERNSEE
Schlossplatz 1 in Tegernsee
Tel. (08022) 41 41, www.braustuberl.de
Ganzjährig tägl. 10-22 Uhr

KLASSIKER Schweinshaxen mit Kartoffel-Gurkensalat

2 STRANDBAD SEEGLAS
Seeglas 1 in Gmund (OT Seeglas)
Tel. (08022) 761 29
www.strandbad-seeglas.de
April-Oktober, Di-So 11-23 Uhr

KLASSIKER Schwäbische Küche

3 GUT KALTENBRUNN
Kaltenbrunn 1 in Gmund
Tel. (08022) 187 07 00
www.feinkost-kaefer.de/gutkaltenbrunn
Täglich ab 12 Uhr

KLASSIKER Raffinierte, saisonale und regionale Alpenküche

4 FISCHEREI BISTRO
Überfahrtweg 15 in Abwinkl neben dem Aquadome, Tel. (08022) 85 74 95
Do-So 11-17 Uhr

5 FISCHEREI TEGERNSEE
Seestraße 42 in Tegernsee
Tel. (08022) 15 61
www.fischerei-tegernsee.com
Biergarten & Laden Di 9-13 & 14.30-18, Mi-Fr 9-18, Sa 8-13 Uhr

KLASSIKER Fisch, Fisch, ...

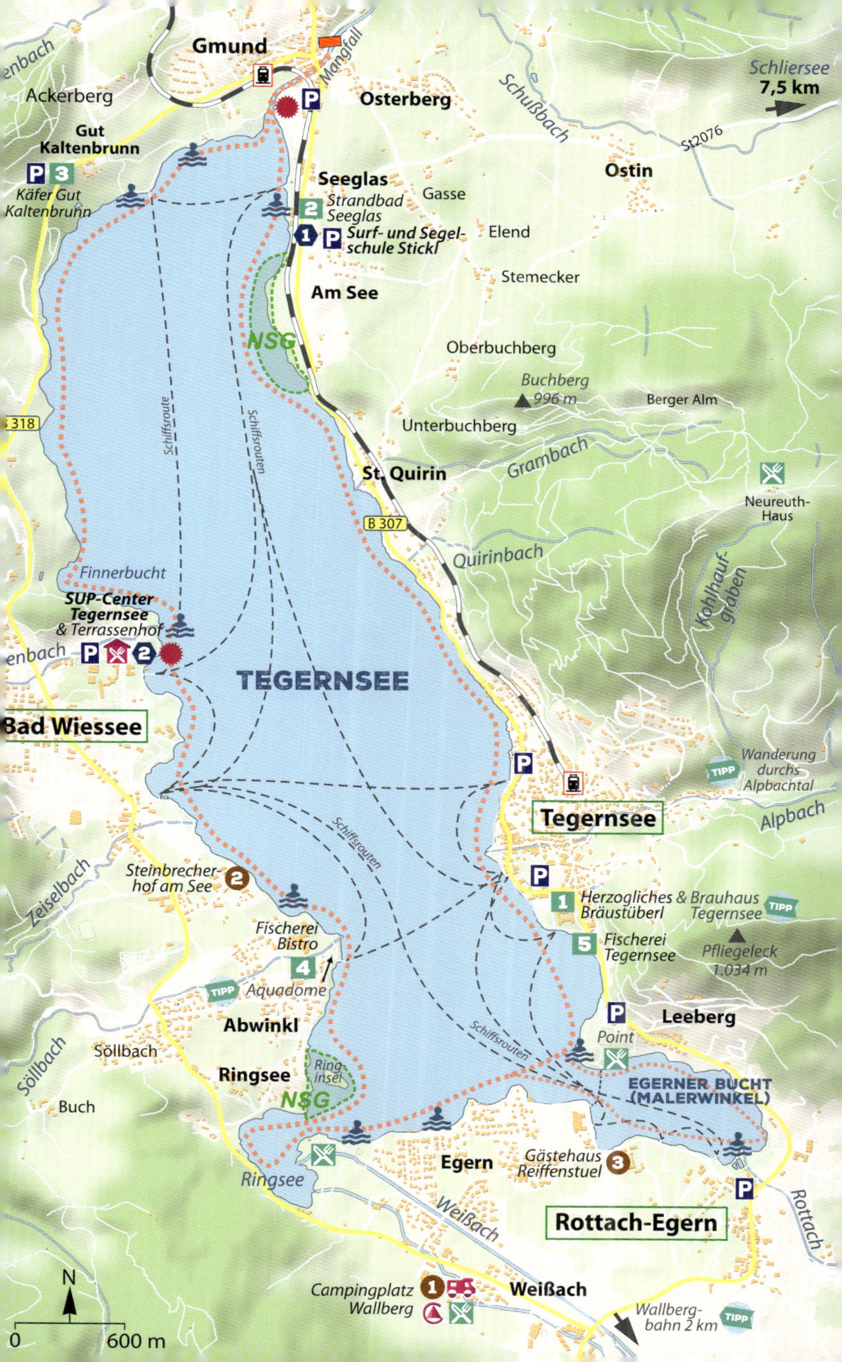

Gmund
Mangfall
Ackerberg
Osterberg
Schußbach
Schliersee 7,5 km
St2076
Gut Kaltenbrunn
Ostin
Käfer Gut Kaltenbrunn
Seeglas
Gasse
Strandbad Seeglas
Surf- und Segelschule Stickl
Elend
Stemecker
Am See
NSG
Oberbuchberg
Buchberg 996 m
Berger Alm
B 318
Schiffsroute
Schiffsrouten
Unterbuchberg
Grambach
St. Quirin
Neureuth-Haus
B 307
Quirinbach
Kohlhaufgraben
Finnerbucht
SUP-Center Tegernsee & Terrassenhof
TEGERNSEE
Bad Wiessee
Wanderung durchs Alpbachtal
TIPP
Tegernsee
Alpbach
Schiffsrouten
Steinbrecherhof am See
Zeiselbach
Herzogliches Bräustüberl
Brauhaus Tegernsee
Fischerei Bistro
Fischerei Tegernsee
Pfliegeleck 1.034 m
Aquadome
Abwinkl
Leeberg
Point
Schiffsrouten
Söllbach
Ringsee
Ringinsel
EGERNER BUCHT (MALERWINKEL)
Buch
Gästehaus Reiffenstuel
Egern
Ringsee
Weißach
Rottach-Egern
Rottach
Campingplatz Wallberg
Weißach
Wallbergbahn 2 km
N
0
600 m

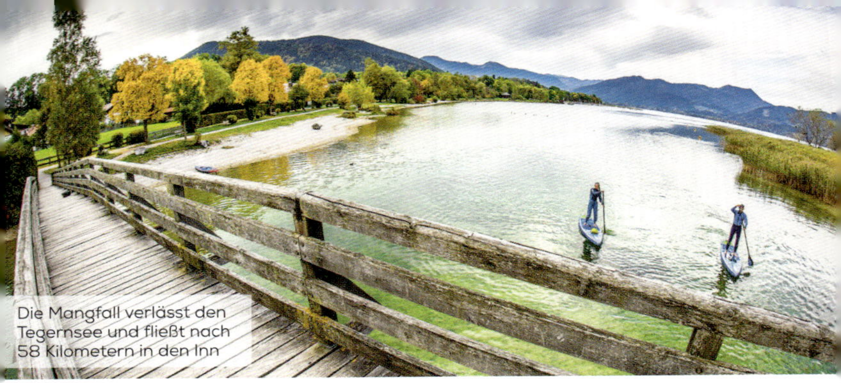

Die Mangfall verlässt den Tegernsee und fließt nach 58 Kilometern in den Inn

1 SAUBERE VORALPENSCHÖNHEIT

Die Ufer dieser bayerischen Seeschönheit sind, im Gegensatz zu den meisten anderen oberbayerischen Seen, fast vollständig öffentlich zugänglich. Aufgrund des dichten Waldbestands aus Fichten, Buchen und Tannen fand erst spät eine Besiedlung statt, heute ist die Gegend um den See dafür umso beliebter. Das zeigen auch die seit den 1960er Jahren stetig steigenden Immobilienpreise. Inzwischen kostet ein Einfamilien-Domizil in erster Seereihe bis zu 10 Millionen Euro! Auch die Tagestouristen sind spendabel, sie geben in Einzelhandel, Restaurants und Spielbank durchschnittlich 120 Euro pro Tag aus.

Über das Flüsschen Mangfall im Norden fließt das Wasser aus dem See ab und mündet nach gut 60 Kilometern bei Rosenheim in den Inn. Hier am **SEEABFLUSS DER MANGFALL** soll der Ausgangspunkt unserer Rundtour sein. Noch früh am Morgen entgehen wir dem sommerlichen Treiben auf dem See. Unsere Boards tragen wir die rund 100 Meter vom Parkplatz zum Wasser und fahren erst einmal ein Stückchen die **MANGFALL** hinunter, bevor ein Wehr nach rund 700 Metern unseren Entdeckerdrang stoppt. Genussvolle Stille auf dem Wasser belohnt das zeitige Aufstehen. Wir wenden und tauchen leise die Paddel ein, unter tiefhängenden Ästen hindurch und vorbei an den Bootshäusern des Ortes **GMUND** geht es auf den See hinaus, immer das Ufer rechts im Blick. Ein Stück hinter dem Strandbad Kaltenbrunn liegt oberhalb einer kleinen Badestelle der im 15. Jh. entstandene Vierseithof **GUT KALTENBRUNN** des Klosters Tegernsee. Heute betreibt **„FEINKOST KÄFER“** dort oben am Hang ein **WIRTSHAUS** 3

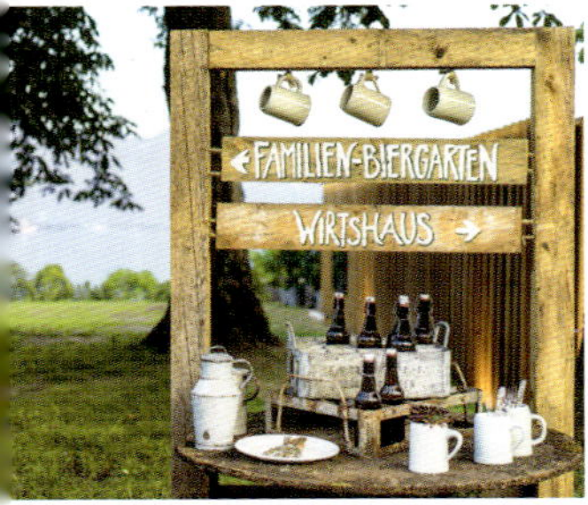

mit Gastgarten und viel Liebe zum Detail. Bei Obazdn, frischem Wildkräutersalat und anderen Leckereien, kann man den tollen Blick über den See genießen.

Am steiler werdenden Westufer entlang paddeln wir Richtung Süden. Die bewaldeten Berge rücken im Westen und Osten bis fast an den See heran und als wir in **BAD WIESSEE** eine kurze Rast machen, scheint dieses langsam wach geworden zu sein. Einzig die Spielbank erholt sich noch von der letzten Nacht. Per Zufall wurde vor rund 100 Jahren auf der Suche nach Öl in Bad Wiessee eine der stärksten Jod-Schwefelquellen Deutschlands entdeckt und seither zur Heilung eingesetzt.

An der Mündung des **SÖLLBACHS** im Ortsteil **ABWINKL** gibt es wieder einen Grund anzulegen. Im **AQUADOME** TIPP, einem 60.000 Liter fassenden, begehbaren Süßwasser-Aquarium, bekommt man Einblicke in die Welt der Fische des Tegernsees und daneben betreiben die flotten Fischer der **FISCHEREI TEGERNSEE** ein tolles **BISTRO** 4 mit Schmankerln von heimischen Fischen, aber auch mediteranen Fischgerichten (Fischverkauf Do+Sa 10-12). An der zweiten Niederlassung in Tegernsee (**BIERGARTEN UND LADEN** 5) kommen wir später auch noch vorbei.

Jetzt nehmen wir Kurs auf die dem **RINGSEE** vorgelagerte unbewohnte **RINGINSEL**. Mit Gras und dichten Büschen bewachsen, ist sie als Vogelschutzgebiet ausgewiesen. Eine Markierung aus gelben Bojen hält uns auf Abstand. Wir erkunden kurz die Bucht des Ringsees, bevor wir zum Ostufer hinüberpaddeln.

Die große **EGERNER BUCHT** im südöstlichen Teil macht einem bei starkem Bootsverkehr wegen der Kreuzwellen ganz schön zu schaffen. Wer dem in der

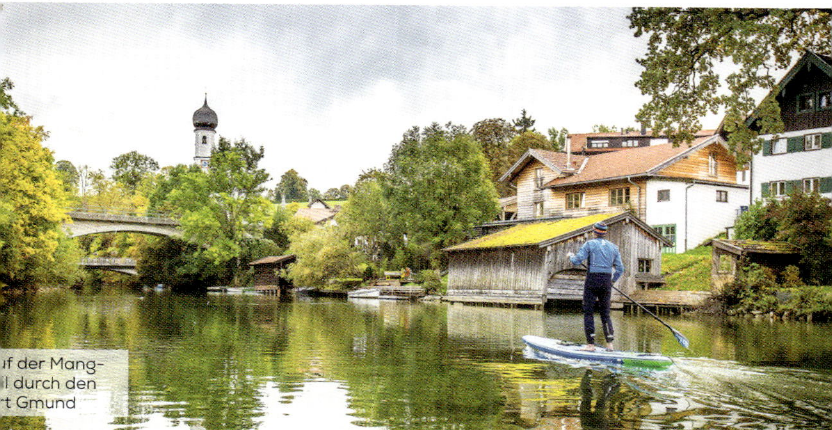

ıf der Mang-
l durch den
t Gmund

Bucht gelegenen Ort **ROTTACH-EGERN** trotzdem einen Besuch abstatten will, legt am besten am Ufer des Kurparks an. Von den Einheimischen wird diese Ecke auch Malerwinkel genannt. Ein beliebtes Motiv hier arbeitender Maler war die Kirche von Rottach mit der imposanten Bergkulisse im Hintergrund. Hinter der schmucken Kirche liegen unter anderem der Schriftsteller Heinrich Spoerl, Schöpfer der "Feuerzangenbowle", und Kurt Tucholskys zweite Ehefrau Mary begraben.

Wir passieren die Einfahrt zur Bucht und die Halbinsel **POINT** mit ihrem reizvollen Sandstrand. Tagsüber herrscht hier meist ordentlich Trubel, während man am Abend nach einer Sundowner-Tour gemütlich auf der Seeterrasse des **„KIOSKS AN DER POINT"** chillen oder eine Runde Beach-Volleyball spielen kann.

Im **HERZOGLICHEN BRÄUSTÜBERL TEGERNSEE** 1, dem durch sein regional berühmtes Bier bekannten Gasthaus, machen wir Rast. Mit frischen Brezen und warmem Leberkäs stillen wir unseren Sportler-Appetit.

Wieder auf dem Wasser erblicken wir nördlich des Orts Tegernsee viele nackte Menschen auf der gepflegten Liegewiese der Monte Mare Seesauna. Die textilfreie Anlage bietet ihren Gästen zwischen Zirben- und Schilfsauna Erholung und Entspannung.

Plötzlich kommt kräftiger Nordwind auf. Wir müssen auf den letzten vier Kilometern sogar immer wieder auf die Knie gehen, um gegen den kräftigen Wind anzukommen und nutzen jede kleine Ausbuchtung im Uferbereich als Windschatten. Trotzdem brauchen wir über eineinhalb Stunden, bis wir endlich wieder an der Mangfallmündung in **GMUND** ankommen.

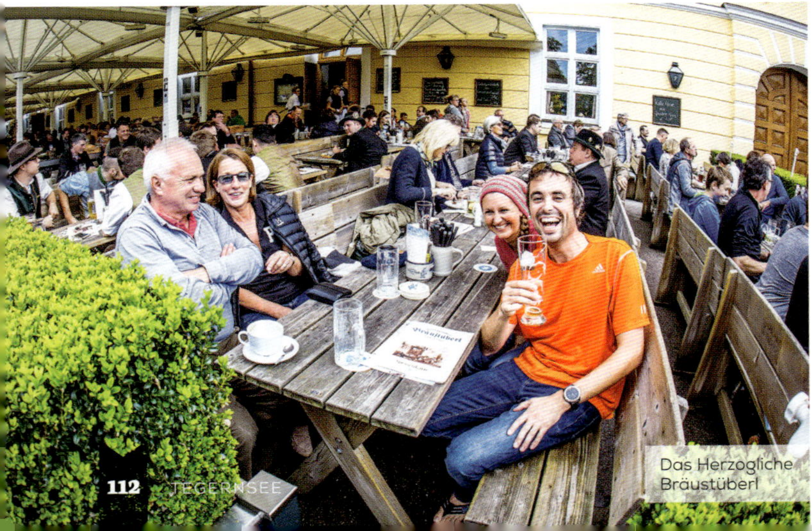

Das Herzogliche Bräustüberl

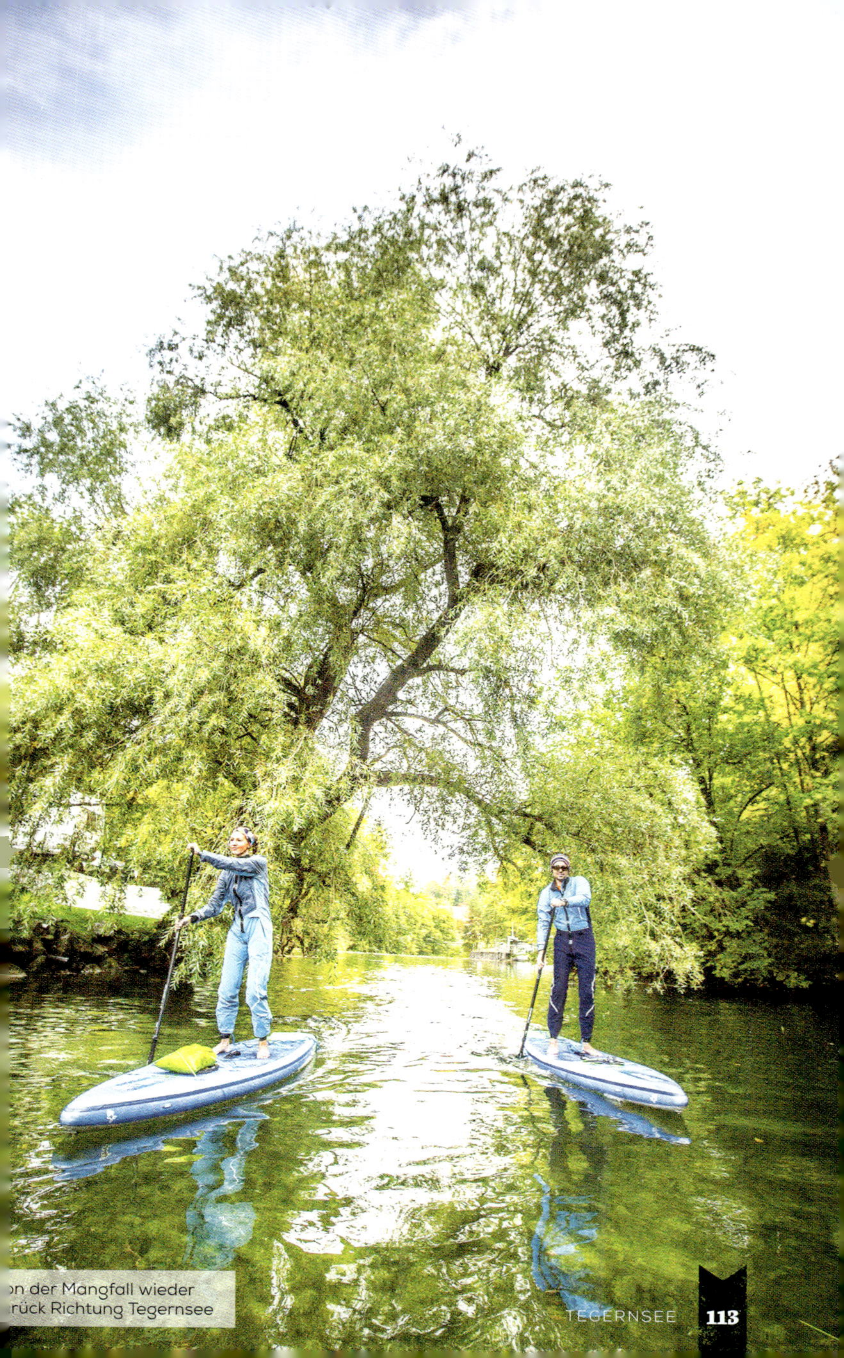

on der Mangfall wieder
rück Richtung Tegernsee

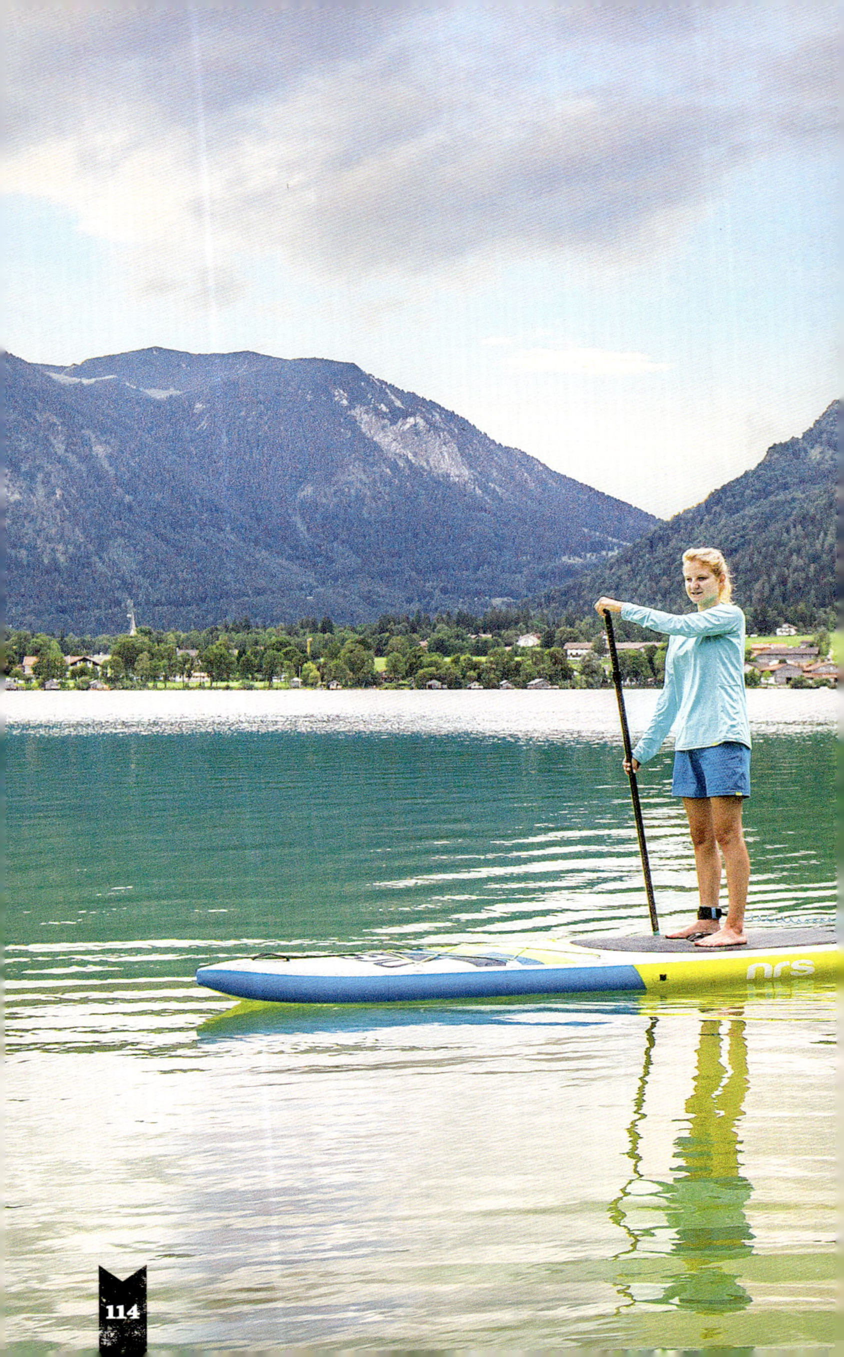
nrs

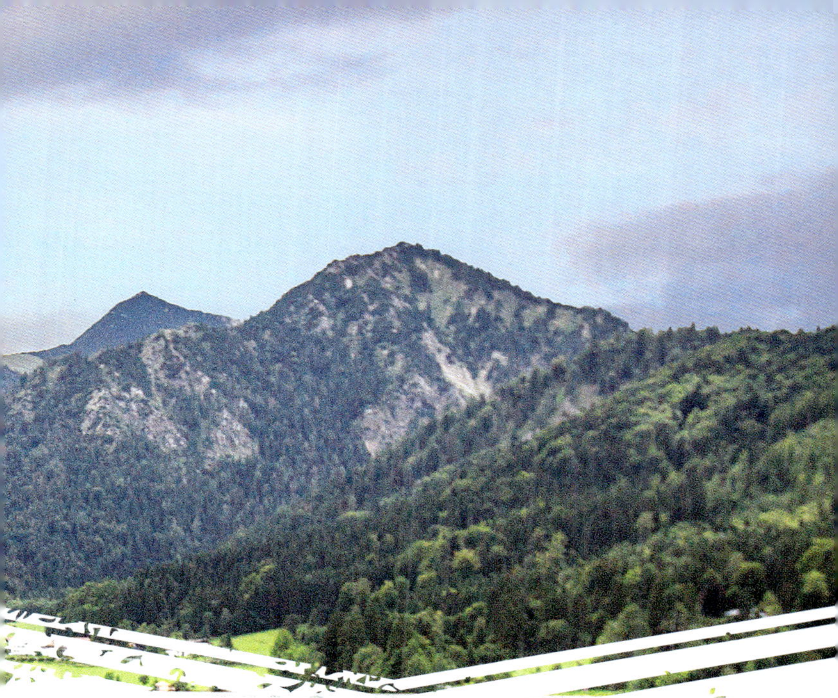

SCHLIERSEE

ANSPRUCH

EINKEHR

Ganz klar – im Sommer zählt der von bewaldeten Hügeln umgebene Schliersee mit seinem kristallklaren Wasser zu den schönsten bayerischen Wassersport-Seen. Vor der Kulisse von Brecherspitz und Jägerkamp mit dem SUP um die Insel Wörth zu fahren und dabei den Blick auf die bewaldeten Hügel genießen, ist romantischer Kitsch und sportliches Erlebnis zugleich.

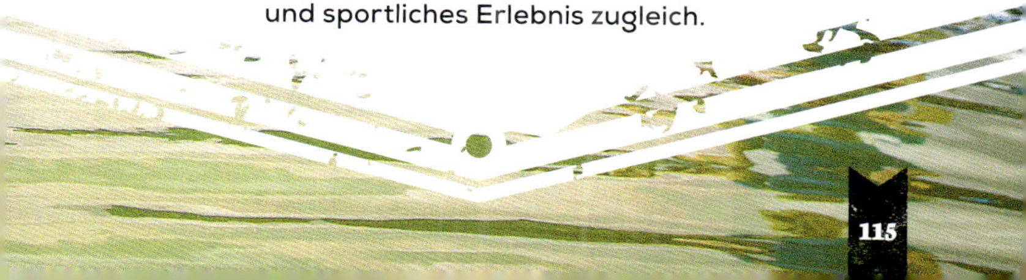

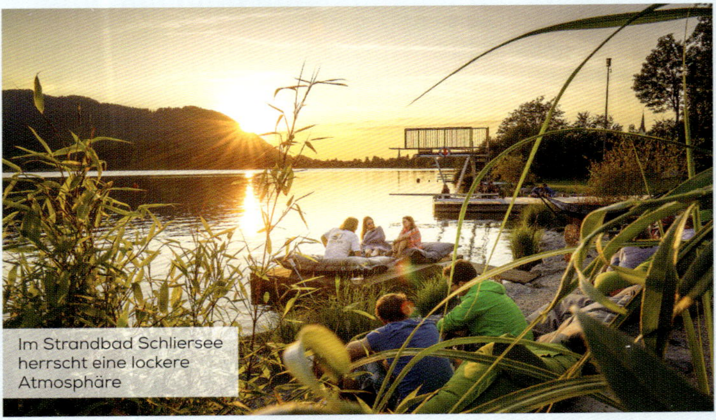

Im Strandbad Schliersee herrscht eine lockere Atmosphäre

WIND & WETTER

In der Regel nur leichter Thermikwind und ruhiges Wasser.

BEFAHRUNGSREGELN

Keine.

ANFAHRT MIT DEM PKW

Über die A 8 bis zur Ausfahrt Weyarn, weiter auf der ST2073 und B307 zum Ort Schliersee (Fahrzeit ab München ca. 1 h). Oder A 8 bis Ausfahrt Irschenberg und über die B 472 nach Schliersee.

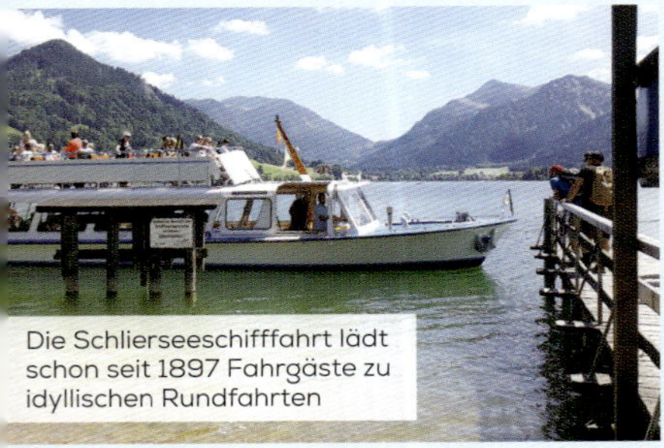

Die Schlierseeschifffahrt lädt schon seit 1897 Fahrgäste zu idyllischen Rundfahrten

PARKEN

Im Ort Schliersee an der Seebar, Seestr. 22 b (Tagesticket 4 €) oder gratis nördlich vom Strandbad Schliersee, Seestr. 29 a.

ANFAHRT MIT ÖPNV

Mit der BOB bis zur Station Schliersee, von dort 500 m Fußweg zum Seeufer. Oder bis Fischhausen-Neuhaus, dann gut 1 km Fußweg bis zum Südufer. (Fahrtzeit ab München Hbf ca. 1 h).

BADEN

Badesee mit bester Wasserqualität, der im Spätsommer aber nur maximal 20 Grad warm wird. Mehrere Badeplätze und eine Therme rund um den Schliersee:

SÜDUFER – Zwei Badestellen.

WESTUFER – Badestelle, nur zu Fuß erreichbar, in Nähe des Erlebnispfads.

OSTUFER – großes Park Strandbad (gebührenpflichtig).

SCHLIERSEE-ORT – Monte Mare Vitaltherme (www.monte-mare.de).

SEHENSWERT

» **Schliersee:** Heimatmuseum, St. Georg-Kapelle (14. Jh.) am Weinberg.

» **Markus-Wasmeier-Freilichtmuseum** in Neuhaus. Der ehem. Skirennläufers Markus Wasmeier ließ das altbayerische Dorf, das das bäuerliche Leben des frühen 18. Jh. erlebbar macht, errichten (mit Wirtshaus & Museumsladen, www.wasmeier.de).

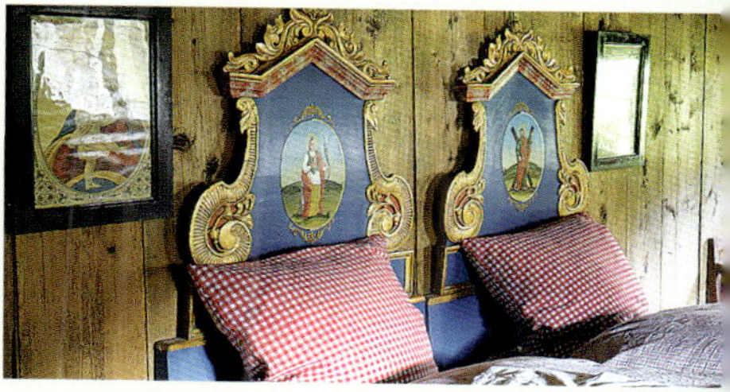

EXTRA-TIPPS

» Besichtigung der **SLYRS Whisky-Destillerie** in Neuhaus mit Verkostung oder Einkauf im SLYRS Shop oder Einkehr in der SLYRS Caffee & Lunchery (www.slyrs.com).

» Leichter ausgeschilderter **See-Rundweg** (8 km) mit Infotafeln über die See-Flora.

» **Schliersberg-Seilbahn zur Schliersbergalm** (Einkehr) – beliebtes Ausflugsziel mit herrlicher Aussicht, Spielplatz & Sommerrodelbahn (www.schliersbergalm.de).

» **Erlebnispfad Schliersee** – am Westufer zwischen Freibad und Rixneralm. Rundweg mit 6 interaktiven Stationen (u. a. Waldxylophon, Holzfernrohre, Barfußweg).

» **Wanderung zur Burgruine Hohenwaldeck** (Steinmauerreste) – wildromantisch und geheimnisvoll auf einem Felsvorsprung hoch über dem See, zwischen Neuhaus und Schliersee, gelegen. Mit toller Aussicht.

» **Schlierseer Kulturherbst** (Oktober) mit Konzerten, Lesungen, Theater- & Kabarett- sowie Kindervorstellungen in historischen Gebäuden, Sälen, Kirchen.

» **Schliersee Alpentriathlon** jährlich im Juli / August.

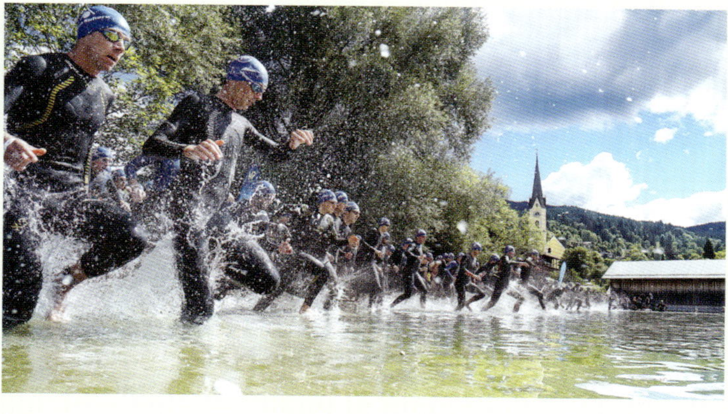

TOUREN

1 SEEUMRUNDUNG
Große Runde vom Ort Schliersee.
| **LÄNGE** 6 km | **DAUER** 2-3 h

2 KLEINE INSELRUNDE
Schöner Sundowner von Schliersee um die Insel Wörth und zurück!
Seequerung am besten bei Windstille.
| **LÄNGE** 3 km | **DAUER** 1-2 h

EIN- & AUSSTIEG
Uferpromenade an der Seestraße in Schliersee (OT Unterleiten).

SUP-VERMIETUNG

1 SUP SCHLIERSEE
Kurweg 4, 83727 Schliersee
Tel. (08026) 46 73 & 0151-50 30 20 31
www.sup-schliersee.com

2 OSTUFER SCHLIERSEE
Neuhauser Str. 2, 83727 Schliersee
Tel. (08026) 387 13 95
www.ostufer-schliersee.de

ÜBERNACHTUNG

1 CAMPING SCHLIERSEE
am Westufer, Tel. (08026) 929 89 98
www.camping-schliersee.de

2 FERIENHAUS TINA AM SEE
in Schliersee, Tel. (08026) 925 16 55
www.tina-am-see.de

3 ANDERL-BAUERNHOF
in Fischhausen, Tel. (08026) 946 64
www.anderlbauer-am-see.de

EINKEHR

1 RIXNERALM
Westerbergstr. 40 am Westufer
Tel. 0160-95 81 22 04
www.rixneralm.de
Im Sommer täglich 10-17 Uhr

KLASSIKER Bayerische Brotzeit

2 ZUM HOFHAUS AM SEE
Mesnergasse 2 in Schliersee
Tel. (08026) 944 99
www.hofhaus-am-see.de
Täglich von 9-23 Uhr

KLASSIKER Ofenfrische Ente

3 SCHLIERSEER HOF
Seestraße 21 in Schliersee
Tel. (08026) 92 92 00
www.schlierseerhof.de
je nach Wetterlage, ganzj. geöffnet

KLASSIKER Brotzeit, Weißwürste

4 STRANDBAD SCHLIERSEE
Seestraße 29 A in Unterleiten
Tel. (08026) 20 94 95
www.strandbad-schliersee.de
Tägl. 10-22 Uhr (bei schönem Wetter)

KLASSIKER Schmankerl vom Holzkohlegrill, Steckerlfisch, asiatisch Spezialitäten aus dem Wok

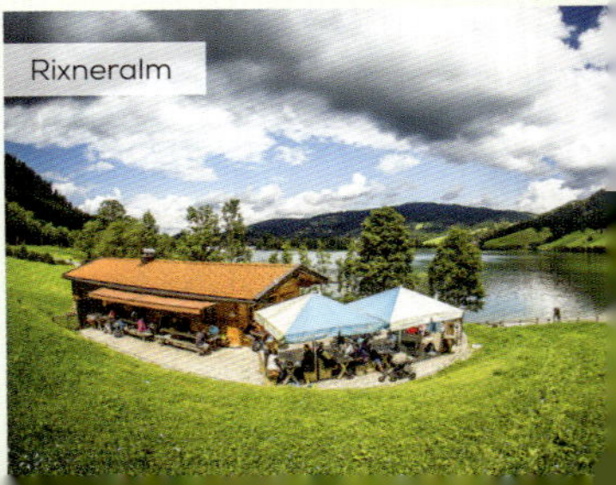
Rixneralm

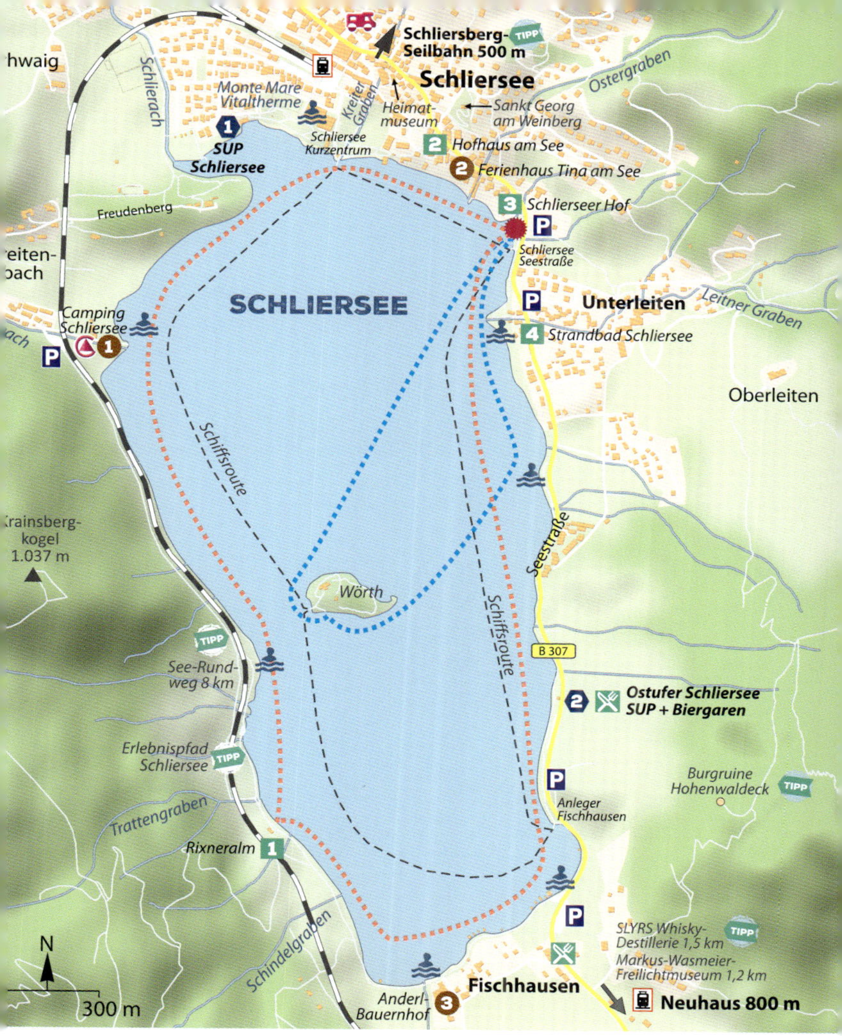

1 OBERBAYERISCHE VORZEIGE-IDYLLE

Die "Seele Bayerns" finden wir im Münchner Naherholungsgebiet am Schliersee. Der international bekannte Wintersportort und der gepflegte, nur etwas mehr als zwei Quadratkilometer große See teilen sich Namen und malerische Alpenkulisse.

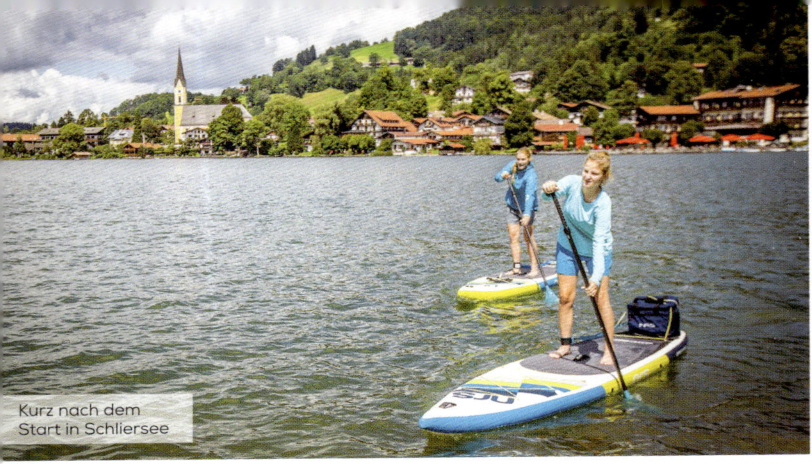
Kurz nach dem Start in Schliersee

Am **NORDOSTUFER** des Sees setzen wir unsere Boards direkt an der begrünten Uferpromenade des Ortes **SCHLIERSEE** ins klare Wasser. Hinter den roten Sonnenschirmen vom Biergarten des **„SCHLIERSEER HOF“** 3 ragt der spitze Turm der Kirche St. Sixtus in den blau-weißen Himmel, weiter oben am Hang die Spitze der **KAPELLE ST. GEORG AM WEINBERG**. Der Ort geht auf eine frühe Klostergründung zurück. Schon 779 zogen fünf Brüder in die Berge nördlich des Sees und gründeten ein Kloster namens “Slyrse“, aus dem sich im Laufe der Jahrhunderte das bayerische “Schliersee“ entwickelte. Im zweiten Drittel des 19. Jahrhunderts entdeckten dann Münchner Künstler den stillen und romantischen See, und es verbreitete sich der Ruf Schliersees als idyllischer Urlaubsort.

Entlang dieser kitschigen Kulisse paddeln wir vorbei an der Schiffsanlegestelle Kurzentrum und der abfließenden Schlierach, einem kleinen Bach, der hier im Ort entspringt und der Mangfall zufließt. Das Ufer stets an unserer rechten Seite, passieren wir den **CAMPING SCHLIERSEE** 1 und genießen nun den Anblick der grün bewaldeten Voralpenhügel. Im Süden, zwischen den Gipfeln von Brecherspitz und Jägerkamp, geht es zum Spitzingsee, einem der beliebtesten Münchner Familienskigebieten.

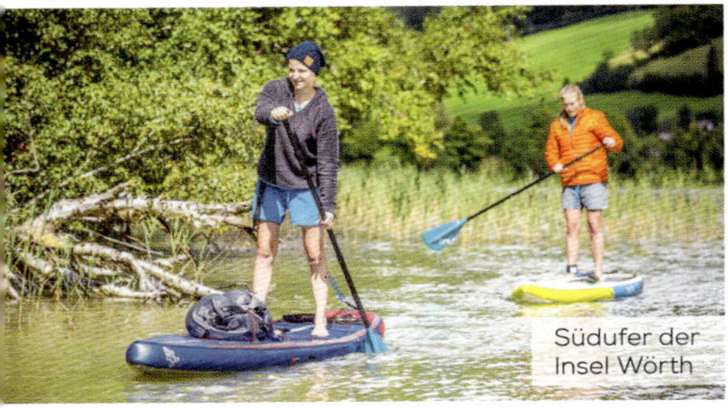
Südufer der Insel Wörth

In See-Mitte blicken wir auf die **INSEL WÖRTH**. Die grüne Insel ist der über den Wasserspiegel ragende Teil eines Querdamms, der, in Ost-West-Richtung verlaufend, den kleinen See in zwei Becken gliedert. Der **QUERDAMM** war lange Zeit zusammen mit der windgeschützten Lage und der langen Eisbedeckung im Frühjahr der Grund für einen ökologisch bedenklichen Zustand des Wassers. Blaualgen profitierten dabei von der gehemmten natürlichen Umwälzung des Wassers und verliehen ihm eine rötliche Farbe. Abhilfe schaffen seit den 80er Jahren zwei Druckluftleitungen in beiden Becken, die den See in drei bis vier Tagen weitgehend umwälzen.

Das „Wirtshaus im See" auf der idyllischen Insel Wörth, auch „Hochzeitsinsel" genannt, ist für Events und zum Sonntagsbrunch geöffnet. Wir lassen den Romantik-Spot hinter uns, um schräg gegenüber die beliebte **RIXNERALM** 1 anzulaufen. Dort ziehen wir die Boards auf die Uferwiese und nehmen auf der gemütlichen Holzterrasse Platz. Die Alm hat eine lange Tradition. Früher als "Winterstube" genutzt, haben hier die Holzknechte nach getaner Arbeit gewohnt.

Nach der deftigen Brotzeit und dem genussvollen Blick in den blau-weißen Himmel vollenden wir unsere Runde, vorbei am Kirchdorf **FISCHHAUSEN**, welches das südliche Ende des Sees markiert, und weiter auf der zwei Kilometer langen Endgeraden zu unserem Startpunkt. Dort findet man im rund 12.000 qm großen **STRANDBAD** 4 ruhige Ecken direkt am Wasser oder im Schatten unter Bäumen zum Relaxen. Die Gastronomie bietet neben herzhaften Schmankerl vom Holzkohlengrill oder Steckerlfisch sogar asiatische Spezialitäten aus dem Wok.

2 Als **SUNDOWNER** bietet sich die **„KLEINE INSELRUNDE"** an. Vom Ort Schliersee der Abendsonne entgegen, die Insel Wörth umrunden und zurück.

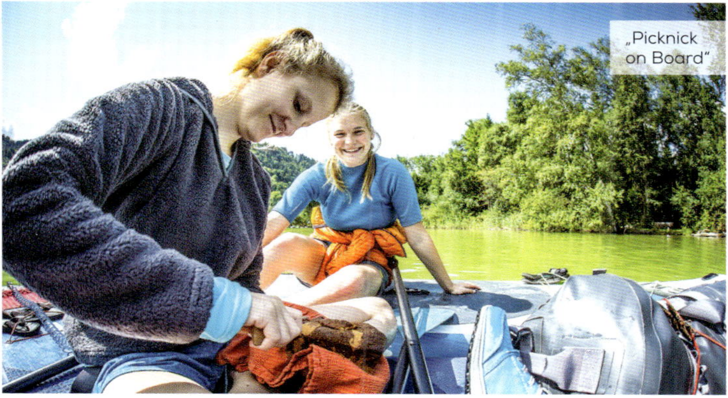
„Picknick on Board"

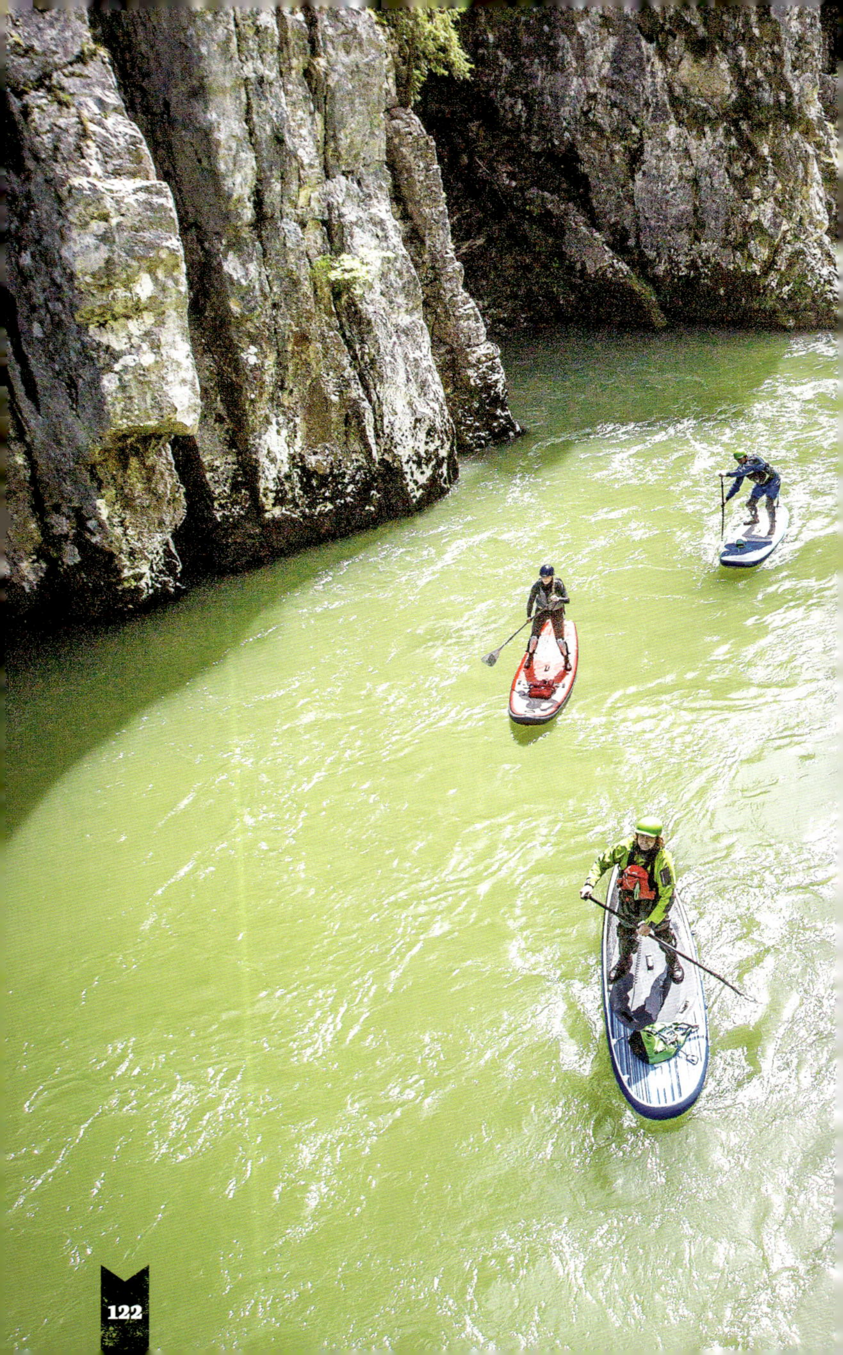

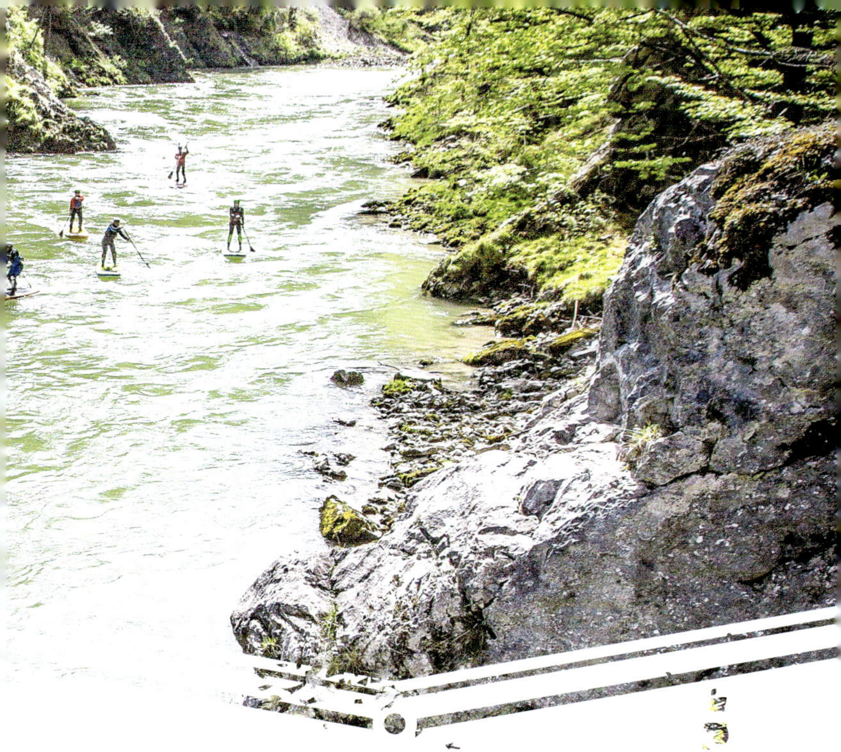

TIROLER ACHEN

ANSPRUCH	EINKEHR
WW II	

Das Durchbruchstal der Großache im bayerisch-tirolischen Grenzgebiet ist eine wilde Naturschönheit; der bayerische Teil der unzugänglichen Klamm ist gar als Naturschutzgebiet ausgewiesen. Die Wildwasserstrecke wartet auf mit Wellen, Verwirbelungen und Prallwänden. In der Klamm ist es nicht möglich, die Fahrt abzubrechen. Im Auslauf der Naturschönheit laden einsame Kiesbänke zum Pausieren ein.

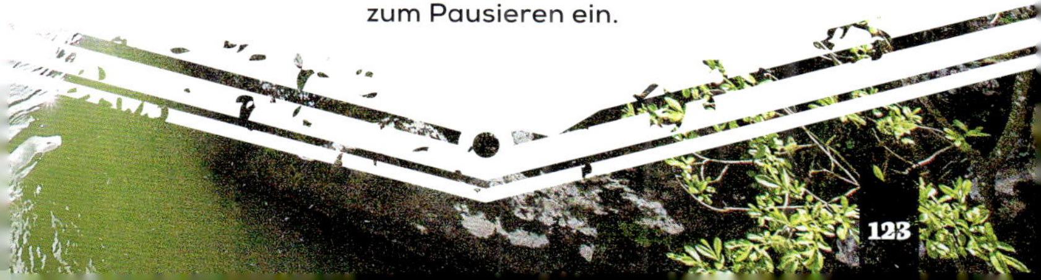

BEFAHRUNGSREGELN

Die Befahrung der Entenlochklamm ab Kössen ist vom 01.06.-14.09. von 9-19 Uhr gestattet. Ein- oder Aussetzen darf, außer in Notfällen, nur an den dafür vorgesehenen An- bzw. Ablegestellen erfolgen. Aktuelle Befahrungsregelungen finden Sie auf der Website des DKV (Deutscher Kanu Verband) www.kanu.de

GEFAHREN

- Hochwasser und eventuelle Baumhindernisse.
- Kein Fahrtabbruch in der Klamm möglich.
- Vor der Befahrung von Flüssen ist grundsätzlich ein Fließwasserkurs anzuraten!

EMPFOHLENE AUSRÜSTUNG:
Neoprenanzug mit Paddeljacke oder Trockenanzug, Schwimmweste, Helm und Leash mit Panikauslösung, ggf. Schienbein- und Ellbogenschützer.

PEGEL

BEZUGSPEGEL Kössen-Hütte / Großache

Niedrigwasser 10 m³/s
Mittelwasser 35 m³/s
Hochwasser 100 m³/s

MOBIL: RiverApp

ONLINE-PEGEL:
www.hnd.bayern.de/pegel/inn/koessen-huette-18451504/abfluss

Niedrigwasser 80 cm
Mittelwasser 110 cm
Hochwasser 200 cm

BADEN

Schwimmen im Naturbadesee des Campingplatzes Zellersee oder im Erlebnis-Waldschwimmbad in Kössen.

ANFAHRT MIT DEM PKW

Zum Ausstieg (2. Pkw parken) auf der A 8 bis Ausfahrt 106 Bernau. Weiter auf der B 305, dann B 307 durch Schleching Richtung Kössen. An der Brücke über die Tiroler Achen befindet sich am Ostufer der Ausstieg der Tour und ein Parkplatz.

Dann zum Einstieg die B 307/B 176 weiter bis Kössen (Österreich) und dort auf der L 39 Richtung Erpfendorf bis zur Hagerbrücke an der Großache (Parkplatz).

Alternativ von A 8 am Kreuz Rosenheim auf A 93 wechseln bis Ausfahrt Oberaudorf. Dann B 172 (Österreich) bis Kössen. Am 1. Kreisverkehr zum Ausstieg links Richtung Schleching (D), zum Einstieg geradeaus über die B 172, nach 1,5 km rechts ab auf L 39 Richtung Erpfendorf.

PARKEN EINSTIEG

Kleiner, kostenloser Parkplatz an der Hagerbrücke am Westufer des Flusses.

PARKEN AUSSTIEG

Östlich des Flusses unter Straßenbrücke der B 307 bei Ettenhausen, gebührenfrei.

ANFAHRT MIT ÖPNV

Mühsam! Mit dem Zug über Wörgl nach St. Johann/Tirol, dort Bus nach Erpfendorf (Fahrzeit ab München 2:30-3:30 h), mit dem Taxi zur Einsetzstelle. Nach der Tour mit dem Bus nach Übersee, dort in die Bahn (Fahrzeit nach München 2 h). Info: www.postbus.at www.bahn.de

ÖPNV ZURÜCK ZUM EINSTIEG

Oberbayernbus 9509 von Ettenhausen Zollamt (300 m südöstlich vom Ausstieg) nach Kössen, weiter mit dem Taxi oder umsteigen in Postbus 4000 nach Erpfendorf und dort mit dem Taxi zum Pkw. Info: www.RVO-Bus.de www.postbus.at

SEHENSWERT

» Die **Wallfahrtskirche Maria Klobenstein,** die auf einem gespaltenen Felsen steht, besteht aus zwei miteinander verbundenen Kapellen. Unterhalb liegt noch die kleine Lourdes-Kapelle.

» **Kössen:** Barocke Pfarrkirche Petrus und Paulus.

» **Streichen (Schleching):** spätgotische, schindelgedeckte Streichenkapelle „St. Servatius" (13. Jh., ehemalige Wallfahrtskirche) mit tollen Fresken (Schlüssel beim Berggasthaus Streichen, Mo geschlossen). Wanderung von Schleching hinauf zur Kapelle ca. 2 h, tolle Aussicht u.a. auf Kampenwand und Wilden Kaiser.

TIPP EXTRA-TIPPS

» **Wanderung** von **Ettenhausen** auf dem **Schmugglerweg** durch die **Entenlochklamm** (4,5 km, 1:40 h) oder von **Kössen (Tirol)** auf dem **Schmugglerweg** (3,3 km, 1:15 h) über die Hängebrücke zur Wallfahrtskirche und Gasthaus **Klobenstein**.

» Historische **Altstadt** von **Kufstein**, Festung, Regionalmuseum, Tischofer Höhle.

» **Mettenhammer Filz** - kleines Hochmoor im südlichen Achental. Über einen Forstweg nördlich des Campingplatzes Zellersee gelangt man in 20 Minuten zum „Filzenblick" mit Informationstafel und großartigem Ausblick auf das Moor.

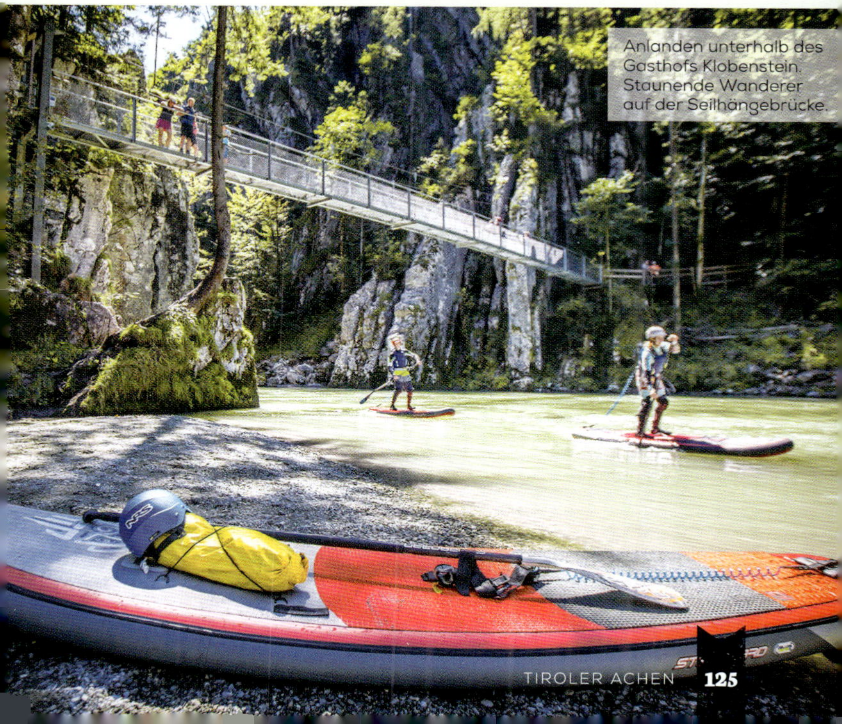

Anlanden unterhalb des Gasthofs Klobenstein. Staunende Wanderer auf der Seilhängebrücke.

TOUREN

1 SPRITZIGE FAHRT

Eingrooven auf den ersten zehn Flusskilometern, dann gehts durch die Entenlochklamm. Kein Fahrtabbruch in der Klamm möglich! Je nach Spaß & Spiellaune kann die Tour auf 3-4 Stunden ausgedehnt werden.

Für geübte Fließgewässer-Fahrer mit entsprechender Ausrüstung.

| **LÄNGE** 15 km | **DAUER** 2-3 h | **WW II**

EIN- & AUSSTIEG

EINSTIEG Hagerbrücke (kleiner Parkplatz) an der L 39 (Erpfendorfer Landesstraße). 9 km südöstlich von Kössen bzw. 5,5 km nördlich von Erpfendorf.

AUSSTIEG Rechtsufrig unter der ersten Straßenbrücke (B 307) nach der Klamm südlich von Schleching (gebührenfr. Parkplatz).

ZURÜCK ZUM EINSTIEG siehe Seite 124.

SUP-VERMIETUNG

1 SUP CLUB CHIEMSEE
(SUP-Vermietung, -Kurse, geführte Touren Tiroler Achen)
Harrasser Str. 39 (Schraml) in 83209 Prien am Chiemsee (24 km entfernt)
Tel. 0162-891 54 24 (Toby Hüther)
www.sup-club-chiemsee.de

2 PRIJON SPORTSHOP
(Board-Miete bis 100,- € wird auf eventuellen, späteren Kauf angerechnet)
Innlände 6 in 83022 Rosenheim (44 km entfernt), Tel. (08031) 21 94 44
www.prijonshop.de

EINKEHR

1 JAUSENSTATION MÜHLBERGHOF

Mühlbergweg 50, A-6345 Kössen
Tel. +43 (0)5375 28 19
www.jausenstation-muehlberghof.at
Mo & Do 10-18, Fr-So 10-21 Uhr

KLASSIKER Leckere "Brettl-Jausn", tolles Frühstück

2 METZGEREI GRÜNDLER

Alleestraße 84, A-6345 Kössen
Tel. +43 (0)5375 62 19
Mo-Fr 7-12.30, 14.30-18, Sa 7-12.30 Uhr Di nachmittags geschlossen

KLASSIKER Speck vom Gustino Strohschwein und leckere Würste

ÜBERNACHTUNG

1 EURO-CAMP WILDER KAISER
in Kössen-Thurnbichl, Tel. +43 (0)5375 64 44, www.eurocamp-koessen.com

2 CAMPING ZELLERSEE
in Schleching-Mettenham, Tel. (08649) 98 67 19, www.camping-zellersee.de

3 ALPENHOTEL DAHOAM in Schleching-Ettenhausen, Tel. (08649) 224, www.alpenhotel-dahoam.de

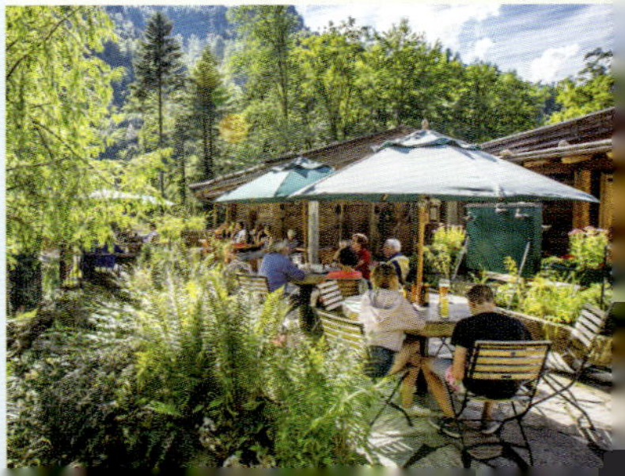

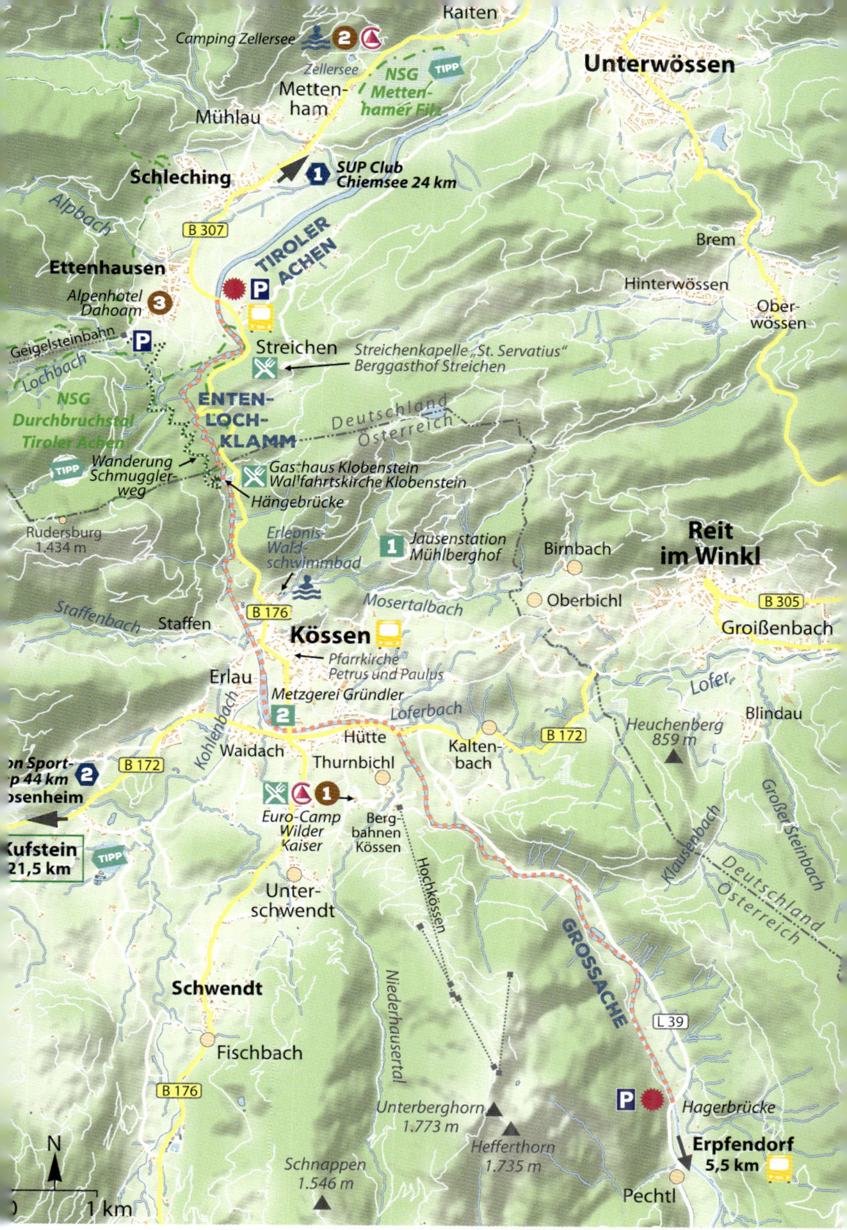
Raiten
Camping Zellersee
Zellersee
NSG Mettenhamer Filz
TIPP
Unterwössen
Mettenham
Mühlau
Schleching
SUP Club Chiemsee 24 km
Alpbach
B 307
TIROLER ACHEN
Brem
Ettenhausen
Alpenhotel Dahoam
Hinterwössen
Oberwössen
Geigelsteinbahn
Streichen
Streichenkapelle „St. Servatius"
Berggasthof Streichen
Lochbach
NSG Durchbruchstal Tiroler Achen
ENTENLOCHKLAMM
Deutschland
Österreich
TIPP
Wanderung Schmugglerweg
Gasthaus Klobenstein
Wallfahrtskirche Klobenstein
Hängebrücke
Rudersburg 1.434 m
Erlebnis-Waldschwimmbad
Jausenstation Mühlberghof
Birnbach
Reit im Winkl
Oberbichl
B 305
Staffenbach
Staffen
B 176
Mosertalbach
Kössen
Großenbach
Pfarrkirche Petrus und Paulus
Erlau
Lofer
Metzgerei Gründler
Loferbach
Blindau
Kohlenbach
Heuchenberg 859 m
Waidach
Hütte
B 172
Kaltenbach
Thurnbichl
B 172
Euro-Camp Wilder Kaiser
Bergbahnen Kössen
Kufstein 21,5 km
TIPP
Klausenbach
Großer Steinbach
Deutschland
Österreich
Hochkössen
Unterschwendt
GROSSACHE
Niederhausertal
Schwendt
L 39
Fischbach
B 176
Unterberghorn 1.773 m
Hagerbrücke
Heffterhorn 1.735 m
Erpfendorf 5,5 km
Schnappen 1.546 m
N
1 km
Pechtl

1 GRENZKLASSIKER ENTENLOCHKLAMM

WW II

Die **TIROLER ACHEN**, in Österreich noch **GROSSACHE** genannt, mündet in den Chiemsee. Der Fluss zwischen Kössen in Tirol und dem bayerischen Schleching ist eine beliebte Paddelstrecke mit leichtem Wildwasser und vielen Wellen und Gegenströmungen zum Üben. Einige Verwirbelungen, Kurven und Prallwände sind anspruchsvoll zu befahren.

Aufgrund eines Uferbetretungsverbotes im gesamten Bereich von Kössen bis in die Entenlochklamm hinein, darf der ursprüngliche Einstieg bei der **HOLZBRÜCKE IN KÖSSEN** nicht mehr genutzt werden. Darum fahren wir knapp 10 km weiter flußaufwärts Richtung Erpfendorf bis die L 39 an der **HAGERBRÜCKE** die Tiroler Achen, die hier noch Großache heißt, kreuzt. Hier befindet sich westufrig ein kleiner Parkplatz, der auch als Kajak- und Rafteinstieg gekennzeichnet ist.

Ab hier geht es zunächst, je nach Wasserstand (bei Niedrigwasser bilden sich einige Kiesbänke, ohne Grundberührungen ist ein guter Mittelwasserstand notwendig) und trotz der etwas begradigten Flussufer, gemütlich durch viele Kehrwässer und Kiesbankschwälle Richtung Kössen. Genug Zeit um sich an den Fluss zu gewöhnen. Zuflüsse wie Schwarzlofer und Kohlenbach münden in die Ache. Linkerhand erblickt man oft viele Paraglider am Himmel, die am Untersberg gestartet sind. Vor der ersten Brücke in **KÖSSEN** weisen Schilder nochmal extra auf die aktuellen Befahrungsregeln hin. Grund ist die Laichzeit der Fische, die hier eingesetzt werden. An der überspannten Holzbrücke zwischen **KÖSSEN** und **ERLAU** erreichen wir nach knapp neun Flußkilometern den „alten“ Einstieg.

Dann beginnt mit einer Rechtskurve die **SCHLUCHT**, rechts und links rahmen jetzt bewaldete Ufer die Großache ein. Je tiefer das Wasser sich eingräbt, desto mehr genießen wir die Abgeschiedenheit und die glatten steilen Felswände, die den Wald mehr und mehr ablösen. Kurz vor der Grenze nach Deutschland legen wir direkt nach der **HÄNGEBRÜCKE** rechts am Kiesstrand an. Sie markiert die Mitte des Durchbruchstals. Die Boards tragen wir ein Stück den Kies hoch und legen sie an die Seite, bevor wir uns ausgehfein machen und auf dem Trampelpfad die paar Meter zum urigen Biergarten des **GASTHAUSES KLOBENSTEIN** hinaufgehen. Nasse Paddelsachen sind dort unerwünscht, daher haben wir Straßenkleidung im Trockensack mitgenommen. Auf der gemütlichen Terrasse der ehemaligen Einsiedelei löschen wir unseren Durst.

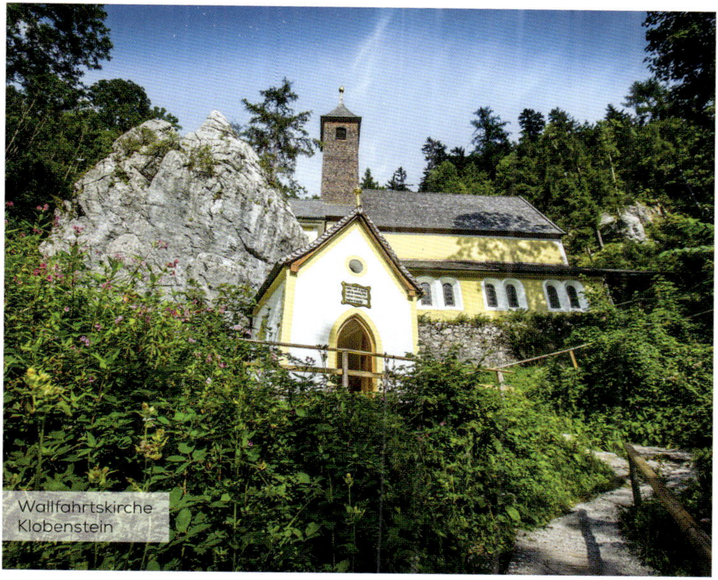

Wallfahrtskirche Klobenstein

HAUS KLOBENSTEIN

Haus KLOBEN-STEIN

Die Geschichte des Hauses Klobenstein (gespaltener Stein) und der sehenswerten Wallfahrtskirche, geht zurück auf eine Sage, nach der eine Frau von einer abgehenden Mure überrascht wurde. Ihr Stoßgebet fand Gehör und ein sich spaltender Fels soll ihr Schutz gewährt haben. Und tatsächlich kommt man auf dem Weg zur Maria Hilfkapelle zu einem wirklich großen Felsen, in der Mitte gespalten und gerade so breit, dass man hindurchgehen kann.

Näher an der Wirklichkeit siedelt wohl die Geschichte um den "Schmugglerweg", der sich von Schleching durch die tief ins Kalkgestein gefräste Felsschlucht der Ache über den Klobensteinpass schlängelt, einem uralten Übergang zwischen Tirol und Bayern. Sein Name erinnert an die gute alte Zeit, als im 16. Jh. Schlechinger Bauern das "Schwärzen" als lukrativen "Nebenerwerb" ausübten und auf den Rücken ihrer Pferde Weinfässer und Salzblöcke über die Grenze transportierten. Zuletzt erfuhr das Schmuggeln von Zigaretten, Kaffee, Rum, Branntwein, ja sogar ganzen Käselaiben seine Blütezeit zwischen den beiden Weltkriegen.

Inzwischen sind wir bereit für den eigentlichen **DURCHBRUCH**. Auf eine Passage freuen wir uns besonders. Ein kräftiger Schwall fließt hier geradeaus auf eine Prallwand, bevor der Fluss links weiterströmt. Fahre ich zu weit rechts, nimmt die Strömung mich mit in ein schnelles Kehrwasser und ich muss den Schwall weiter oben sehr zügig queren, um nach links hinüberzukommen. Fahre ich jedoch zu weit links, lande ich in einem riesigen Kehrwasser, das mich auch wieder oben in den Schwall hineinzieht. Es gilt also, erst kurz vor dem Felsen nach links zu steuern, ohne gegen die Prallwand zu fahren. Auch wenn wir die Stelle mit dem Kajak schon befahren sind, auf dem SUP ist sie deutlich anspruchsvoller. Wir

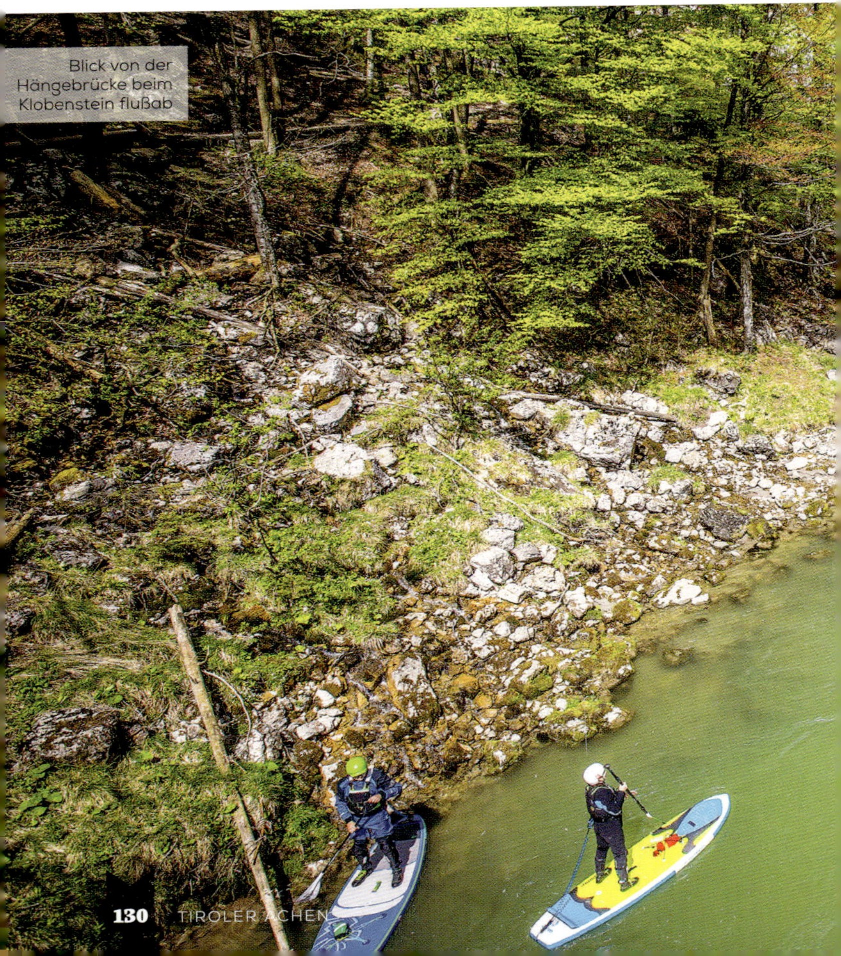

Blick von der Hängebrücke beim Klobenstein flußab

tragen links über die Kiesbank ein paar Mal hoch, bis jeder ohne im Wasser zu landen und stehend durchkommt.

Nach und nach wird die Schlucht breiter und das Wasser ruhiger, bevor wir die Brücke bei **SCHLECHING** sehen. Dort steigen wir am rechten Ufer aus und beglückwünschen uns gegenseitig zum überstandenen Abenteuer.

Jetzt freuen wir uns aber auf die Einkehr in der **JAUSENSTATION MÜHLBERGHOF** 1 nordöstlich von Kössen! In der über 100 Jahre alten Hofstubn im urig-alpenländischen Stil lassen wir uns eine zünftige Brettljausn schmecken.

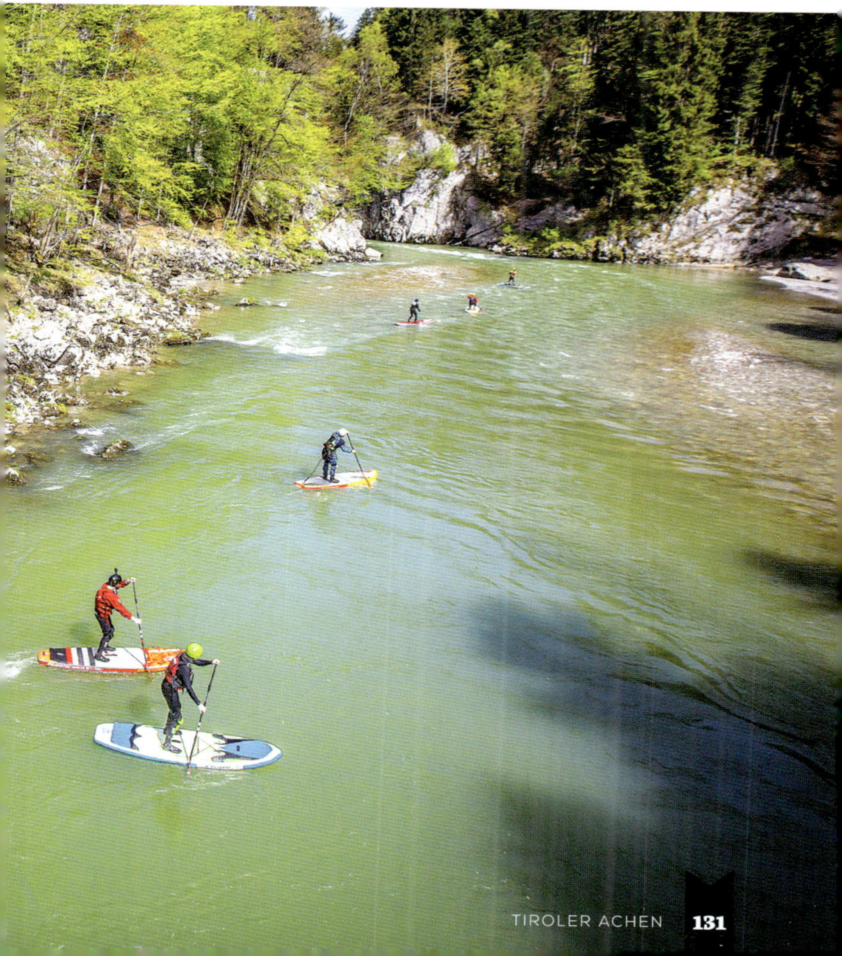

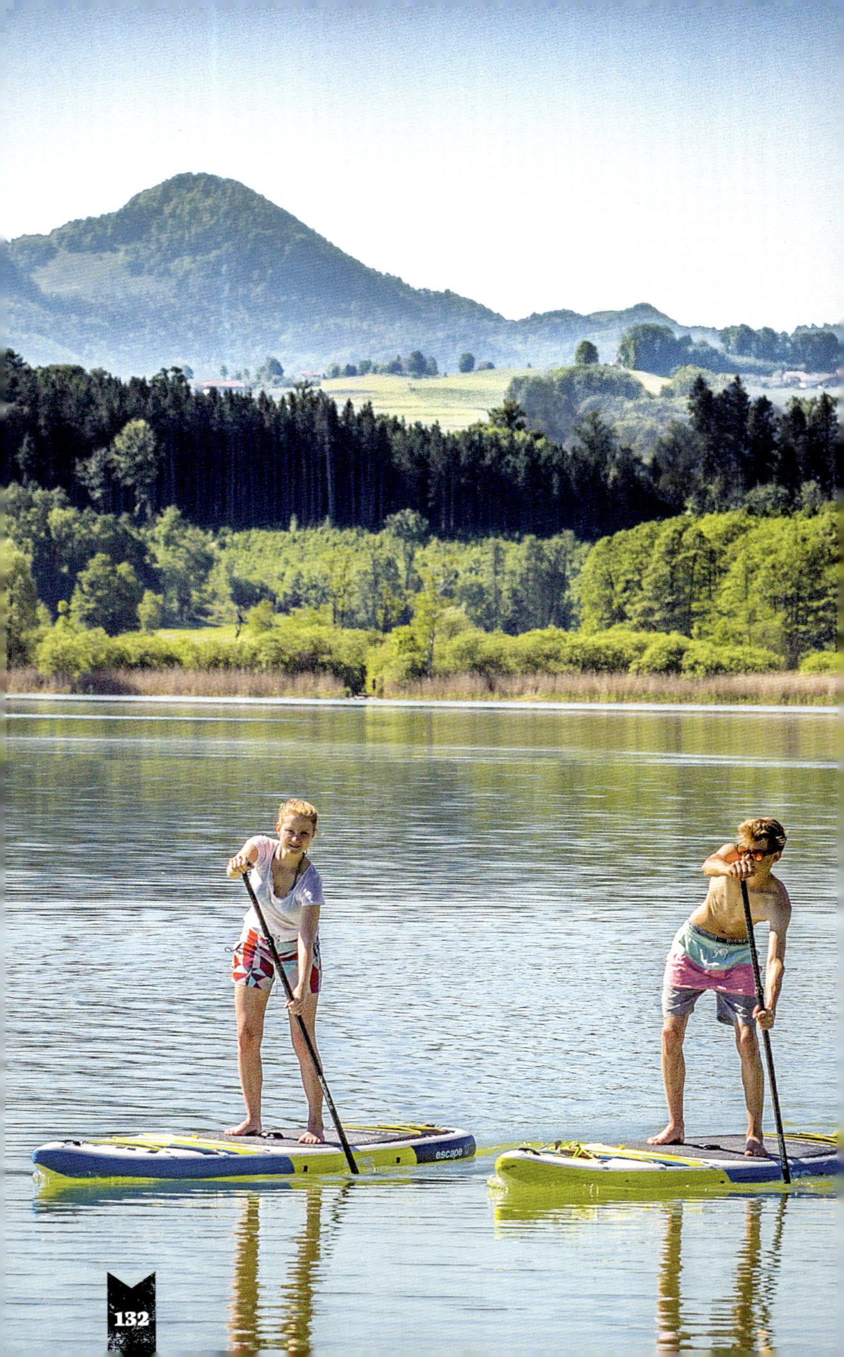
escape

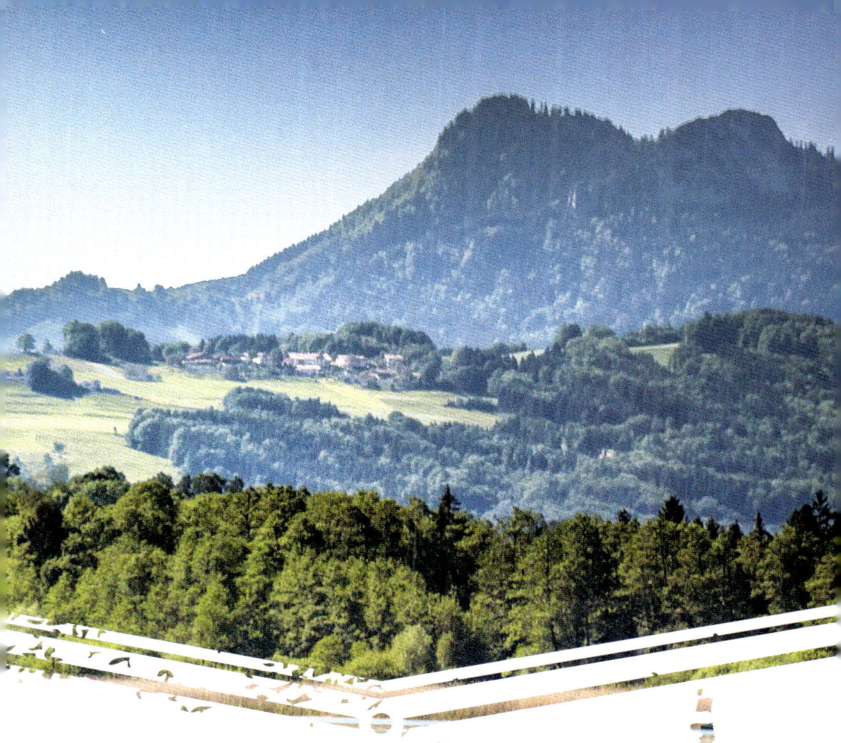

SIMSSEE

ANSPRUCH

EINKEHR

Der ruhige Fischersee bei Rosenheim mit dem grandiosen Bergblick ins Chiemgau ist für viele noch unbekannt. Gott sei Dank! Daher sucht man Rummel hier vergeblich und so sanft wie die ihn umgebende Hügellandschaft, so sanft ist auch der Tourismus. Zu allem Glück versorgen lokale Fischerfamilien mit ihrem täglichen Fang die Wirte und Biergärten am Ufer.

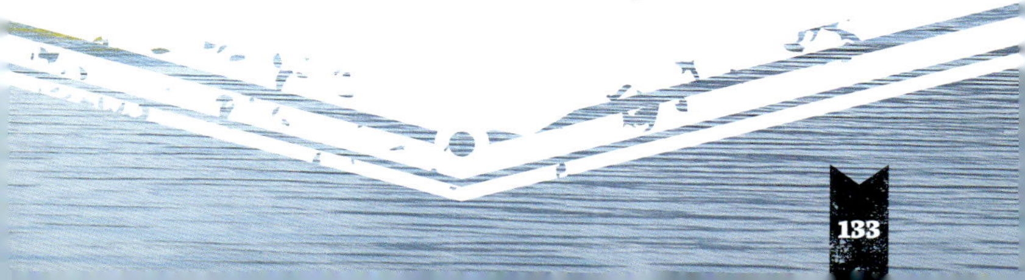

WIND & WETTER

Der Wind weht oft aus Westen. Sturmwarnungen beachten (Blinklichter rund um den See).

BEFAHRUNGSREGELN

Anlande-, Uferbetretungs- & Befahrungsverbot im “Naturschutzgebiet Südufer des Simssees“.

Bitte beachten Sie auch die Schutz- & Ruhezonen für Tiere an den Ufern rund um den See (Schilder).

GEFAHREN

In den Flachwasserzonen befinden sich zum Teil Pfähle unter Wasser, die für SUPer nicht ganz ungefährlich sein können, wenn man vom Board fällt.

ANFAHRT MIT DEM PKW

A 8 bis Ausfahrt Rosenheim, dann der B 15 folgen. In Rosenheim rechts abbiegen auf die Miesbacher Straße (St 2095) Richtung Stephanskirchen / Bad Endorf. Ausfahrt Stephanskirchen nehmen und der Beschilderung Simssee folgen (Fahrtzeit ab München rund 1 h).

PARKEN WESTUFER

Beim Simsseekiosk Kurvenwirt / Strandbad Baierbach (gratis), Simsseestr. 429, 83071 Stephanskirchen-Baierbach.

PARKEN OSTUFER

Beim Seewirt (gratis), Am See 27, 83083 Riedering-Ecking.

ANFAHRT MIT ÖPNV

Mit der Bahn nach Rosenheim. Von dort Mo-Fr 7 x tägl. mit dem Bus 9498 in ca. 0:20 h nach Baierbach. Sa 1 x am Tag, sonn- & feiertags kein Busverkehr (Fahrtzeit Bahn + Bus ab München 1 h).

BADEN

Die maximale Tiefe beträgt nur 22 Meter, deshalb lockt der See im Sommer oft mit Wassertemperaturen von über 20 °C zahlreiche Badegäste an.

BAIERBACH – flach abfallendes Ufer, Gastronomie.

ECKING A. SEE – schattige Liegewiese, Kinderstrand, Gastronomie.

PIETZING – schattige Liegewiese, Sandstrand, Gastronomie.

KROTTENMÜHL – flach abfallendes Ufer, Steg, Gastronomie.

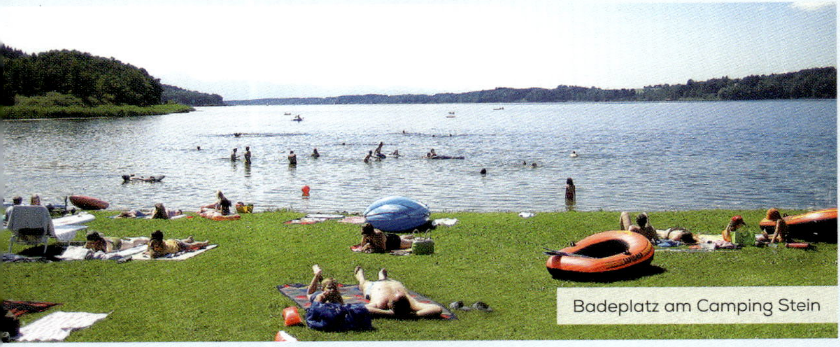

Badeplatz am Camping Stein

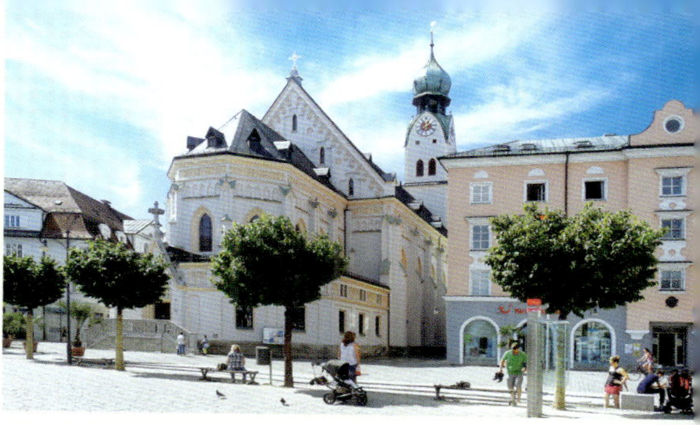

SEHENSWERT

» **Rosenheim:** die „Perle im Inntal" mit reizvoller Altstadt ist sehr lohnend. Das **Ausstellungszentrum Lokschuppen**, architektonisch ausgezeichnet, gehört zu den zehn erfolgreichsten Ausstellungshäusern Deutschlands und sorgt mit seinen Erlebnis-Ausstellungen auch international für Aufsehen (www.lokschuppen.de).

EXTRA-TIPPS

» Besuch der historischen **Wagenstaller Mühle** (Führung, Brotbackkurse, hauseigener Naturkostladen) im Riederinger Ortsteil **Obermühl** (www.wagenstallermuehle.de).

» Von **Baierbach** führt ein gut ausgebauter Weg mit **Vogellehrpfad** durch Moor- und Schilfzonen durchs **Naturschutzgebiet Südufer des Simssees** nach **Ecking**.

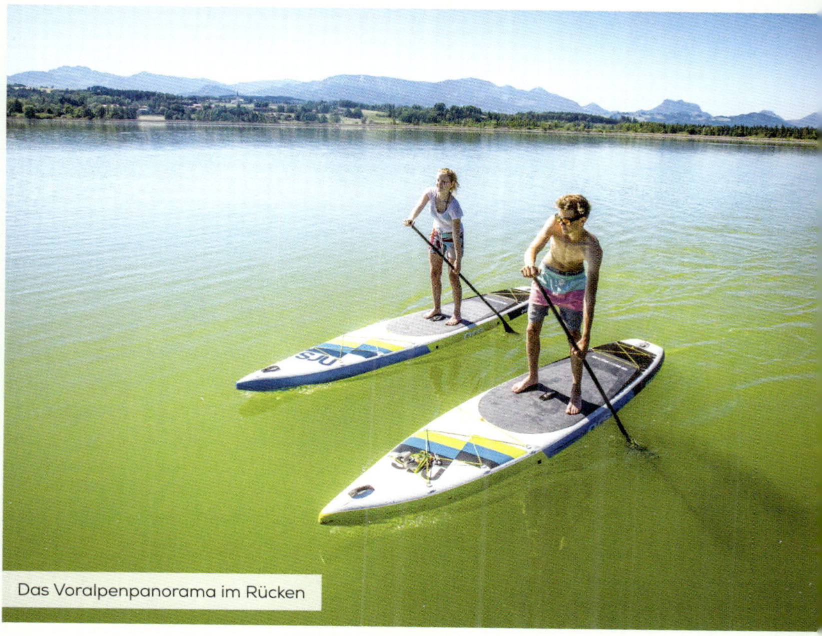

Das Voralpenpanorama im Rücken

TOUREN

1 SEEUMRUNDUNG
Vom Badeplatz Baierbach entgegen dem Uhrzeiger einmal um den See.
| **LÄNGE** 14 km | **DAUER** 3,5–4,5 h

EIN- & AUSSTIEG

WESTUFER Badeplatz Baierbach.
OSTUFER Seewirt Ecking.

SUP-VERMIETUNG

1 PRIJON SPORTSHOP
Board-Miete bis 100,- € wird auf eventuellen, späteren Kauf angerechnet.
Innlände 6 in 83022 Rosenheim
(6 km entfernt), Tel. (08031) 21 94 44
www.prijonshop.de

ÜBERNACHTUNG

1 CAMPING STEIN
Zelt, Schlummerfassl, Hütte, Mobilheim am Nordostufer
Tel. (08053) 93 49
www.camping-stein.de

2 SEEWIRT ECKING
am Südostufer
Tel. (08036) 12 89
www.seewirt.de

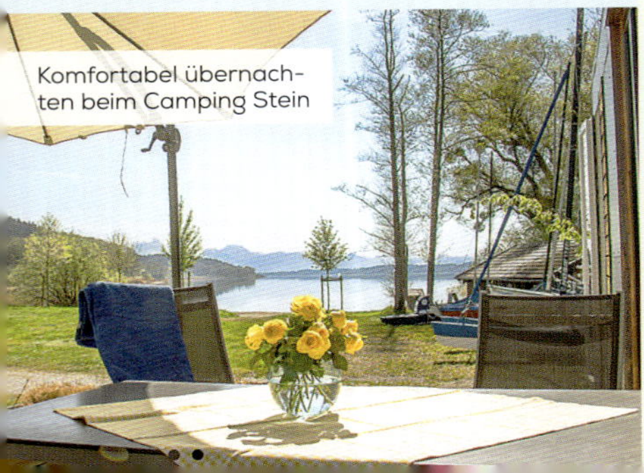
Komfortabel übernachten beim Camping Stein

EINKEHR

1 SIMSSEEKIOSK „KURVENWIRT"
Simsseestr. 429 in Baierbach
Tel. (08036) 76 41
www.badekiosk-team-chiemgau.de
Ganzjährig tägl. bei schönem Wetter

KLASSIKER Samstags Steckerlfisch

2 SIMSSEE-STUBEN
Seestr. 41 in Söchtenau-Krottenmühl
Tel. (08053) 79 64 64
www.simssee-stuben.de
Mär-Nov Di-So 11.30-22 Uhr

KLASSIKER Fisch, mediterrane Küche, vegetarische Gerichte

3 SEEWIRT ECKING
Am See 27 in Riedering-Ecking
Tel. (08036) 12 89
www.seewirt.de
Mi-Mo ab 10 Uhr

KLASSIKER Fisch und traditionelle bayerische Gerichte mit Seeblick

4 GASTHAUS HILGER
Hirnsberg 1 OT von 83093 Bad Endorf
Tel. (08053) 37 19
www.gasthaus-hilger.de
Täglich ab 17 Uhr

KLASSIKER Bayerische Schmankerl, Wild, Weißwurstfrühstück am Freitag

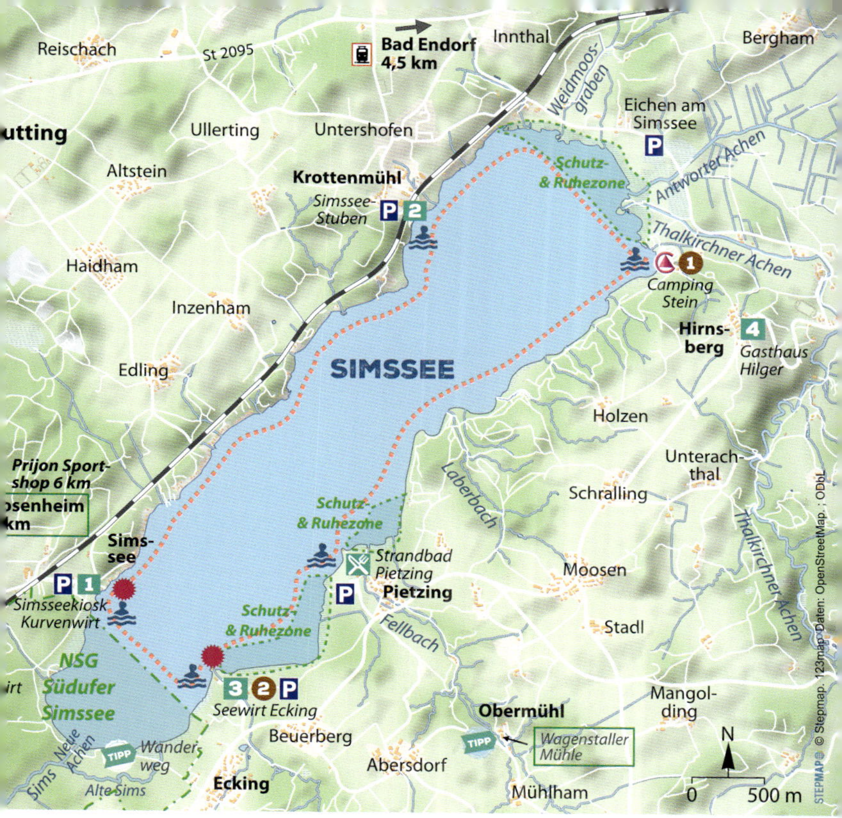

1 FISCHERSEE MIT AUSSICHT IM CHIEMGAU

Wenige Kilometer nordöstlich von Rosenheim liegt der nur sechseinhalb Quadratkilometer große Simssee, umgeben von Feldern, Wald und unberührten Uferzonen. An klaren Tagen bietet sich ein fantastischer Blick auf die Alpenbergkette im Süden. Das Moor am Südende steht unter Naturschutz. Motorsportboote sind auf dem an seiner tiefsten Stelle gerade mal 23 Meter tiefen Sees gänzlich verboten – ideal also für einen Tagesausflug zum Paddeln und Baden.

Ausgangspunkt unserer heutigen Schönwettertour ist der **BADEPLATZ BAIERBACH**. Es gibt weitere Badeplätze am Ostufer, die Strandbäder Ecking und Pietzing, doch uns hat es die Wiese in Baierbach zwischen der Wasserwacht und

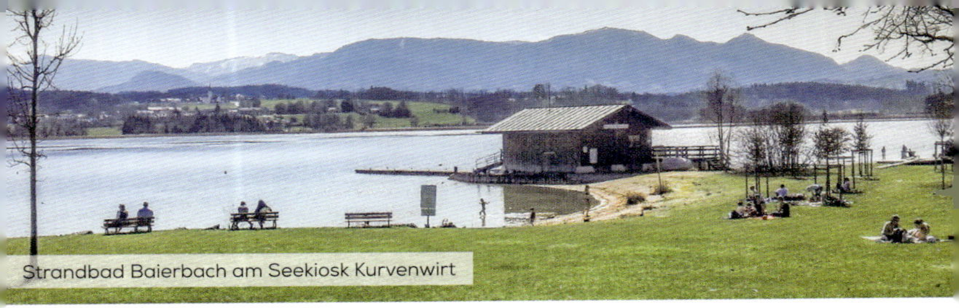

Strandbad Baierbach am Seekiosk Kurvenwirt

dem Simsseekiosk "Kurvenwirt" angetan. Schon jetzt freuen wir uns darauf, den Tag später hier ausklingen zu lassen. Wir wollen am Spätnachmittag wieder anlanden, denn samstags ist stets „Steckerlfisch-Tag" beim **„KURVENWIRT"** 1

Wir entscheiden uns, die Runde entgegen dem Uhrzeigersinn zu fahren und drehen die Brettspitzen gen Süden. Am Ende der Würm-Eiszeit entstanden, ist der See das Überbleibsel einer Wasserfläche, die durch das Abschmelzen des Inn-Gletschers entstand und dem Bodensee flächenmäßig ebenbürtig war. Dieser sogenannte Rosenheimer See verlandete und bildete die Grundlage für eine Moorlandschaft, deren letzte Flächen heute geschützt werden. Die Hoch- und Niedermoore im Verlandungsgürtel des Sees erhielten 1963 den Schutzstatus Landschaftsschutzgebiet "Schutz des Simssees und seiner Umgebung".

Das **SÜDUFER** rund um den Seeabfluss beherbergt viele seltene Pflanzenarten und wird daher noch zusätzlich als **NATURSCHUTZGEBIET "SÜDUFER DES SIMSSEES"** ausgewiesen. Die 257 Hektar große Naturschutzzone mit Auwald, Schilf und Moor darf außerhalb der Wege nicht betreten werden. Eine hier wachsende, besonders schützenswerte Sumpfpflanze ist die Binsenschneide. Sie gedeiht nur in stehendem Gewässer hinter Schilfstauden und kommt nur noch vereinzelt vor. Früher wurde sie zum Decken von Dächern geschnitten.

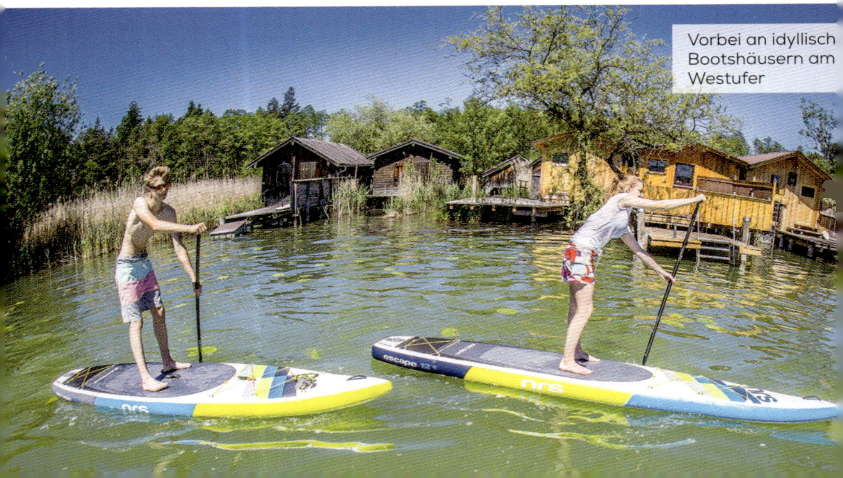

Vorbei an idyllisch Bootshäusern am Westufer

Auch wir dürfen dieses sensible Biotop nicht befahren und queren, ohne die Südbucht auszufahren, ans Ostufer. Außerdem befinden sich hier alte Pfähle unter Wasser, die für SUPer nicht ganz ungefährlich sein können. An der Landspitze von **ECKING** ragt der Steg des **SEEWIRT ECKING** 3 2 ins Wasser, ein paar Segler und einige Fischerboote ankern dort. Nur die heimischen Berufsfischer dürfen mit Motorbooten auf dem See herumtuckern, um für fangfrischen Fisch auf den Tellern der Gasthäuser rund um den See zu sorgen.

Auf den fünf Kilometern, die wir am **OSTUFER** mit Sonne im Rücken gen Norden SUPen, passieren wir das Strandbad und die Wasserwacht von **PIETZING**, bevor hinter dem grünen Mischwald aus Nadelbäumen und Birken am nordöstlichen Eck der Strand des **CAMPING STEIN** 1 auftaucht. Für alle die ein ganzes Wochenende am See verbringen wollen, ist er ein empfehlenswertes Domizil. Sogar Hütten und Schlaffässer gibt es und das beliebte **GASTHAUS HILGER** 4 mit seinem tollen Biergarten liegt nur wenige Fußminuten entfernt hinter dem Wäldchen.

Nach einem Bogen entlang dem **NORDUFER** steuern wir den langen Badesteg in **KROTTENMÜHL** neben den **„SIMSSEE-STUBEN"** 2 an. Das flache Ufer hier im Nordwesten ist ideal für kleine Kinder und viele Familien plantschen im warmen Wasser. Auch wir kühlen uns ab und lassen uns auf unseren schwimmenden Unterlagen von der Sonne wieder aufwärmen. Bald ist es Zeit an den Steckerlfisch zu denken. Wir ziehen die Schirmkappen tief ins Gesicht und paddeln gemütlich zurück zum **KURVENWIRT** 1, der tief stehenden Sonne entgegen.

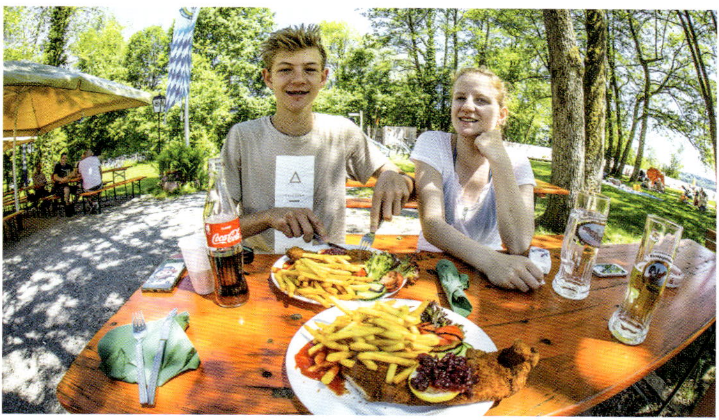

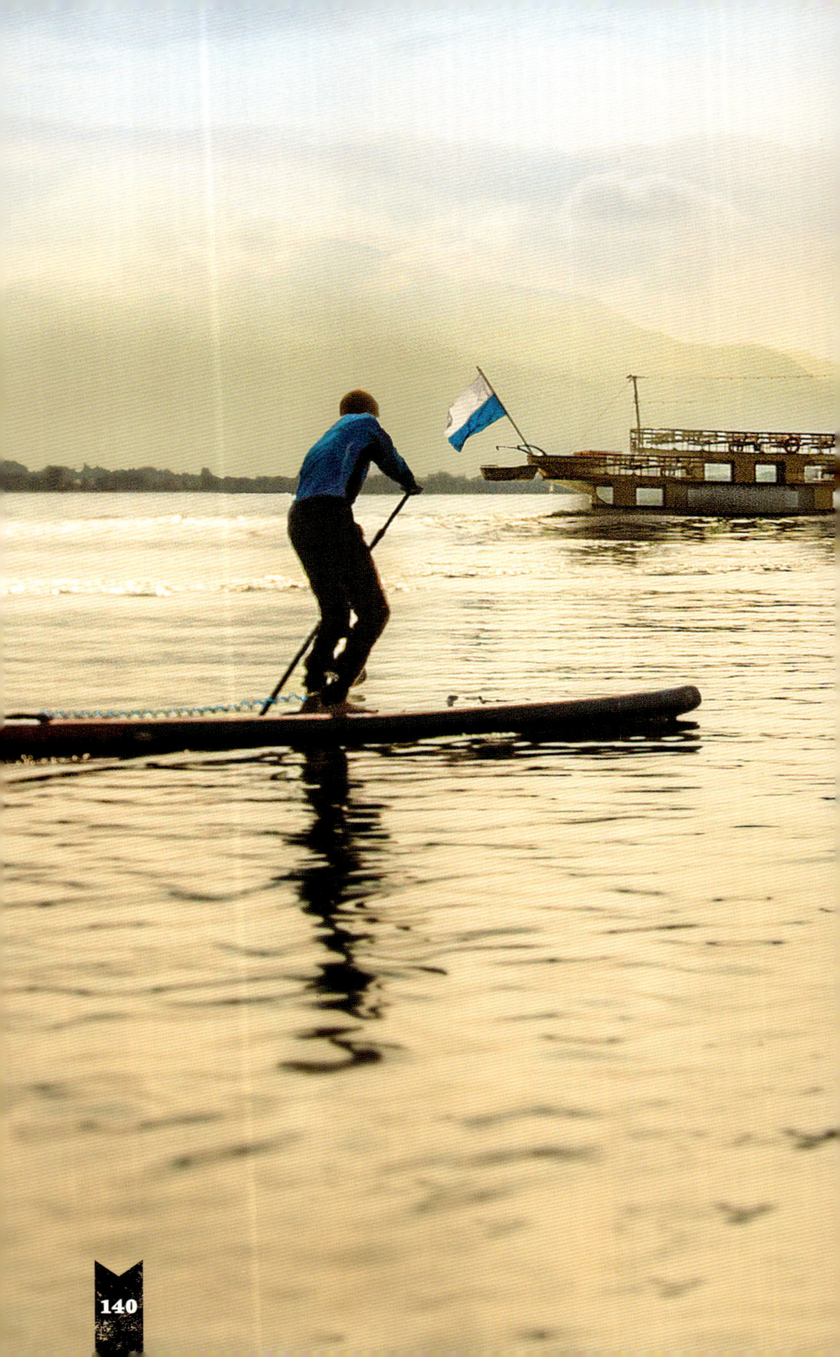

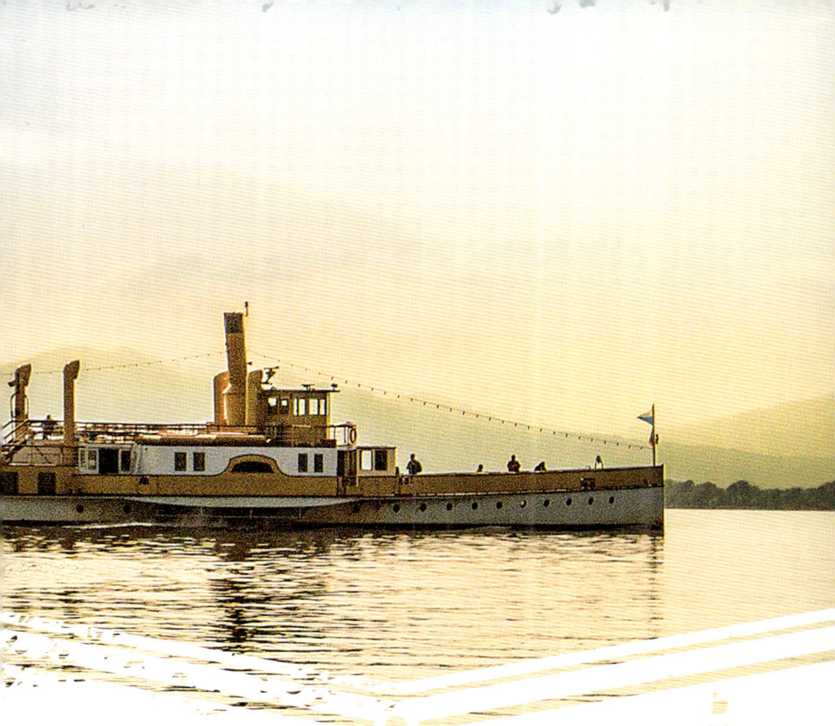

CHIEMSEE

ANSPRUCH

EINKEHR

Mit rund 64 Kilometern Uferlänge ist der Chiemsee Deutschlands drittgrößter See und der größte des Alpenvorlandes. Seine wildromantischen buchtenreichen Ufer und die vier so unterschiedlichen Inseln vor der malerischen Kulisse der Chiemgauer Berge, machen sofort Lust auf Erkundungstour zu gehen.

WIND & WETTER

Keine vorherrschende Richtung. Achtung: Plötzlicher Wind kann den See innerhalb von Minuten extrem aufwühlen. Rund um den See sind Sturmwarnleuchten installiert. Die Signale bedeuten: 40 Blitze pro Minute = Vorsicht, Gefahr von Starkwind/Sturm innerhalb der nächsten Stunde. 90 Blitze pro Minute = akute Sturmwarnung, Wind ab 8 Beaufort.

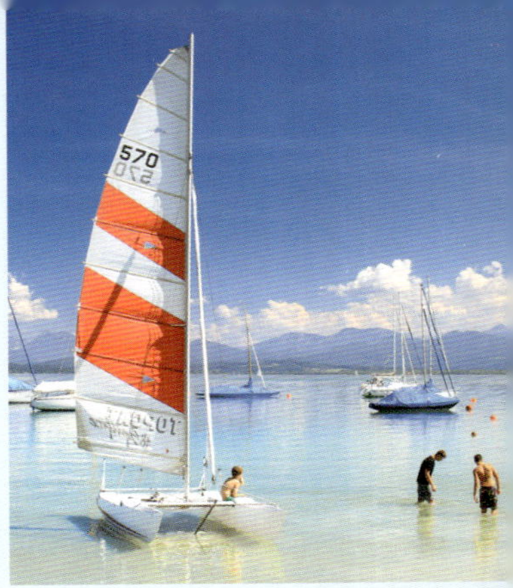

BEFAHRUNGSREGELN

» Die Berufsschifffahrt hat Vorfahrt.

» Die durch Bojen gekennzeichneten Ruhezonen für Vögel, Fische und zum Schutz des Schilfbestandes dürfen nicht befahren werden.

» Die Mündungsauen der Tiroler Achen dürfen ganzjährig nicht befahren werden.

» An Herrenchiemsee darf nicht angelegt werden (Schiffsverkehr soll nicht behindert werden). Außnahme: Paddler dürfen an der Nordspitze rechts neben der Kreuzkapelle anlanden.

» Das Übernachten auf den Inseln ist nicht gestattet.

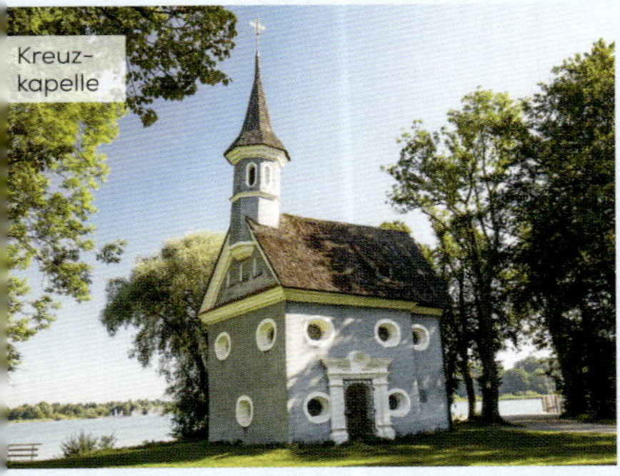

Kreuzkapelle

» Der Chiemsee ist ein beliebtes Revier für Segelregatten – bitte Rücksicht nehmen auf die Rennteilnehmer.

ANFAHRT MIT DEM PKW

Die A 8 bis zur Ausfahrt Bernau, dann der Beschilderung nach Prien folgen. (Fahrtzeit ab München rund 1:40 h).

PARKEN

Badeplatz Schraml (Tagesgebühr 3,50 €), Harrasserstr. 39, 83209 Prien a. Chiems.

ANFAHRT MIT ÖPNV

Mit dem Meridian nach Prien, dort entweder rund 0:30 h zu Fuß (2,4 km) oder mit der Chiemsee-Bahn, dem Bus 9424 oder Großraumtaxi-Shuttleservice zum Hafen Prien-Stock. (Fahrzeit Bahn von München Hbf etwa 1 h).

BADEN

Zahlreiche Strandbäder am ganzen See (meist freier Eintritt). Im Bereich der flachen Ufer wärmt sich das Wasser schnell auf.

SEHENSWERT

- **Fraueninsel** mit Benediktinerinnenkloster Frauenwörth.
- **Herrenchiemsee** mit dem Neuen Schloss (König Ludwig II. Museum) und dem Alten Schloss (Museum und Gemäldegalerien).

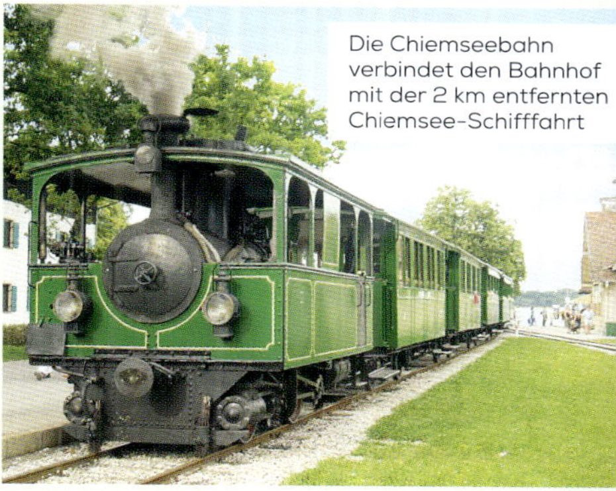

Die Chiemseebahn verbindet den Bahnhof mit der 2 km entfernten Chiemsee-Schifffahrt

TIPP EXTRA-TIPPS

- **Chiemsee-Bahn** in Prien. Schmalspurbahn von 1887 – älteste ununterbrochen in Betrieb stehende Dampfstraßenbahn der Welt.
- **Inselwanderung** um **Herrenchiemsee** (toller See- und Bergblick, **9 km, 3:30 h**).
- **Rundweg** von Prien durchs **Harrasser Moor** mit schönem Blick auf die Kampenwand (**10 km, 2:50 h**).
- Von Aschau mit der **Kampenwandseilbahn** auf 1.500 Meter Höhe (Spaziergang auf fast ebenem **Panoramaweg** mit grandiosem Blick auf Alpenvorland und Chiemsee).

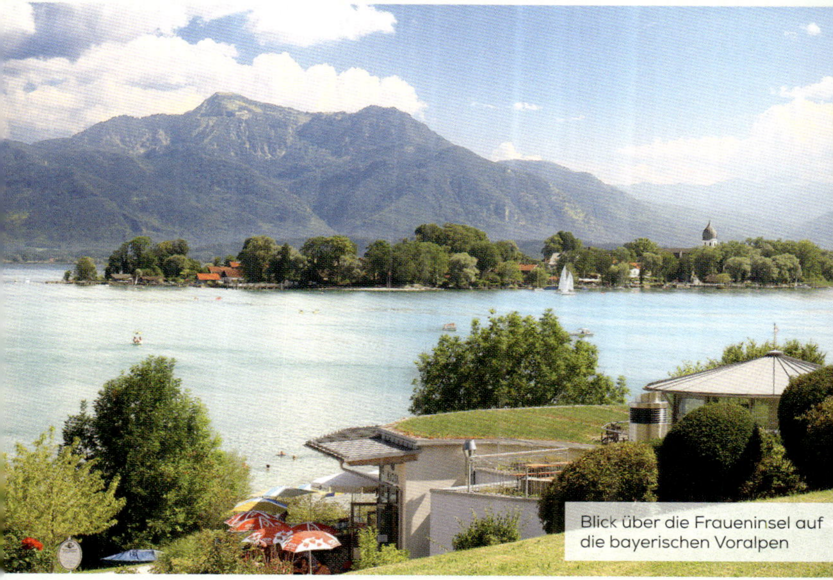

Blick über die Fraueninsel auf die bayerischen Voralpen

TOUREN

1 INSELHOPPING
Mittelschwer wegen des Windes und des Schiffsverkehrs. Von Prien um Herren-, Frauen- & Krautinsel & zurück.
| **LÄNGE** 12 km | **DAUER** 3–4 h

2 KLEINE HERRENRUNDE
Mittelschwer wegen Wind und Schiffsverkehr. Von Prien um die Herreninsel und zurück.
| **LÄNGE** 10 km | **DAUER** 2,5–3,5 h

3 NORDWESTRUNDE
Mittelschwer. Von Prien in die nordwestlichen Buchten und auf der direkten Seeroute zurück.
| **LÄNGE** 15 km | **DAUER** 3,5–4,5 h

EIN- & AUSSTIEG
Badeplatz Schraml in Prien.

SUP-VERMIETUNG

1 SUP CLUB CHIEMSEE
(SUP-Vermietung, -Kurse, Touren)
am Badeplatz Schraml
Harrasser Str. 39, 83209 Prien
Tel. 0162-891 54 24 (Toby Hüther)
www.sup-club-chiemsee.de

2 SUP CHIEMSEE KAUFMANN
Rasthausstr. 29, 83233 Bernau/Felden
Tel. (08051) 77 77
www.sup-chiemsee-center.de

3 CHIEMSEE-SURFCENTER GSTADT
Seestr. 6, am Strandbad Hofanger
Tel. 0171-546 07 55
www.chiemsee-surfcenter.de

EINKEHR

1 BOJE 5 (HERRENINSEL)
Anlegen nur an der Nordspitze rechts der Kreuzkapelle erlaubt
Tel. 0152-28 90 18 98, www.boje-5.de
Ende Mai-Mitte September Do-So ab 17 Uhr, nur bei schönem Wetter
ALTERNATIV Schlosswirtschaft (600 m), Tel. (08051) 962 76 70

KLASSIKER Fleisch & Fisch vom Holzkohlegrill

2 KLOSTERWIRT FRAUENCHIEMSEE
Frauenchiemsee 50, 83256 Chiemsee
Tel. (08054) 77 65
www.klosterwirt-chiemsee.de
Ganzjährig täglich ab 9 Uhr

KLASSIKER Chiemsee-Renke

3 POLLFISCHER'S FISCHVERKAUF MIT BIERGARTEN
Frauenchiemsee 6, 83256 Chiemsee
Tel. (08054) 75 16
www.chiemseefische.de
Ganzjährig täglich ab 11-17.30 Uhr

KLASSIKER Pollfischer's Räuchervielfalt – Brachsen, Aal, Renken, Saibling – traditionell aus alter Räucherkammer

ÜBERNACHTUNG

1 PANORAMA CAMPING HARRAS
in Prien, www.camping-harras.de

2 ZUM FISCHER AM SEE
in Prien-Harras, www.fischeramsee.de

3 OBERLEITNER – HAUS AM SEE
in Breitbrunn
www.oberleitner-hausamsee.de

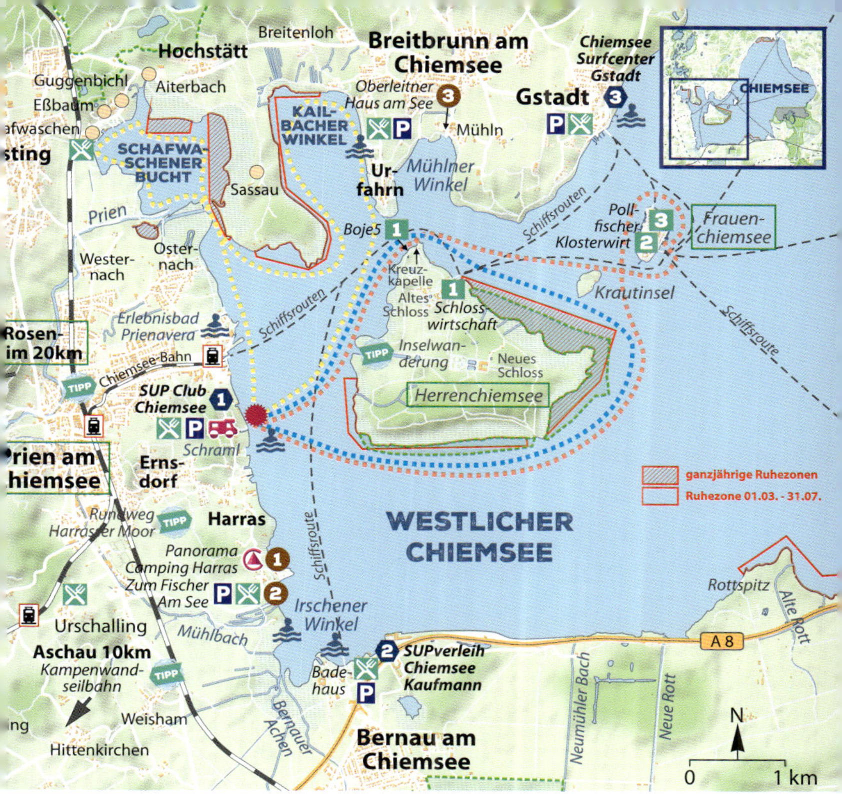

1 INSELHOPPING IM „BAYERISCHEN MEER“

Bevor wir unsere Packsäcke auf den Boards befestigen, genießen wir auf der Gastro-Terrasse des **BADEPLATZES SCHRAML** noch eine Tasse Cappuccino mit Alpenblick und stimmen uns auf unsere Insel-Tour ein. Von den Inseln des 80 km² großen “Bayerischen Meers“ sind vor allem Herren- und Fraueninsel bekannt. Auf **HERRENCHIEMSEE** können wir König Ludwigs II. unvollendeten Nachbau des Versailler Schlosses besichtigen. Auf der bei Badenden so beliebten **KRAUTINSEL** daneben bauten die Nonnen des Benediktinerinnen-Klosters der Fraueninsel im Mittelalter Gemüse und Kräuter an. Die winzige Insel Schalch ist eigentlich nur ein kleines gemauertes Rechteck mit Platz für eine einzige Weide. Sie wurde für Segler als Warnung vor einer Untiefe im See vermutlich künstlich angelegt.

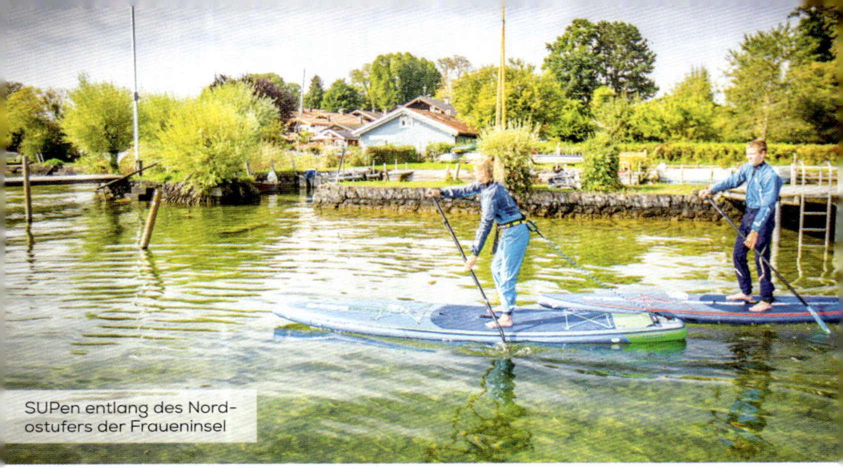

SUPen entlang des Nordostufers der Fraueninsel

Bald tragen wir unsere SUPs vorsichtig über die Liegewiese an bunten Sonnenschirmen vorbei zum Badestrand. Die Paddel gleiten durchs klare Wasser und sofort genießen wir das Plätschern und die gefühlte Freiheit. Unser Kurs verläuft zur Nordspitze der 240 Hektar großen Herreninsel (Herrenchiemsee). Sie ist Prien direkt vorgelagert. Ein Anlegen an **HERRENCHIEMSEE** mit SUP-Board wird nur an der Nordspitze rechts der **KREUZKAPELLE** geduldet. Hier gibt es bei schönem Wetter an der **BOJE 5** 1 ab 17 Uhr Leckereien vom Holzkohlegrill.

Zwischen der Halbinsel **URFAHRN** und der Nordspitze herrscht im Sommer reger Schiffsverkehr, daher lassen wir dieses Nadelöhr schnell hinter uns und paddeln am Nordostufer mit großzügigem Abstand und größter Aufmerksamkeit an der Schiffsanlegestelle **HERRENCHIEMSEE** TIPP vorbei, wo eine Kutsche auf Touristen wartet, die die 20 Minuten Fußweg zum Schloss, zum König Ludwig II.-Museum und dem barocken Chorherrenstift lieber stilvoll überbrücken möchten.

FÜR UNERSCHROCKENE – FLEDERMÄUSE BEOBACHTEN

In den Abendstunden, nach Ablegen der letzten Touristenfähren, bietet die Herreninsel ein ganz besonderes Erlebnis. Über den Parkanlagen tummeln sich zur Dämmerung die Fledermäuse, die den Dachstuhl des Schlosses Herrenchiemsee bewohnen. Während ihrer abendlichen Nahrungssuche jagen einige Arten im Flug Insekten. Andere haben es auch auf kleinere Säugetiere, Vögel und Fische abgesehen. Von den in Bayern 19 vorkommenden Fledermausarten leben 13 hier und machen die Insel somit zu einem der größten Fledermausquartiere Bayerns.

FLEDERMÄUSE

Jetzt geht es einen Kilometer weit ostwärts zur ebenso malerischen, nur zwölf Hektar großen **FRAUENINSEL**, auf der wir am Ostufer am Steg anlegen und den gemütlichen Biergarten des **POLLFISCHERS** 3 ansteuern. Der heimische Fisch kommt hier fangfrisch oder aus der eigenen Räucherkammer (einige Steine sind noch aus dem 16. Jahrhundert!) auf den Teller. Die autofreie Insel hat 250 Einwohner, unter denen einige Fischerfamilien sind. Bekannt wurde sie Mitte des 19. Jahrhunderts durch die Landschafts- und Genremaler um den Münchner Kunstprofessor Max Haushofer und die Gründung der Künstlerkolonie Frauenchiemsee. Über 50 ihrer Werke sind in der "Galerie Maler am Chiemsee" auf der Nachbarinsel Herrenchiemsee zu sehen. Überhaupt sind die Insel und das kleine Fischerdorf mit den blumengeschmückten Vorgärten und der altehrwürdigen Klosteranlage eine Augenweide. Nach einer Stipvisite im Klostergarten, einem gärtnerischen Kleinod, springen wir wieder auf unsere SUP-Bretter.

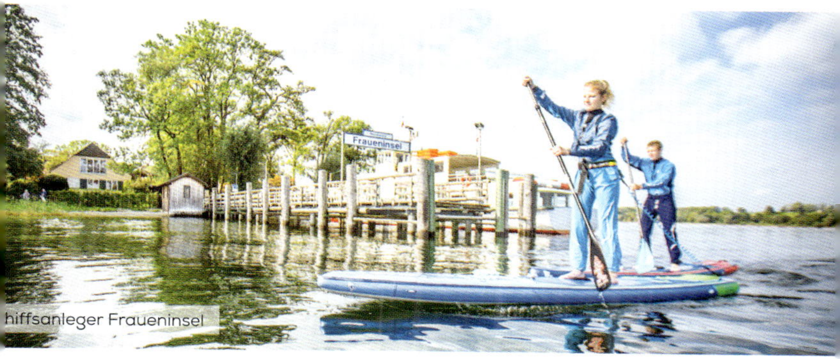

hiffsanleger Fraueninsel

Entgegen dem Uhrzeigersinn umrunden wir die **FRAUENINSEL**, paddeln vorbei an der Mini-Insel Schalch und anschließend hinüber zur **KRAUTINSEL**. Vom kleinen Eiland zwischen Frauen- und Herreninsel tönt uns unüberhörbar Badespaß entgegen. Im Sommer sind die Strände der unbewohnten, als Viehweide genutzten Insel, gut besucht. Als wir sicher außerhalb der Schiffsroute sind, lassen wir uns entspannt ein wenig in Richtung Südende der Herreninsel treiben. Der Endspurt führt dann südlich an ihr vorbei, zurück zum **BADEPLATZ SCHRAML** in **PRIEN**.

2 3 Der Chiemsee bietet viele kleine Runden, Sundowner oder Buchtfahrten. Jedoch sind alle durch Wind, Schiffsverkehr & Wellen mittelschwer.

DIE AUTOREN

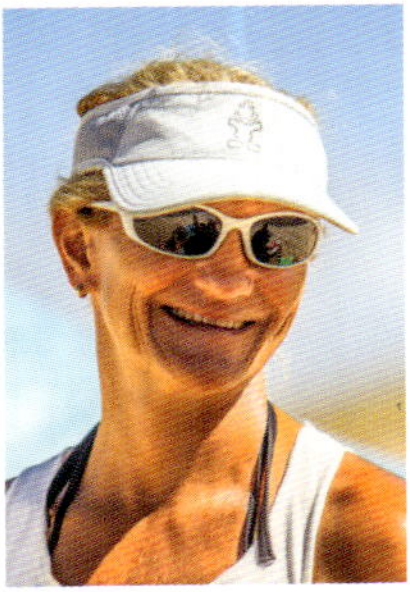

ANJA KLOTZ – hat seit ihrer Kindheit drei Leidenschaften· Wasser, Sport und Sprache. Zusammen ergibt das Wassersport – am liebsten auf Wildwasser – und Reiseberichte. Seit ihrem Start als zertifizierte Kajaklehrerin ist sie über zwanzig Jahre als Trainerin unterwegs, inzwischen allerdings vor allem in Indoor-Trainings-Centern.

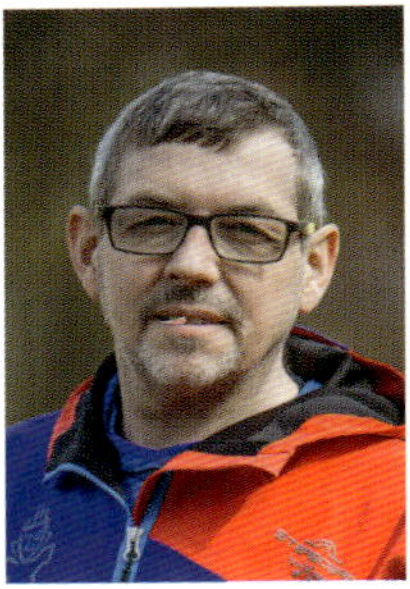

ANDY KLOTZ – ist fotografierender Paddler oder doch paddelnder Fotograf? Seit mehr als 30 Jahren unternimmt er abenteuerliche Kajaktouren rund um den Globus. In den letzten Jahren jedoch steht er lieber und bevorzugt die ruhige Gangart mit dem SUP auf den heimischen Seen im Münchner Voralpenland.

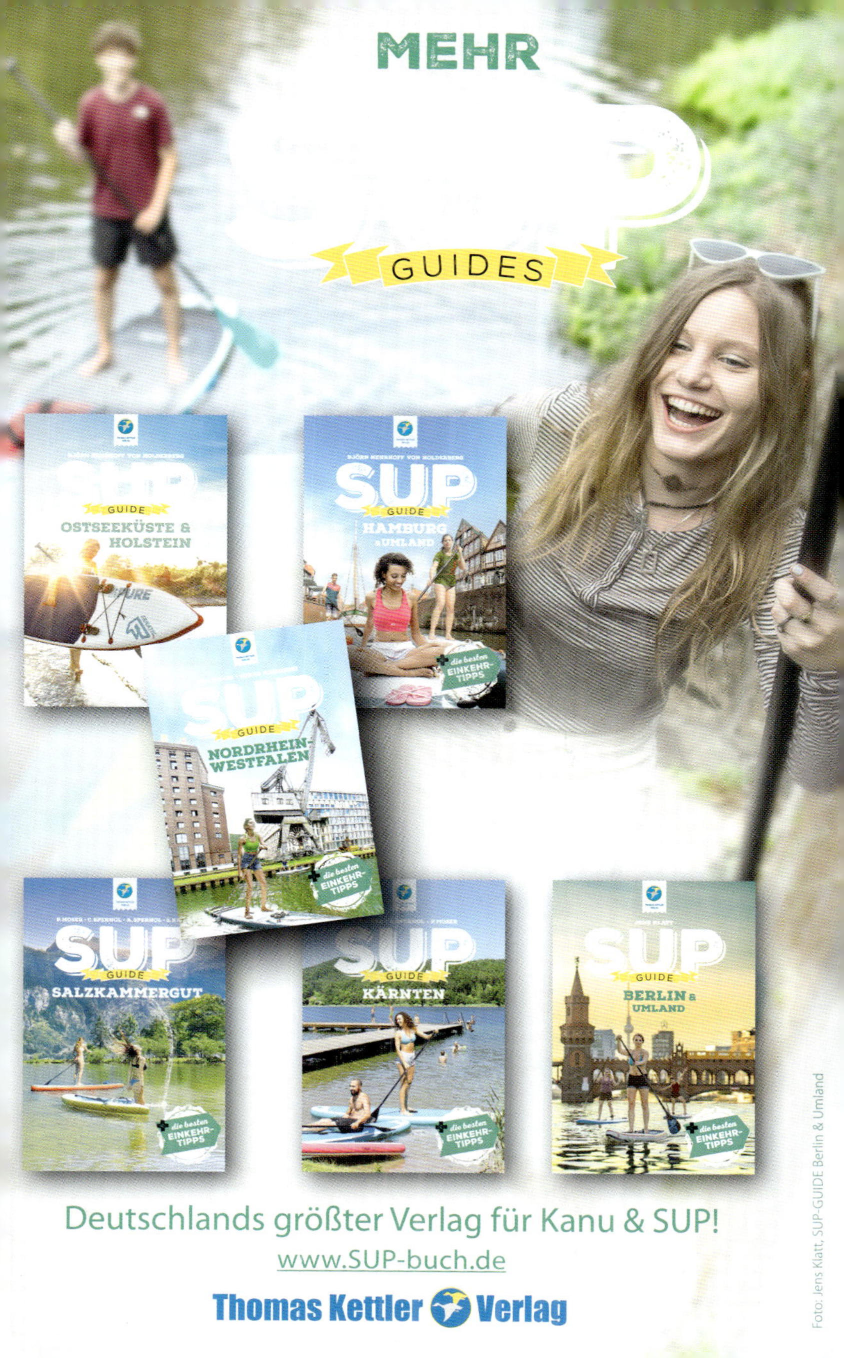
MEHR
GUIDES
SUP GUIDE OSTSEEKÜSTE & HOLSTEIN
SUP GUIDE HAMBURG & UMLAND
SUP GUIDE NORDRHEIN-WESTFALEN
SUP GUIDE SALZKAMMERGUT
SUP GUIDE KÄRNTEN
SUP GUIDE BERLIN & UMLAND
die besten EINKEHR-TIPPS
Deutschlands größter Verlag für Kanu & SUP!
www.SUP-buch.de
Thomas Kettler Verlag
Foto: Jens Klatt, SUP-GUIDE Berlin & Umland

REGISTER